智元微库
OPEN MIND

成 长 也 是 一 种 美 好

合规纳税

涉税风险防范
与纳税筹划案例指导

奚卫华／著

人民邮电出版社
北京

图书在版编目（CIP）数据

合规纳税：涉税风险防范与纳税筹划案例指导 / 奚
卫华著. -- 北京：人民邮电出版社，2023.1（2023.6重印）
ISBN 978-7-115-60349-4

Ⅰ．①合… Ⅱ．①奚… Ⅲ．①纳税－税收筹划－案例
－中国 Ⅳ．①F812.423

中国版本图书馆CIP数据核字(2022)第201031号

◆ 著 奚卫华
责任编辑 黄琳佳
责任印制 周昇亮

◆人民邮电出版社出版发行 北京市丰台区成寿寺路 11 号
邮编 100164 电子邮件 315@ptpress.com.cn
网址 https://www.ptpress.com.cn
涿州市京南印刷厂印刷

◆ 开本：720×960 1/16
印张：21.75 2023 年 1 月第 1 版
字数：320 千字 2023 年 6 月河北第 3 次印刷

定 价：88.00 元

读者服务热线：（010）81055522 印装质量热线：（010）81055316
反盗版热线：（010）81055315

广告经营许可证：京东市监广登字 20170147 号

‹‹‹ 目 录 ›››

第 1 章

拨开云雾辨风险　识得筹划真面目

【引言】如今我国税收征管日益规范，无论是管理者还是财税人员，都越来越重视企业的税收问题。但是在实际经营过程中，企业仍会因为对税法不甚了解或操作不当等而面临各种涉税风险。企业如何才能透过经营的层层迷雾，揭开涉税风险的神秘面纱，并采取相应的防范措施，从而合规纳税，合理合法地降低企业的税收负担呢？

本章我们将讨论以下问题。

1. 什么是涉税风险？

2. 产生涉税风险的原因有哪些？

3. 企业应如何防范涉税风险？

4. 企业在防范涉税风险的同时，如何通过纳税筹划合理合法地降低税收负担？有哪些可供企业选择的纳税筹划方法？

1.1　涉税风险的产生与防范措施

1.1.1　涉税风险的界定

【案例 1-1】金唐度假村[①]成立于 2020 年，经营范围为餐饮和住宿服务。度假村位于 A 镇，占地面积约为 55 000 平方米，其中住宿和餐饮用地面积约为 10 000 平方米，此外度假村里还有一座占地面积约为 15 000 平方米的山、一个面积约 18 000 平方米的湖，以及一片面积约为 12 000 平方米的未经开发的荒地。请问该度假村存在哪些需要被优化的地方？

【解析】如果金唐度假村的经营范围只有餐饮和住宿服务，则公司每年需要按照 55 000 平方米的面积缴纳城镇土地使用税。但是该度假村可以考虑增加种植、养殖、观光农业等经营项目来降低税收负担，如在山上种植果树、在湖里养殖鱼、开垦荒地用于种植蔬菜和草莓等供客户采摘，这样公司就可以享受城镇土地使用税的税收优惠。在城镇土地使用税征税范围内，直接用于农业、林业、牧业、渔业的生产用地，免缴城镇土地使用税。

【案例 1-2】红枫防盗门公司（以下简称"红枫公司"）是增值税一般纳税人，该公司由于业务量下降，经营亏损，准备办理注销登记。2022 年 2 月 25 日，该公司在办理注销税务登记时，税务机关按照其存货的账面价值 300 万元计算了增值税销项税额，确认了企业的应纳税所得额，该公司按照税务机关的要求缴纳了增值税、城建税、教育费附加、地方教育附加及企业所得税后，缴销了发票和相关税务证件，取得了《清税证明》。2022 年 2 月 28 日，红枫公司将存货以 300 万元的价格销售给丰华贸易公司，丰华贸易公司为经销防盗门的增值

---

① 本书中所涉及的公司，除特殊提示，均为虚拟公司名称，特此说明。

税一般纳税人。在红枫公司办理清税证明的过程中,隐藏着什么样的涉税风险?

【解析】红枫公司在办理清税证明前,应该及时处置公司资产。由于红枫公司与丰华贸易公司均系增值税一般纳税人,那么红枫公司若在办理清税证明前将货物销售给丰华贸易公司,就可以向丰华贸易公司开具增值税专用发票,丰华贸易公司可以抵扣13%的进项税额。但是在案例1-2中,由于红枫公司操作失误,未在办理清税证明前及时处置资产,导致公司在处置资产时已经无法向购买方开具增值税专用发票,此时只能由税务机关代开发票,而税务机关只能按照3%的征收率为其代开增值税专用发票。此番操作使得购买方可以用于抵扣的进项税额减少,从而使得购买方压低采购价格,导致红枫公司出现经济损失,这也是红枫公司面临的涉税风险。

什么是涉税风险?很多人认为被税务机关处罚是涉税风险。毫无疑问,被税务机关处罚是涉税风险的类型之一,但其范围远不止于此,涉税风险包括:第一,未按照税法规定承担纳税义务而导致的现存或潜在的税务处罚风险,即涉税风险不仅包括现存的税务处罚风险,也包括潜在的税务处罚风险;第二,因未主动利用税法安排业务流程导致的应享受利益的丧失,即涉税风险不仅包括税务处罚风险,还包括由于未按照税收程序法的要求办理相应的手续、安排相应的业务流程导致本该享受的税收优惠、税额抵扣等税收利益及相关利益无法享受的风险。

从上面两个案例我们可以看出,企业的管理者和财务人员应该从更广阔的角度界定涉税风险,而不能仅仅将涉税风险限定于被税务机关处罚的范围之内。

1.1.2　产生涉税风险的原因

上文我们界定了涉税风险的范围,那么哪些原因会导致企业产生涉税风险呢?很多企业的管理者认为,涉税风险是在财务人员做账的过程中产生的,因此企业一旦出现涉税问题，管理者就将责任归咎于财务人员，这是大错特错的。这里需要特别强调一下，税收不是在财务人员做账的过程中产生的，而是在企业的经营过程中产生的，账务处理过程仅仅是对企业经营过程的真实反映，因此企业经营的各个环节都可能藏有涉税风险。

1. 业财融合不到位、合同管理不当导致的涉税风险

近年来，很多单位倡导业财融合，即业务和财务融为一体，从企业的整体发展角度考虑如何开展业务及进行财务管理。但目前的情况是，一些企业没有贯彻业财融合的理念，或者企业即使提出了业财融合，也并未将该理念落实。我们可以问企业一个最简单的问题：企业的财务人员是否参与合同的签订？如果参与合同签订，那么他们是真正参与合同管理——从如何开展业务、如何设计合同条款等方面全方位地参与合同管理，还是只流于形式，即财务负责人在双方谈妥合同后，简单地在内部审批单上签字、盖章，甚至其在等到合同执行支付款项或收取款项时才能见到合同？如果是后者，那么便不属于真正的业财融合。此外，财务人员在进行账务处理、纳税申报时，是否全面审视过企业的具体业务？是否查阅过合同条款，按照合同的具体内容开具发票，并按照合同条款对税收的影响进行账务处理和纳税申报？如果企业做不到真正的业财融合，企业内部就可能由于业务开展不当、合同管理不当、业财无法匹配等而产生涉税风险。

【案例1-3】江苏省新发物流公司（以下简称"新发公司"）是增值税一般纳税人，公司于2020年12月进行了股权变更，由新股东王鑫接手公司。2020年12月31日，公司原有的仓储作业合同到期，该公司与客户重新签订仓库租赁合同，合同期限为1年，租赁费用为600万元，该公司仓库的账面原值为7000万元。2021年，新发公司缴纳了58.8万元的房产税。公司重签合同的行为将带来何种涉税风险？仓储作业合同和仓库租赁合同在税务处理上存在哪些不同？

【解析】

1.如果新发公司与客户签订的是仓库租赁合同，其税务处理如下。

（1）增值税。

①税目：仓库租赁属于不动产租赁，如果该仓库是公司在 2016 年 4 月 30 日营业税改增值税（以下简称"营改增"）之前取得的，公司可以选择简易计税方式，按照 5% 的征收率缴纳增值税；如果是在营改增之后取得的，公司的租金收入需要按照 9% 的税率缴纳增值税。

②纳税义务发生时间：仓库租赁属于不动产租赁，公司在收到预收款时，发生增值税纳税义务。

③发票"备注"栏的要求：对于不动产租赁,公司在开具发票时需要在"备注"栏注明不动产的详细地址。

（2）房产税。

企业出租仓库需要从租计征房产税，并按照租金收入的 12% 缴纳 72 万元的房产税。

2.如果新发公司与客户仍旧签订仓储作业合同，其税务处理如下。

（1）增值税。

①税目：仓储服务属于物流辅助服务，公司应依 6% 的税率计算增值税销项税额；新发公司也可以选择简易计税，征收率为 3%。

②纳税义务发生时间：在公司发生应税行为并收讫销售款或取得索取销售款项凭据时，增值税纳税义务发生，即如果公司只是收到预收款，但尚未提供仓储服务，也未开具发票，则增值税纳税义务并未发生。

③发票"备注"栏的要求：对"备注"栏无特殊要求。

（2）房产税。

新发公司利用本企业的仓库提供仓储服务，属于经营自用的房产，应该从价计征房产税，税率为 1.2%。江苏省规定房产原值减除率为 30%。

应纳房产税 = 7000 × (1 − 30%) × 1.2% = 58.8 (万元)

由此我们可以看到,在案例 1-3 中,新发公司与客户签订的是仓库租赁合同,因此公司 2021 年应该缴纳 72 万元的房产税,而非 58.8 万元的房产税。新发公司需要补缴房产税并缴纳相应的滞纳金。

仓库租赁合同与仓储作业合同对新发公司的影响如表 1-1 所示。

表 1-1 仓库租赁合同与仓储作业合同对新发公司的影响

税种		仓库租赁合同	仓储作业合同
增值税	税目税率	不动产租赁,税率为 9% 简易计税征收率为 5%	物流辅助服务,税率为 6% 简易计税征收率为 3%
	纳税义务发生时间	收到预收款时	发生应税行为并收讫销售款或取得索取销售款项凭据时
	发票"备注"栏	不动产的详细地址	无特殊要求
	房产税	从租计征	从价计征

通过上述分析我们可以看到,该合同对服务提供方的增值税销项税额计算和房产税计算及服务接受方的进项税额抵扣都会产生影响,交易双方应该在商谈合同之前进行仔细分析,避免合同签订不当为企业税收带来的不利影响。

2. 发票管理不当导致的涉税风险

企业在经营活动中需要按规定领取发票、保管发票,在发生实际业务活动时需要按规定开具发票或取得发票。

发票分为增值税专用发票和普通发票。依法办理税务登记的单位和个人可以申请领用发票,属于法定的发票领用对象;如果单位和个人办理变更或注销税务登记,则应同时办理发票和发票领用簿的变更、缴销手续;依法不需要办理税务登记的单位,发生临时经营业务需要使用发票的,可由税务机关代开发票；临时到本省、自治区、直辖市以外从事经营活动的单位和个人，可以通过电子税务局向机构所在地的主管税务机关填报《跨区域涉税事项报告表》，向经营地税务机关报验跨区域涉税事项后，在办理纳税担保的前提下，可向经营地税务机关申请领用经营地的发票。

任何填开发票的单位和个人必须在发生经营业务并确认营业收入时才能开具发票，未发生经营业务一律不得开具发票；不得转借、转让或代开发票；未经税务机关批准，不得拆本使用发票；不得自行扩大增值税专用发票的使用范围。

纳税人发生发票丢失、被盗等情况时，必须及时报告主管税务机关，并根据税法规定采取有效措施。

【案例1-4】位于市区的丰华贸易公司于2021年11月25日从外地泰达钢铁厂购进价款为100万元、增值税税款为13万元的螺纹钢一批，泰达钢铁厂于当日开具增值税专用发票，并将发票的发票联和抵扣联交给丰华贸易公司的业务人员。2021年12月4日，丰华贸易公司业务人员在返程途中物品被盗，增值税专用发票的发票联和抵扣联丢失。因为此项购销业务涉及金额巨大，丰华贸易公司当即于2021年12月5日派相关人员至钢铁厂沟通，说明了情况并希望泰达钢铁厂再开一张同等金额的增值税专用发票，否则丰华贸易公司将不支付相应款项。

（1）丰华贸易公司的要求是否合理？如果泰达钢铁厂再开一张同等金额的增值税专用发票，将产生哪些问题？

（2）丰华贸易公司在泰达钢铁厂没有另开增值税专用发票的情况下，怎样才能取得此项业务的增值税进项税额抵扣凭证？

（3）丰华贸易公司最迟应于应何时办妥相关手续，才能保证此项业务的进项税额可以被顺利抵扣？

【解析】

（1）根据《国家税务总局关于修订〈增值税专用发票使用规定〉的通知》（国税发〔2006〕156号），经认证[①]，有无法认证，纳税人识别号认证不符，专用发票代码、号码认证不符三种情形之一的，不得作为增值税进项税额的抵扣凭证，税务机关退还原件，购买方可要求销售方重新开具专用发票。

本案例中，丰华贸易公司丢失未经认证的发票并要求泰达钢铁厂另开发票不符合重开发票的规定，所以丰华贸易公司的要求是不合理的，泰达钢铁厂应依法拒绝丰华贸易公司另行开具增值税专用发票的要求。

如果泰达钢铁厂未依法拒绝丰华贸易公司的要求，另开了一张同等金额的增值税专用发票，带来的涉税风险如下。

① 增加了企业的税收负担。对泰达钢铁厂而言，如果另开同等金额的增值税专用发票，相当于对一项100万元的销售业务开具了两张增值税专用发票。第二张发票属于虚开，企业需要多确认收入100万元，多缴纳增值税13万元，并需要多缴纳城建税和教育费附加[②]共计1.56万元[③]，需要多缴纳24.61万元[④]的企业所得税。

② 多开出发票的款项无法被收取，导致企业账实不符，"应收账款"长期挂账。

③ 该项行为属于虚开增值税专用发票行为，违反法律规定。泰达钢铁厂只是向丰华贸易公司销售了一批货物，不含税价款为100万元，却开出两张价款为100万元的增值税专用发票，第二张发票是没有发生货物购销而为他人开

---

① 目前原有的发票认证方式已经修改为"查询"和"用途确认"，但由于原有文件中的说法未进行变更，因此本书不对"查询""用途确认"和"认证"进行区分。

② 计算方式为按照7%的税率计算城市维护建设税，按照5%的征收率计算教育费附加（含2%的地方教育附加），本书除另有说明外，均按照12%的比例计算城建税和教育费附加。

③ 城建税和教育费附加 = 13×12% = 1.56（万元）。

④ 企业所得税 = （100 - 1.56）×25% = 24.61（万元）。

具的增值税专用发票,这属于虚开增值税专用发票行为,涉及罚款,情节严重者,应被依法追究刑事责任。

（2）解决措施。

《国家税务总局关于增值税发票综合服务平台等事项的公告》（国家税务总局公告 2020 年第 1 号）,丰华贸易公司同时丢失已开具增值税专用发票的发票联和抵扣联,其应向泰达钢铁厂取得加盖销售方发票专用章的相应发票记账联复印件,丰华贸易公司在增值税发票综合服务平台进行查询和用途确认后,就可以将其作为增值税进项税额的抵扣凭证、退税凭证或记账凭证。

（3）目前在进项税额抵扣上没有时间限制,但建议企业最好于当年,最晚次年的汇算清缴前取得相应资料,以免影响企业所得税的税前扣除。

3. 账务处理不当导致的涉税风险

企业经济业务发生后,财务人员要根据经济业务的实际情况及时进行账务处理,确认收入,结转成本、费用等,并计算相应的税金。一旦财务人员有账务处理不当的行为,就会为企业带来相应的风险。

【案例 1-5】2022 年 3 月 18 日,税务机关在对顺心批发公司 2019—2021 年的纳税情况进行税务稽查的过程中发现,顺心批发公司 2020 年 12 月 31 日"其他应付款——押金"的账面余额为 56.5 万元,经调查,为其收取的包装物押金,其中,有 22.6 万元的押金是公司在 2019 年 12 月 31 日之前收取的,该项业务将带来何种涉税风险?

【解析】

根据增值税暂行条例及其实施细则[①],纳税人为销售货物而出租出借包装物

---

① 指《中华人民共和国增值税暂行条例》和《中华人民共和国增值税暂行条例实施细则》,下同。

收取的押金，单独记账核算的，时间在 1 年以内，又未过期的，不并入销售额征收增值税。但对因逾期未收回包装物不再退还的押金，应按所包装货物的适用税率计算销项税额。对销售除啤酒、黄酒外的其他酒类产品而收取的包装物押金，无论是否返还以及会计上如何核算，均应并入当期销售额征税。

根据上述规定，截至 2020 年 12 月 31 日，顺心批发公司于 2019 年 12 月 31 日之前收取的包装物押金，时间已经超过 1 年，该押金应该并入销售额计算缴纳增值税。

销售额 = 22.6 ÷（1+13%）= 20（万元）

销项税额 = 20 × 13% = 2.6（万元）

顺心批发公司在 2022 年 3 月 18 日被税务稽查发现问题时，应该做的调账分录如下。

借：其他应付款——押金　　　　　　　　　　　　　　　　226 000

　贷：以前年度损益调整　　　　　　　　　　　　　　　200 000

　　　应交税费——增值税检查调整　　　　　　　　　　26 000

由于纳税人未及时计算缴纳增值税，其应该按照规定缴纳滞纳金。所缴纳的滞纳金应被计入"营业外支出"，而且不得被于企业所得税税前扣除。

4. 未按税法规定进行操作导致的涉税风险

（1）未及时进行审批或备案导致的涉税风险。企业在实际经营过程中，不仅要遵循税收实体法的规定，还要遵循税收程序法的规定。对于特定的税收事项，如减免税等税收优惠，企业要按照规定办理备案或审批手续，如果未按照规定履行相应的手续，可能导致无法享受相应的优惠。

【案例1-6】由于国家需要进行河道治理，2019 年新兴建材公司收到通知，公司被要求搬迁，产生拆迁补偿款、停工损失等共计 8980 万元。新兴建材公

司准备整体迁至 A 镇，但是公司由于不熟悉相关税收法规，从搬迁当年至次年
5 月 31 日均未向主管税务机关报送相关材料，请问企业将面临怎样的损失？

【解析】根据《国家税务总局关于发布〈企业政策性搬迁所得税管理办法〉
的公告》（国家税务总局公告 2012 年第 40 号）规定，企业在搬迁期间发生的
搬迁收入和搬迁支出，可以暂不计入当期应纳税所得额，而在完成搬迁的年度，
对搬迁收入和支出进行汇总清算。也就是说，我国对于政策性搬迁有递延纳税
的规定。但该文件同时规定，企业应当自搬迁开始年度至次年 5 月 31 日前，
向主管税务机关（包括迁出地和迁入地）报送政策性搬迁依据、搬迁规划等相
关材料。逾期未报的，除特殊原因并经主管税务机关认可外，按非政策性搬迁
处理，不得执行该办法的规定。由于新兴建材公司未按规定时间报送相应资料，
因此公司无法享受递延纳税等相关税收优惠政策。

（2）未及时申报、缴纳税款导致的涉税风险。企业要按期进行纳税申报，
按时缴纳税款。如果企业因为特殊原因不能及时进行纳税申报或缴纳税款，需
要办理延期手续，否则会产生相应的涉税风险。企业在企业所得税税前扣除发
生的资产损失时，其也需要按规定办理申报手续并将资料留存备查。

【案例 1-7】华丽服装公司是一家专门从事服装设计、生产与销售的民营
企业。2021 年 11 月 8 日，该公司发生了一场火灾，损失惨重，需要进行各种
善后工作，企业经营资金紧张。11 月 15 日，企业财务部门进行了 10 月增值税
的纳税申报工作，但是由于资金紧张，企业迟迟未缴纳税款，也未办理任何手续。
2021 年 11 月 25 日，税务机关向企业送达《税务事项通知书》。同日，财务经
理黄英打电话告知税务机关，企业因发生火灾，资金周转不过来，希望可以延
期缴纳税款。11 月 30 日，税务机关向企业送达《行政处罚事项告知书》，告知
企业应在接到通知之日起 15 日内缴纳税款、罚款及滞纳金。财务经理黄英再

次通过电话告诉税务机关企业现在的处境，希望能延期纳税。12 月 25 日，税务机关以逃避追缴欠税罪对华丽服装公司提起诉讼。人民法院立案并成立经济法庭进行审理，法院认为税务机关所诉罪状不成立，不予追究刑事责任，并告知企业以后在遇到经济困难需要延期缴纳税款时，应遵循法定程序。

【解析】

按照税收征收管理法及其实施细则[①]，纳税人有下列情形之一的，不能按期缴纳税款的，经省、自治区、直辖市国家税务局、地方税务局批准，可以延期缴纳税款，但是最长不得超过 3 个月。

（一）因不可抗力，导致纳税人发生较大损失，正常生产经营活动受到较大影响的。

（二）当期货币资金在扣除应付职工工资、社会保险费后，不足以缴纳税款的。

纳税人需要延期缴纳税款的，应当在缴纳税款期限届满前提出申请，并报送下列材料：申请延期缴纳税款报告，当期货币资金余额情况及所有银行存款账户的对账单，资产负债表，应付职工工资和社会保险费等税务机关要求提供的支出预算。税务机关应当自收到申请延期缴纳税款报告之日起 20 日内做出批准或者不予批准的决定；不予批准的，从缴纳税款期限届满之日起加收滞纳金。

华丽服装公司由于发生火灾，确实存在"当期货币资金在扣除应付职工工资、社会保险费后，不足以缴纳税款"的情形，但是公司没有按照有关规定提交书面申请并提供相应的证据资料，只是打了两个电话，因此不符合延期缴纳税款的条件，所以税务机关应该从公司缴纳税款期限届满次日起加收滞纳金。

至于税务机关以逃避追缴欠税罪起诉华丽服装公司，则是不正确的。纳税人有困难属于实情，其并非有意违法，而且公司曾两次电话告知税务机关其有经济困难。根据《中华人民共和国刑法》第二百零三条，逃避追缴欠税罪是指

---

① 指《中华人民共和国税收征收管理法》（以下简称《税收征管法》）和《中华人民共和国税收征收管理法实施细则》，下同。

纳税人欠缴应纳税款，采取转移或者隐匿财产的手段，致使税务机关无法追缴欠缴的税款，数额在较大的行为。本案例中，华丽服装公司因遇到特殊困难无法缴纳税款，公司虽没有按法定程序申请延期缴纳税款，但并没有转移或隐匿财产以逃避纳税责任的行为，因此不构成犯罪。

（3）未及时办理增值税一般纳税人资格登记导致的涉税风险。根据《增值税一般纳税人登记管理办法》、相关公告及营改增的相关规定，增值税一般纳税人和小规模纳税人主要以年应征增值税销售额为标准划分。其中年应征增值税销售额是指纳税人在连续不超过 12 个月或 4 个季度的经营期内累计应征增值税销售额，包括纳税申报销售额、稽查查补销售额、纳税评估调整销售额，纳税申报销售额中包括税务机关代开发票销售额和免税销售额。稽查查补销售额和纳税评估调整销售额计入查补税款申报当月（或当季）的销售额，不计入税款所属期销售额。增值税一般纳税人资格登记的规定如表 1-2 所示。

表 1-2　增值税一般纳税人资格登记的规定

规定	条件
必须登记	自 2018 年 5 月 1 日起，年应征增值税销售额超过 500 万元，除另有规定外，需登记为一般纳税人
不能登记	除个体户以外的其他个人，不能登记为一般纳税人
选择登记	非企业性单位、不经常发生应税行为的企业，可以选择按小规模纳税人纳税
申请登记	年应税销售额未超过规定标准的纳税人，会计核算健全，能够提供准确税务资料的，可以向主管税务机关办理一般纳税人登记

纳税人在年应税销售额超过规定标准的月份（或季度）的所属申报期结束后 15 日内按规定办理相关手续；未按规定时限办理的，主管税务机关应当在规定时限结束后 5 日内制作《税务事项通知书》，告知纳税人应当在 5 日内向主管税务机关办理相关手续；逾期仍不办理的，次月起按销售额依照增值税税率计算应纳税额，不得抵扣进项税额，直至纳税人办理相关手续为止。

【案例1-8】日尚商贸公司2021年1月1日至12月31日的销售额为478万元，该企业一直按照小规模纳税人缴纳增值税。2021年3月1日至2022年2月28日，公司的销售额为535万元。2022年4月，该地主管税务机关下发《税务事项通知书》，通知日尚商贸公司在收到通知书之日起5日内办理一般纳税人登记手续，否则其应按照13%的税率缴纳增值税，且不允许抵扣进项税额。请问税务机关的要求是否合理？

【解析】

由于日尚商贸公司2021年3月1日至2022年2月28日的销售额为535万元，达到一般纳税人的登记标准，该公司应该在2022年2月增值税纳税申报期结束后15日内向税务机关申请一般纳税人资格登记，而该公司未按规定办理。因此，主管税务机关制作并送达《税务事项通知书》，要求日尚商贸公司在收到通知书后5日内向主管税务机关申报办理增值税一般纳税人资格登记，逾期未办理的，按照13%的增值税税率计算应纳税额，且不得抵扣进项税额，税务机关的要求是合理合法的。

5. 未及时掌握税收政策变化导致的涉税风险

随着经济的发展，税收环境的变化，国家也在不断完善税收制度，适时出台新的税收政策法规。目前，我国每年颁布多项具体税收规定，这些具体规定或者为企业带来机遇，或者为企业带来风险与挑战，企业需要预测税收政策可能发生的变化，及时掌握已经颁布的政策法规，及时研究政策的具体内容并采取相应措施，从而抓住机遇，迎接挑战。如果企业未能及时洞悉相关税收政策变化，将造成无法挽回的损失。

【案例1-9】丰达药品经销公司（以下简称"丰达公司"）2019年2月22日与某市制药八厂签订了"波生坦片"的合同，合同规定含增值税的采购总金额为 8898 万元，合同约定丰达公司应于 2019 年 3 月 22 日、4 月 22 日各支付 50% 的款项，合同未约定不含增值税价格及发票类型。2019 年 2 月 25 日，丰达公司将该批药品以含增值税价格 12 000 万元销售给某医院，并于 2 月 28 日收到相应货款。请问：丰达公司存在什么样的涉税风险？

【解析】

丰达公司存在的涉税风险是由未及时关注与本公司经营直接相关的最新税收政策，未对相关政策采取相应措施造成的。

《财政部 海关总署 税务总局 药监局关于罕见病药品增值税政策的通知》（财税〔2019〕24 号）规定，自 2019 年 3 月 1 日起，增值税一般纳税人生产销售和批发、零售罕见病药品，可选择按照简易办法依照 3% 征收率计算缴纳增值税。"波生坦片"便在第一批罕见病药品清单范围内。

从上述规定可以看到，某市制药八厂从 2019 年 3 月 1 日起可以按照简易计税方法缴纳增值税。丰达公司的药品采购合同虽然是于 2019 年 2 月签订的，但合同约定的付款日期在 2019 年 3 月 22 日和 4 月 22 日，即某市制药八厂的增值税纳税义务发生时间在 2019 年 3 月 1 日以后。由于销售方对该项业务可以采用简易计税方法，加上合同未约定不含税价格、增值税税率及当国家税收政策发生变化时双方如何协商调整等条款，导致丰达公司面临销售方选择简易计税，只给丰达公司开具 3% 的增值税专用发票，使得公司进项税额减少的风险。

丰达公司已于 2019 年 2 月将该批药品销售给医院并收款，因此不能享受简易计税方法，只能按照 13% 的税率计算销项税额。

从上述分析可以看到，国家在 2019 年 2 月 20 日发布了文件，丰达公司未及时关注相关政策变化，导致经营中的税收负担增加。

【案例 1-10】 某省供水公司主要从事自来水生产与供应、污水处理等业务。2021 年 12 月，《财政部 税务总局关于完善资源综合利用增值税政策的公告》（财政部 税务总局公告 2021 年第 40 号）规定，纳税人从事"污水处理劳务"项目，符合条件的，可适用增值税即征即退政策，也可以选择适用免征增值税政策；一经选定，36个月内不得变更。对于该项政策，该供水公司应考虑哪些方面的因素，应如何进行选择？

【解析】

（1）对于该项政策，企业首先要分析增值税即征即退和免征增值税政策对企业和客户造成的不同影响。

① 如果选择使用增值税即征即退政策（即征即退政策），该企业应按照13%的加工修理修配劳务税率或者6%的专业技术服务税率计算缴纳增值税，可以抵扣进项税额，企业缴纳增值税后可以享受70%的即征即退政策。

该供水公司可以为客户开具增值税专用发票，客户取得发票后可以抵扣进项税额。

② 如果该供水公司选择适用免征增值税政策（免税政策），则公司的进项税额不得抵扣，以前年度购进的设备等如果专门用于免税项目，对于已经抵扣的进项税额，公司需要按照固定资产净值进行进项税额转出。

由于该供水公司享受了免税政策，其不得为客户开具增值税专用发票，只能开具普通发票，客户无法抵扣进项税额。

（2）该供水公司需要考虑客户的情况。如果客户是政府机关、小规模纳税人、消费者个人等，则客户无须抵扣进项税额，该供水公司可以考虑选择适用免税政策；如果客户是一般纳税人，需要抵扣进项税额，那么从整体上看，选择适用即征即退政策对公司而言更为有利。

1.1.3　防范涉税风险的三项措施

1. 加强防范意识

企业管理者应高度重视涉税风险，倡导企业树立全员、全环节防范涉税风险的意识。从上述分析中我们可以看到，企业在合同管理、发票、账务处理、涉税操作等方面都可能产生涉税风险，企业经营的各个环节，如投资、融资、采购、生产、销售、重组等环节都可能产生涉税风险，因此企业的管理者应该高度重视涉税风险，倡导企业树立全员、全环节防范涉税风险的意识。

2. 建立税务团队

规模较大的企业应该设立专职税务岗位，并且应从相关部门抽调人员组建税务团队。管理者应对税务团队的人员实行矩阵式管理，以便全方位审核企业的涉税事宜。税务团队的人员要定期参加税务培训或进行自我学习，定期对企业进行税务事项审核。税务团队的人员要及时与企业的各个部门进行沟通、交流，争取获得相关部门的理解和支持。必要时，企业应聘请税务顾问，对企业的涉税事项进行咨询并提出建议。

3. 建立融洽的税企关系，及时获取税收政策法规信息

企业要主动和税务机关建立融洽的税企关系，对于重要的涉税事项，企业应及时和税务机关沟通，同时企业的财务人员平时应多多登录国家税务总局的网站及当地税务局网站，以便了解最新税收政策。

1.2　纳税筹划的特征与条件

1.2.1　纳税筹划的六大特征

不同的组织和个人对纳税筹划的界定是不同的。简单地讲，纳税筹划就是纳税人通过对筹资、投资、收入分配制度、组织形式、经营等事项进行事先安排、选择和策划，在合法的前提下实现税收负担最小化的一种经济行为。纳税筹划具有以下特征。

1. 合法性

合法性是进行纳税筹划的基石,纳税筹划必须是合法的。正如交通规则中的"红灯停、绿灯行",偷税便属于"闯红灯"行为,进行纳税筹划则属于"绿灯行"的范畴。企业在进行纳税筹划时,必须遵循国家的各项法律、税收法规和规章制度;企业在进行会计核算、选择会计处理方法时要严格遵守会计制度、会计法规、财务通则及企业会计准则,不得随意改变会计核算和会计处理方法;对于会计与税法的差异,企业财务人员要根据税法的规定进行纳税调整。

【案例 1-11】 近年来,有关影视明星、网红主播受到税务机关处罚的事件层出不穷,于是有人惊呼"都是纳税筹划惹的祸"。事实果真如此吗?

【解析】 如果我们仔细分析相关案件,不难发现以下问题。

虽然涉案人员偷逃税款的手法有所不同,但大致有以下两大类。

① 纳税主体隐匿从直播平台、影视公司获取的收入,进行虚假申报,偷逃税款。

② 纳税主体在税收洼地设立多家个人独资企业、合伙企业虚构业务,将劳务报酬所得非法转换为经营所得。

上述手段属于纳税筹划吗?当然不属于。

隐匿收入属于偷税。偷税指纳税人伪造、变造、隐匿、擅自销毁账簿、记账凭证,在账簿上多列支出或不列、少列收入,经税务机关通知申报而拒不申报或进行虚假的纳税申报,不缴或少缴应纳税款的行为。纳税人有偷税行为的,税务机关应追缴其不缴或少缴的税款、滞纳金,并处不缴或少缴的税款 50% 以上 5 倍以下的罚款;构成犯罪的,依法追究刑事责任。

在税收洼地设立多家个人独资企业、合伙企业,将劳务报酬所得转换为经营所得,属于避税行为。所谓避税,是指纳税人利用税法的漏洞、特例或者其他不足之处，采取非违法的手段减少应纳税款的行为。纳税人在用一种表面上遵守税收法律法规，实质上与立法意图相悖的非违法形式以达到自己的目的。对于避税行为，国家应该通过完善税法等方式进行反避税，比如减少各地区的擅自减免返还税收、减少核定征收等。

从案例 1-11 我们可以看到，企业在进行纳税筹划时要准确界定偷税和纳税筹划的概念，避免违背纳税筹划的合法性要求，避免违反税法的相关规定、闯入纳税筹划的禁区。

此处我们重点提示，进行纳税筹划的前提是熟悉税法的规定，分清合法和违法的界限。也就是说，纳税筹划指纳税主体在熟悉税法的基础上争取"少缴税"，即应该缴的税分文不少，不应该缴的税绝不多缴。

2. 筹划性

纳税人的纳税义务通常具有滞后性。企业在交易行为发生后才需要缴纳流转税；在收益被实现或分配后，才需要缴纳所得税；在财产取得后，才缴纳财产税。纳税人对于已经发生的应税行为，必须全面履行纳税义务，也就是说一旦应税行为已经发生，就不存在纳税筹划的空间，如果此时纳税人才开始筹划，便有可能是有意逃避缴纳税款，存在偷税的嫌疑。企业应根据国家税收法律的差异性，在经济行为发生之前，对经济事项进行事先的设计、选择和安排，以达到减轻税收负担的目的，即企业在进行纳税筹划时需要做"诸葛亮"，而非"事后诸葛亮"。比如，企业在成立时需要根据税收负担和承担责任的大小，在有限责任公司、合伙企业、个人独资企业、个体工商户之间进行选择；在设立分支机构时，需要在分公司和子公司之间进行选择；在签订合同时，需要选择结算方式和收付款时间，因为结算方式和收付款时间影响纳税义务的发生时间；企业在采购货物时，需要根据自身的纳税人身份和可以抵扣的进项税额，比较不同供应商的价格，以获取最多的利润；企业在购置房地产时，需要比较不同的转让方式对双方税负的影响，选择更合理的方式；企业在进行重组时，需要根据企业实际情况判断是采用一般性税务处理对企业更有利，还是采用特殊性税务处理对企业更有利。

【案例1-12】2022年1月，心仪珠宝公司与明月珠宝公司进行吸收合并，明月珠宝公司被并入心仪珠宝公司，但公司未将企业合并的协议报至税务机关备案。合并日，明月珠宝公司有经营用房一间，账面净值为800万元，公允价值为1800万元；有珠宝存货一批，账面价值为900万元，公允价值为1200万元；有柜台、检验仪器等固定资产，账面净值为180万元，公允价值为150万元。在合并过程中，明月珠宝公司进行了清算，缴纳了企业所得税，之后将资产并入心仪珠宝公司。税务机关要求明月珠宝公司缴纳增值税、城建税、教育费附加、土地增值税、印花税，要求心仪珠宝公司缴纳印花税和契税。请问税务机关的处理是否合理？两家珠宝公司在进行合并的过程中出现了什么问题？

【解析】

税务机关的处理是正确的。因为这两家珠宝公司在进行合并的过程中没有及时将公司合并的协议报至税务机关备案，而是自行进行合并处理，并且明月珠宝公司已经完成了清算工作，清算后其将房产、珠宝及仪器设备等资产再转让至心仪珠宝公司，此时税务机关需要按照明月珠宝公司将有形动产、不动产销售给心仪珠宝公司进行税务处理。

之所以出现这个问题，是因为企业在进行经济事项处理之前未能做好纳税筹划工作，忽略了纳税筹划的事先筹划性特点。两家公司正确的处理方式为：将企业合并协议报送至主管税务机关备案，之后按照企业合并的方式将明月珠宝公司的各项资产并入心仪珠宝公司并进行税务处理。企业合并相关税收政策如下。

（1）增值税。纳税人在资产重组过程中，通过合并、分立、出售、置换等方式，将全部或者部分实物资产以及与其相关联的债权、负债和劳动力等一并转让给其他单位和个人，不属于增值税的征税范围，其中涉及的货物、不动产、土地使用权转让，不征收增值税。

（2）土地增值税。按照法律规定或者合同约定，两个或两个以上企业合并为一个企业，且原企业投资主体存续的，对原企业将房地产转移、变更到合并后的企业，暂不征土地增值税。

（3）契税。两个或两个以上的公司，依照法律规定、合同约定，合并为一个公司，且原投资主体存续的，对合并后公司承受原合并各方土地、房屋权属，免征契税。

（4）企业所得税。企业合并属于企业重组的一种方式，符合特殊性税务处理条件的，企业可以选择适用特殊性税务处理的处理方式，暂不缴纳企业所得税。

根据上述规定我们可以看到，如果两家珠宝公司事先做好纳税筹划工作，则二者在合并的过程中无须缴纳增值税、城建税、教育费附加、土地增值税、契税、企业所得税等。

3. 目的性

纳税筹划的直接目的是降低企业税负，但是此处需要注意，降低企业的税收负担不是指降低企业的绝对税收负担，而是指降低企业的相对税收负担，使企业在税收负担既定的情况下，谋求收入、利润的最大化；在收入、利润既定的情况下，谋求税负最小化。也就是说，企业在进行纳税筹划时，不能只看税收利益，还应该看企业的整体利益。

降低企业的税收负担主要有两层意思：①降低企业的相对税收负担；②合理合法地推迟纳税义务的发生时间，获取货币的时间价值。

4. 全局性

企业在进行纳税筹划时要综合考虑各方税负，不应该只考虑自身的税收负担，还应该考虑企业的筹划方案对合作伙伴的影响，尽量谋求各方利益最大化，实现共赢；如果企业单纯考虑自身利益，而使得合作伙伴的税收负担增加，则面临失去市场的风险。

【案例1-13】聚源高新技术公司（以下简称"聚源公司"）为增值税一般纳税人，主要销售技术含量很高的设备。该公司在销售设备的同时，还需要向客户提供技术指导和技术服务。2021年，公司获得不含税销售收入3000万元，增值税销项税额390万元，全年可抵扣进项税额为100万元。聚源公司的纳税情况如下。

应纳增值税 = 3000 × 13% − 100 = 290（万元）

应纳城建税、教育费附加和地方教育附加（以下简称"城建及附加"）= 290 × 12% = 34.8（万元）

应纳税额合计 = 290+34.8 = 324.8（万元）

经调查，公司增值税税负偏高的原因主要为设备销售后，公司需要为客户提供较长时间的技术指导、咨询服务,公司销售额中有1/3的费用属于技术指导、咨询费用。如果在进行纳税筹划时，该公司单独签订设备销售合同和技术咨询服务合同，那么设备销售合同的不含增值税价款为2000万元，增值税税款为260万元，剩余的1130万元为收取的技术服务费的价税合计金额。由于技术服务适用6%的增值税税率，则聚源公司的税负情况如下。

应纳增值税 = 260+1130 ÷（1+6%）× 6% − 100 = 223.96（万元）

应纳城建税和教育费附加 = 223.96 × 12% = 26.88（万元）

应纳税额合计 = 223.96+26.88 = 250.84（万元）

进行纳税筹划后，该公司应纳税额减少了73.96万元。请分析聚源公司的纳税筹划方案是否可行？

【解析】

从聚源公司自身的情况看，在收取销售款项不变的情况下，由于筹划方案降低了增值税、城建税和教育费附加的应纳税额，在一定程度上增加公司的利润，所以该方案是可行的。如果考虑客户的利益，该方案还需要多加斟酌。

如果聚源公司的客户是非增值税一般纳税人，如小规模纳税人、消费者、政府机关、事业单位等，则客户不需要抵扣进项税额，聚源公司的方案对客户没有什么不利影响，该方案是可行的。

如果聚源公司的客户是增值税一般纳税人，那么由于聚源公司的销项税额减少了，客户就会减少同等金额的可抵扣进项税额，则客户需要多缴纳增值税及相应的城建税和教育费附加。聚源公司少缴纳的税款与客户多缴纳的税款是相等的，即博弈各方的收益和损失相加总和永远为"零"。在这种情况下，如果聚源公司坚持自己的筹划方案，客户将降低采购价格或转向其他公司购买产品，聚源公司也将面临失去市场的风险，此时聚源公司需要三思而后行。

5.风险性

纳税筹划的目的是降低企业的相对税收负担，增加企业的利润。但在实际操作中有时无法达到预期效果，这与纳税筹划的成本和纳税筹划的风险息息相关。纳税筹划的成本，是指由于采用纳税筹划方案而增加的成本，包括显性成本和隐性成本。企业聘请纳税筹划专业人员的费用就属于显性成本，采用一种纳税筹划方案而放弃另一种纳税筹划方案所产生的机会成本就属于隐性成本。此外，对税收政策理解不准确或操作不当，可能使得纳税人采用税负不降反增的方案，或者由于触犯法律而受到税务机关的处罚等，这些都使得纳税筹划的结果与预期的目标相背离。

纳税筹划的风险主要表现如下。

（1）政策风险，包括政策选择风险和政策变化风险。政策选择风险是指由于筹划人对政策精神的认识不足、理解不透、把握不准而导致政策选择出现错误与偏差；政策变化风险则是由于纳税人在筹划下对税收政策变化不敏感、对政策变化预计不足而导致的风险。

（2）操作风险，即纳税筹划的整体思路和方案设计是正确的，但是纳税人在执行过程中由于对操作细节掌握得不到位而导致的风险。

【案例1-14】凯莱模具公司是一家生产模具的公司，该公司既有内销业务，也有外销业务，外销业务中既有一般贸易出口，也有进料加工与来料加工出口业务。由于规模较大，业务较为复杂，公司聘请了专门的人员开展纳税筹划和税务咨询工作。

2022年3月，当地税务机关在对该企业进行纳税检查时发现，该企业在2022年1月购入一条模具生产线，该生产线被专门用于生产来料加工的模具，企业在购入生产线时抵扣了生产线的进项税额130万元。由于我国对来料加工出口业务实行增值税免税不退税的政策，该生产线的进项税额不得被抵扣。企业多抵扣了进项税额130万元，造成企业少纳增值税，因此税务机关要求企业补缴增值税并缴纳滞纳金。请问税务机关的处理是否正确？

【解析】

税务机关的处理是正确的。我国在增值税的出口退税中，对一般贸易出口、进料加工与来料加工的税务处理方式是不同的。我国对一般贸易出口、进料加工业务采用"免、抵、退税"的处理方式，也就是说，该业务所耗用的国内原材料的进项税额，是被允许抵扣的；而对于来料加工贸易则采用免税不退税的方式，即该项业务所耗用的国内原材料的进项税额不被允许抵扣。此外，专用于简易计税方法计税项目、非增值税应税项目、免征增值税项目、集体福利或者个人消费的固定资产不得抵扣进项税额。换言之，如果一项固定资产既用于增值税应税项目，又用于免税项目，则其进项税额是被允许抵扣的。

对凯莱模具公司而言，如果该生产线既被用于生产内销货物、一般贸易出口货物、进料加工出口货物，又被用于生产来料加工货物，则其进项税额是被允许抵扣的。由于凯莱模具公司在进行纳税筹划时对相关税收政策把握得不准确，导致企业的纳税筹划方案出现偏差，造成少纳税的结果。

6. 专业性

纳税筹划不仅需要由财务、会计、税务方面的专业人员进行方案设计、操作实施等工作，而且有些方案需要有税务师事务所、会计师事务所等专业机构的参与，才能取得很好的筹划效果。

1.2.2 纳税筹划取得成功的五大条件

1. 树立诚信纳税意识是纳税筹划取得成功的先决条件

纳税筹划不同于偷税行为。

偷税是违法行为，属于闯入税收禁区的"闯红灯"行为。我国税法规定，对纳税人偷税的，由税务机关追缴其不缴或者少缴的税款、滞纳金，并处不缴或者少缴的税款 50% 以上 5 倍以下罚款；构成犯罪的，依法追究刑事责任。扣缴义务人采取上述手段，不缴或者少缴已扣、已收税款的，由税务机关追缴其不缴或者少缴的税款、滞纳金，并处不缴或者少缴的税款 50% 以上 5 倍以下的罚款；构成犯罪的，依法追究刑事责任。

纳税筹划则是企业在合法的限度内，通过对经营事项事先选择、安排和策划，达到降低企业税收负担的目的，纳税筹划属于"绿灯行"范畴。

综上所述，纳税筹划是合法行为，偷税则属于违法行为。企业要想合理进行纳税筹划，规避涉税风险，就必须摒弃偷税的想法，树立诚信纳税的意识，并从战略的高度梳理企业的涉税事项，进行统筹安排。

【案例1-15】由于红石公司的经营业绩较好，股东会决定提高职工的工资水平。为了降低职工的税收负担，红石公司提出以下方案。

（1）按照级别允许职工以汽油费、办公用品发票等形式报销一部分费用。

（2）提高职工的办公条件，为职工配备笔记本电脑；为中层管理者和高层管理者配备车辆。

（3）开办职工食堂，为职工提供免费餐食。

（4）公司将通过合理设计职工每月工资薪金和全年一次性奖金的方式降低职工的税收负担。

请分析在上述方案中，哪些是合法的？哪些是违法的？

【解析】

上述四种方案中，方案（1）是违法的，属于偷税行为；方案（2）（3）（4）则属于合法行为。

2. 管理者的理解、重视与支持是纳税筹划取得成功的必要条件

企业要做好纳税筹划工作，需要协调各方面的资源，也需要企业内部各个部门的配合。企业管理者，尤其是企业股东应该真正理解和支持纳税筹划工作，摒弃非正规操作及一旦出现问题便想着"托关系，走后门"的操作思路。各个部门应共同努力，防范并化解涉税风险，从投融资、产供销、合同签订与执行等各个环节对企业的涉税事项进行规范，以取得良好的纳税筹划效果。

3. 专业人才是纳税筹划取得成功的人员保障

纳税筹划是一项专业性、政策性很强的工作，筹划方案是否科学合理、能否顺利实施，取决于纳税筹划人员的综合素养。在进行纳税筹划时，筹划主体

不仅应具备严密的逻辑思维、统筹谋利的能力，而且应具备税收、会计、财务等方面的专业知识；谙熟企业投融资、经营管理等业务情况及其流程；及时掌握税收政策变化的情况；对趋势进行预测并给出不同的纳税方案；在方案间进行比较、优化选择，进而做出最有利的决策。有时，即使企业有着迫切地进行纳税筹划的愿望，也难以具备相关能力。如果企业盲目进行纳税筹划，可能事与愿违，得不偿失。因此，企业要想降低纳税筹划的风险，提高纳税筹划的成功率，应重视对纳税筹划人才的培养工作。

4. 做好基础工作、建立完善的制度体系是纳税筹划取得成功的制度保障

纳税筹划是系统工程，要取得成功需要企业做好日常核算和纳税申报等基础工作，从点滴做起，避免"千里之堤，溃于蚁穴"。企业还应在此基础上建立一套完整的制度体系，确保纳税筹划的成功。企业具体应做好以下几项工作。

（1）规范日常的会计核算行为。经济业务发生时，企业要取得真实合法的原始凭证，正确地进行账务处理，编制真实客观的记账凭证、账簿、报表，为企业依法纳税、进行税务管理奠定良好的基础。

（2）做好纳税基础管理工作。企业要根据经营情况及其变化，及时办理开业税务登记、变更税务登记、跨区域涉税事项报告事项等；做好账簿凭证管理、发票领用开具管理工作；及时做好纳税申报、税款缴纳等工作。一旦企业经营出现意外，无法按时进行纳税申报或缴纳税款，其应及时办理延期申报或延期纳税的审批手续。

（3）建立完善的信息收集传递系统和纳税筹划数据库。任何纳税筹划方案都是在一定的时间、一定的税收法律环境下，以企业收集到的信息为基础被制订的，具有很强的针对性和时效性。要想提高纳税筹划的有效性，企业必须有一套完善的信息收集传递系统和纳税筹划数据库，以实现纳税筹划对信息的准确性、完整性、及时性、相关适度性的要求。

（4）建立科学严密的审批机制。由于纳税筹划是一项复杂的前期策划和财务管理活动，企业应根据自身的实际情况，对日常经营、投融资、产供销等活动进行事先安排和策划，进而对一些经济活动进行合理控制，建立科学严密的审批机制，实行科学化决策，使得企业的纳税筹划步入正轨。

（5）要加强纳税筹划风险的防范与控制。企业要正视风险的客观存在，树立纳税筹划的风险意识，并在生产经营过程和涉税事务中始终保持对筹划风险的警惕性。企业应通过有效的风险预警机制，实时监控筹划过程中的潜在风险，及时寻找导致风险产生的根源并制定有效措施。

5. 掌握技术方法是纳税筹划取得成功的技术保障

纳税筹划的技术方法有很多，具体可被分为八类：不予征税法、减免税法、税率差异法、分拆法、扣除法、抵免法、延期纳税法和退税法。

1.2.3 纳税筹划的八大技术方法

1. 不予征税法

不予征税法是指纳税人选择国家税收法律、法规或政策规定的不予征税的经营、投资、理财等活动的方案以减轻税收负担的方法。

每个税种都有明确的征免税范围，纳税人可以在熟悉税收政策、权衡各方利益的前提下，对企业产供销等经营活动、投融资等理财活动做出事先安排，在各种备选方案中选择不予征税的方案。

【案例1-16】宏远公司、立信公司均为生产企业，宏远公司欠立信公司8000万元货款，立信公司发现宏远公司出现财务困难，无法支付到期债务。经商议，宏远公司以一幢房屋抵偿立信公司8000万元的债务。宏远公司于2010年10月购入该房屋，购置价格为3000万元，公司已经计提折旧400万元。如果以房屋抵债，双方应如何进行税务处理？是否可以进行纳税筹划？

【解析】

宏远公司以房屋抵偿债务的行为应该按照销售不动产的相关规定缴纳增值税、城建税、教育费附加、印花税、土地增值税，并按公允价值确定所得，缴纳企业所得税，立信公司获得房屋需要缴纳契税和印花税。

如果宏远公司采用以房屋投资入股到立信公司，之后再以转让股权的方式偿还债务的方法，由于双方均为非房地产开发企业，因此无须缴纳土地增值税，这就是纳税筹划中的不予征税法。

2. 减免税法

减免税法是指纳税人选择国家税收法律、法规或政策规定的可以享受减税或免税优惠的经营活动方案，以减轻税收负担的方法。

国家在制定具体的税收政策时，对于需要鼓励的经营活动或纳税人，通常会规定一些具体的减免税政策，纳税人可以对照国家减免税的条件，事前对其经营活动进行安排，以享受减免税优惠。

【案例1-17】天欣服装公司为增值税一般纳税人，从事服装的生产、销售业务。目前企业共有职工195人，其中残疾职工45人。请问企业应该如何进行纳税筹划？

【解析】

对天欣服装公司而言，目前可以享受的税收优惠为：在计算企业所得税的应纳税所得额时，企业支付给残疾职工的工资可以加计100%扣除。

可以争取享受的税收优惠政策包括增值税即征即退和减免城镇土地使用税的税收优惠政策。该公司要想享受上述优惠政策，需要再雇用5名残疾职工，因为生产企业享受上述优惠需要达到的条件是：在一个纳税年度内月平均实际安置残疾人就业人数占单位在职职工总数的比例高于25%（含25%），且实际安置残疾人人数高于 10 人（含 10 人）。

此外，企业还应同时符合以下条件。

（1）依法与安置的每位残疾人签订了一年以上（含一年）的劳动合同或服务协议，并且安置的每位残疾人在单位实际上岗工作。

（2）为安置的每位残疾人按月足额缴纳了单位所在区县人民政府根据国家政策规定的基本养老保险、基本医疗保险、失业保险和工伤保险等社会保险。

（3）通过银行等金融机构向安置的每位残疾人，按月支付了不低于纳税人所在区县适用的经省人民政府批准的月最低工资标准的工资。

3. 税率差异法

税率差异法是指纳税人根据国家税收法律、法规或政策规定的税率差异，选择税率较低的经营活动方案，以减轻税收负担的方法。

在一些税种中，国家根据行业、产品、地区、所得项目的不同，规定了不同的税率，也有的税种国家规定的是幅度税率，由各地根据情况确定本地适用的税率。纳税人可以根据政策规定，合理选择产供销等经营活动方案与投融资等理财活动方案，以争取适用较低的税率。

【案例 1-18】鑫谷酒业有限公司（以下简称"鑫谷公司"）主要生产不同品种的酒以适应不同消费者的需求，其经营范围主要包括白酒、红酒、黄酒、啤酒、果酒等。春节临近，大部分消费者以酒作为馈赠亲友的礼品，针对这种市场情况，公司于 2021 年 12 月初推出了"礼品酒套装"的促销活动，将白酒和红酒组成成套的礼品酒销售。礼品酒套装包括一瓶 750 克的白酒、一瓶 750 克的红酒和一个精美的礼品盒。礼品酒套装的销售价格为 268 元 / 套，其中白酒的不含增值税售价为 158 元 / 瓶，红酒的不含增值税售价为 88 元 / 瓶，礼品盒的不含增值税售价为 22 元 / 盒。该月公司共销售 10 000 盒套装，取得不含增值税销售收入 268 万元。请问公司应缴纳多少消费税？公司对于该项业务应该如何进行纳税筹划？

【解析】

按照消费税暂行条例及其实施细则[①]的规定，纳税人将不同税率的应税消费者品组成成套消费品销售的，无论是否分别核算不同应税消费品的销售额，都需要从高适用税率。因此，鑫谷公司销售的礼品酒套装应该按照白酒的消费税税率（比例税率 20%，定额税率 0.5 元 /500 克）计算应纳消费税。

应纳消费税 = $268 \times 20\% + 0.5 \div 500 \times （750+750）\times 10\ 000 \div 10\ 000 = 55.1$（万元）

鑫谷公司可以考虑将"礼品酒套装"的组合环节由生产环节改为批发、零售环节。比如，鑫谷公司向批发公司分别销售 10 000 瓶白酒、10 000 瓶红酒、10 000 个礼品盒，之后批发公司再进行组装。由于酒仅在生产、委托加工和进口环节缴纳消费税，在批发、零售环节不缴纳消费税，因此鑫谷公司可以通过改变组装环节的方式降低消费税负担。白酒按照比例税率 20%、定额税率 0.5 元 /500 克的标准计算应纳税额；红酒按照 10% 的比例税率计算应纳税额；礼品盒无须缴纳消费税。

应纳消费税 = （$158 \times 20\% + 0.5 \div 500 \times 750 + 88 \times 10\%$）$\times 10\ 000 \div 10\ 000 =$ 41.15（万元）

此方法比在生产环节组成成套礼品酒销售节约了消费税税款 13.95 万元。

4. 分拆法

分拆法是指纳税人根据国家税收法律、法规或政策规定，选择能使计税依据进行分拆的经营活动方案，以实现不同税率、不同税种的计税依据相分离的

---

① 指《中华人民共和国消费税暂行条例》和《中华人民共和国消费税暂行条例实施细则》，下同。

方法，具体内容为或是将计税依据分解为不同纳税人或征税对象，增大不同计税依据扣除的额度或频度，或是采取措施防止税率的爬升，从而降低税收负担。

【案例1-19】福能食品公司为增值税一般纳税人，公司通过近10年的研究开发出一系列健康食品，2022年公司销售额增长迅速，达到18 000万元。该公司目前的整体安排是：公司负责产品的生产和销售，将产品批发给经销商，之后经销商再将产品销售给消费者。经销商主要为个人或个体工商户，均为小规模纳税人，每个经销商的年销售额大约为100万~500万元。福能食品公司的增值税税负率大约为9%，预计公司在2022年的应纳税所得额为5000万~6000万元，目前公司的产品主要在本省各地进行销售，公司准备于2023年开拓全国市场。针对福能食品公司的情况，公司应如何进行纳税筹划？

【解析】

该公司在进行纳税筹划、整体架构安排时，需要考虑以下问题。

（1）如何扩展本地市场乃至全国市场？

（2）如何做到不缩小企业的规模，为以后的上市做准备？

（3）如何降低企业的税收负担？

对于上述三个问题，我们可以结合该公司的生产经营及客户情况进行分析。

（1）无论是下游的零售单位（小规模纳税人）还是最终消费者，二者有一个共同特点：不需要抵扣进项税额，这就为该公司降低增值税税负奠定了良好的基础。

（2）公司不能单纯为享受企业所得税的小型微利企业和增值税小规模纳税人的税收优惠而采取分立策略，因为一旦将一个大企业分立成若干个小企业，将涉及企业规模缩小，原企业与分立后的企业存在关联交易等问题，这些都不利于企业上市。

基于上述考虑，福能食品公司采取的措施是：在各地投资入股成立销售子公司。此处有两个关键点：第一，是投资入股，而非分立。将一个企业分立为多个企业涉及企业规模缩小的问题，而投资入股的账务处理为将业务记入"长期股权投资"，福能食品公司的规模并未缩小；第二，成立的是子公司，而非分公司。子公司应尽量考虑成为增值税小规模纳税人、企业所得税的小型微利企业，如果福能食品公司在地级市设立的销售子公司销售额超过 500 万元，则其可以考虑在旗县设立销售子公司。在设立销售子公司时还可以考虑给子公司的负责人留下股权激励的空间，为拓展市场奠定良好的基础。

设立销售子公司后，母公司可以略高于成本价的价格 13 000 万元将产品批发给销售子公司，销售子公司再销售给经销商。通过这种方式，公司可以降低增值税和企业所得税的税收负担，但公司需要考虑增设销售子公司可能增加的房租和人员费用，当然其也需要考虑相关政策对公司开拓市场的影响。由于该公司原来在各地有销售转运站，因此投资入股并不会增加房租和人员费用。

假设各地销售子公司为增值税小规模纳税人，由于疫情期间小规模纳税人的免税政策和 1% 征收率的政策皆为暂时政策，所以我们在测算时按照 3% 的征收率测算。但对小规模纳税人的"六税两费"① 施行减半征收的政策是一个相对稳定的政策，因此我们在测算时应按照减半征收城建及附加进行测算，有关对各方关系和数据的简要分析如图 1-1 所示。

---

① "六税两费"减半征收是指由省、自治区、直辖市人民政府根据本地区实际情况和宏观调控的需要确定，对增值税小规模纳税人、小型微利企业和个体工商户可以在 50% 的税额幅度内减征资源税、城市维护建设税、房产税、城镇土地使用税、印花税（不含证券交易印花税）、耕地占用税和教育费附加、地方教育附加。

原有方案

福能

（单位：万元）

含税售价	20 340
销项税额	2340
进项税额	720
应纳增值税	1620
城建及附加	194.4

经销商

新方案

福能

（单位：万元）

含税售价	14 690
销项税额	1690
进项税额	720
应纳增值税	970
城建及附加	116.4

多个销售子公司

（单位：万元）

含税售价	20 340
应纳增值税	592.43
城建及附加	35.55

经销商

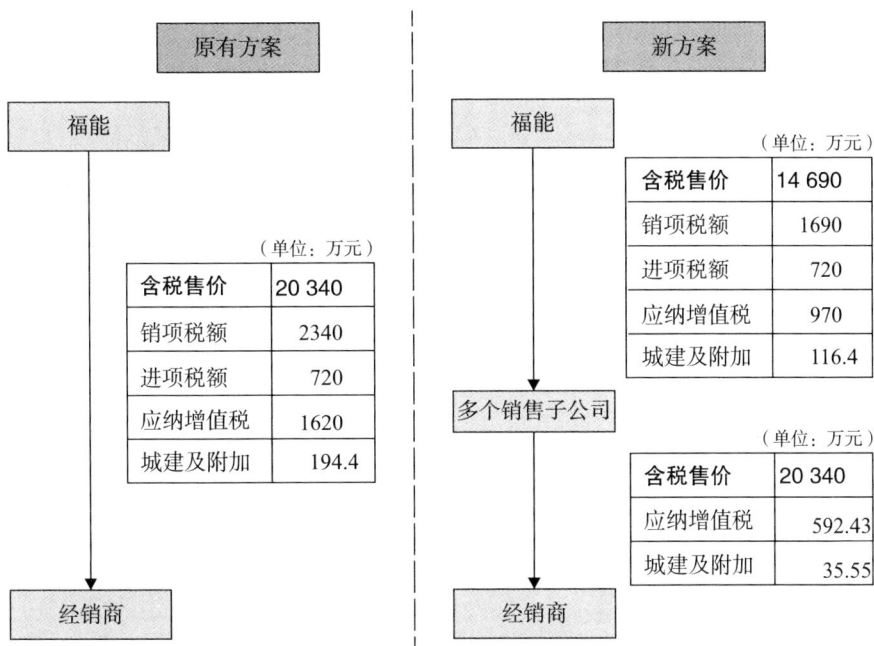

图 1-1 福能架构设计（新老方案对比图）

通过图 1-1 我们可以看到。

（1）原有方案中，福能的应纳增值税、城建及附加 = 1620+194.4 = 1814.4
（万元）。

（2）新方案中，福能及子公司的应纳增值税、城建及附加 = 970+116.4+
592.43+35.55 = 1714.38（万元）。

新方案可以降低增值税、城建及附加 100.02 万元，如果公司考虑疫情期间
小规模纳税人可以享受的优惠政策，那么减税效果会更明显。

此外，由于增值税下降，在含税总收入不变的情况下，不含增值税收入增加；
由于城建及附加下降，导致税金及附加下降，因此福能及其子公司的利润总额
增加了 100.02 万元。同时，由于公司的大部分所得都是在子公司实现的，可以
享受小型微利企业的优惠政策，子公司在缴纳企业所得税后，将未分配利润分
配给母公司，母公司获得的股息红利享受免企业所得税的待遇，此举可以为企

业降低企业所得税的负担，增加企业的税后利润。

上述方案实际是在考虑企业情况的基础上，利用分拆的方式使得企业享受小型微利企业的税收优惠政策，进而达到增加企业的实际利润的目的。但在实际操作中，纳税人要注意关联交易的定价是否合理等问题，避免为企业带来涉税风险。

5. 扣除法

扣除法是指纳税人依据国家税收法律、法规或政策规定，尽量增加产供销等经营活动、投融资等理财活动的计税依据中可以扣除的项目或金额，以减轻税收政策负担的方法。

所得税是以纳税人取得的收入或所得额经必要扣除后的余额为计税依据的，即使是以销售额为计税依据的流转税，也规定了一些可以在计税依据中扣除的项目。纳税人应在发生成本费用支出之前，熟悉税法对相关费用的项目、性质、支付方式及票据使用等方面的要求，提前做出筹划，以使相关费用符合税前扣除的条件，从而将其于确定计税依据前扣除，以降低企业的税收负担。

【案例 1-20】2019 年我国个人所得税实施混合所得税制，对于个人获得的综合所得，允许以减除基本费用扣除、专项扣除、专项附加扣除、依法确定的其他扣除后的余额为应纳税所得额。其中，专项附加扣除有的项目是由纳税人和配偶、兄弟姐妹分摊扣除的。王蒙和张欣系夫妻，王蒙全年综合所得收入额约为 100 万元，张欣全年综合所得收入额约为 15 万元，夫妻二人育有一子一女，分别为 2 岁和 12 岁（正在上初中），目前二人正在偿还首套住房贷款；王蒙的父母均已达 80 岁高龄，王蒙有兄弟姐妹 4 人，其中 2 个哥哥已经退休，除退休金外无其他收入，1 个姐姐尚未退休。根据上述情况，二人对于个人所得税税前扣除项目应该如何安排？

【解析】

由于王蒙的收入远高于张欣，从降低夫妻共同税负的角度考虑，应该在王蒙的收入中扣除3岁以下婴幼儿子女照护支出、子女教育支出和首套住房贷款利息支出这3项专项附加扣除；对于赡养老人支出，王蒙为非独生子女，其应同兄弟姐妹共同分摊一年24 000元的赡养老人支出，由于王蒙的哥哥已经退休，其获得的退休金是免个人所得税的，因此可以考虑由王蒙和姐姐采用约定分摊的方式共同分摊24 000元的赡养老人专项附加扣除。

6. 抵免法

抵免法指纳税人依据国家税收法律、法规或政策规定，使经营、投资、理财等活动的已纳税额或相应支出在其应纳税额中予以抵扣，以减轻税收负担的方法。

税收抵免分为投资抵免和境外所得税收抵免两类。

（1）投资抵免。

根据《中华人民共和国企业所得税法》（以下简称《企业所得税法》）规定，企业自2008年1月1日起购置并实际使用《环境保护专用设备企业所得税优惠目录》《节能节水专用设备企业所得税优惠目录》《安全生产专用设备企业所得税优惠目录》规定的环境保护、节能节水、安全生产等专用设备的，该专用设备投资额的10%可以从企业当年的应纳税额中抵免；当年不足抵免的，可以在以后5个纳税年度结转抵免。企业购置上述专用设备在5年内转让、出租的，应当停止享受企业所得税优惠，并补缴已经抵免的企业所得税税款。

（2）境外所得税收抵免。

企业在取得下列所得时已在境外缴纳的所得税税额部分，可以被从其当期应纳税额中抵免，抵免限额为该项所得依照《企业所得税法》等文件规定计算的应纳税额；超过抵免限额的部分，可以在以后5个年度内，用每年度抵免限额抵免当年应抵税额后的余额进行抵补。

① 居民企业来源于中国境外的应税所得。

② 非居民企业在中国境内设立机构、场所，取得发生在中国境外但与该机构、场所有实际联系的应税所得。

③ 居民企业从其直接或者间接控制的外国企业分得的来源于中国境外的股息、红利等权益性投资收益，外国企业在境外实际缴纳的所得税税额中属于该项所得负担的部分，可以作为该居民企业的可抵免境外所得税税额，在抵免限额内抵免。

【案例 1-21】 富华矿业公司 2021 年企业所得税应纳税所得额为 13 500 万元，2021 年 11 月，富华矿业公司购入一台属于《安全生产专用设备企业所得税优惠目录》中规定的安全生产设备，设备价款为 9800 万元，增值税税款为 1274 万元。请问富华矿业公司 2021 年应该缴纳多少企业所得税？

【解析】

应纳企业所得税 = 13 500 × 25% − 9800 × 10% = 2395（万元）

7. 延期纳税法

延期纳税法是指纳税人依据国家税收法律、法规或政策规定，延期缴纳经营、投资、理财等活动的当期应纳税额，以获取资金时间价值的方法。

延期纳税虽然不能减少纳税人的应纳税额，但对纳税人而言，延期缴纳税款相当于获得了一笔无息贷款，获取了货币时间价值，有利于纳税人的资金周转。但纳税人在采用延期方法时一定要注意合法与非法的界限，注意操作细节。例如，许多企业在向客户销售商品时，由于未收到货款，故未向客户开具发票，在会计上未确认销售收入，在企业所得税上未确认收入，也未缴纳增值税，那么这种做法稳妥吗？毫无疑问，企业的这种做法是不稳妥的。按照税法规定，在无特殊合同约定的情况下，纳税义务发生时间为收讫销售款或取得索取销售款凭据的当天；纳税人采用赊销和分期收款结算方式销售货物的，纳税义务发生时间为书面合同约定的收款日期的当天，无书面合同的或者书面合同没有约定收款日期的，为货物发出的当天。根据上述规定，如果交易双方未明确约定结算方式和收付款时间，则企业的上述处理极易招致税务机关的处罚。那么应如何合理地处理上述问题呢？纳税人首先应合理利用税法中关于赊销和分期收款的相关规定，在书面合同中明确约定结算方式，并明确约定收款时间，从而达到延期纳税的目的。

此外，我国出台了很多关于固定资产加速折旧的政策，盈利且不享受期限性税收优惠的企业可以通过加速折旧实现延期纳税的目的。我们需要特别注意，并不是所有企业都应该采取加速折旧政策，对于处于亏损期的企业、享受期限性税收优惠政策的企业 [1] 而言，则不适合采用加速折旧政策。

8. 退税法

退税法是指纳税人依据国家税收法律、法规或政策规定，使经营、投资、理财等活动的相关税额被退还的方法。

出口退税、外国投资者再投资退税、增值税增量留抵退税和存量留抵退税是纳税人可以进行纳税筹划的内容。虽然企业选择增值税留抵退税仅仅可以获得资金的时间价值，但当企业资金紧张时，能够及时退还留抵税额对于企业的发展而言是至关重要的。

企业在进行具体筹划时应结合自身实际状况，综合权衡利弊，综合运用以上方法，这样才能取得更理想的效果。

---

[1]　比如从事国家重点扶持的公共基础设施项目投资，享受"三免三减半"的企业；新成立的企业符合小型微利企业认定条件，但随着企业的发展，未来其很有可能按照25%缴纳企业所得税。

【本章合规要点】

1. 涉税风险不仅包括未按照税法规定承担纳税义务而导致的现存或潜在的税务处罚风险，也包括因未主动利用税法安排业务流程导致的应享受利益的丧失。

2. 产生涉税风险的五大原因：业财融合得不到位、合同管理不当；发票管理不当；账务处理不当；未按税法规定进行操作；未及时掌握税收政策变化。

3. 防范涉税风险的三项措施：①企业管理者高度重视涉税风险，倡导企业树立全员、全环节防范涉税风险的意识；②建立税务团队；③建立融洽的税企关系，及时获取税收政策法规信息。

4. 纳税筹划的六大特征：合法性、筹划性、目的性、全局性、风险性、专业性。

5. 纳税筹划取得成功的五大条件：①树立诚信纳税意识；②管理者的理解、重视与支持；③人员的培养；④做好基础工作、建立完善的制度体系；⑤掌握纳税筹划的技术方法。

6. 纳税筹划的八大技术方法：不予征税法、减免税法、税率差异法、分拆法、扣除法、抵免法、延期纳税法和退税法。

第 2 章

企业设立巧安排　组织形式降税负

【引言】每位投资者在设立企业的过程中，首先需要思考的问题如下。

1. 设立公司制企业，还是个体工商户、个人独资企业、合伙企业？

2. 企业要设立分支机构，是设立分公司还是子公司？

3. 如果目前个人投资者已经设立了一家公司，由于业务发展需要，在需要增设一家公司时，他是直接投资，以个人的名义另行设立一家新的公司；还是间接投资，以现有公司的名义投资，成立一家子公司？

4. 如果没有足够的资金缴足出资，企业应如何防范抽逃注册资本的风险？

在本章中，我们将逐一分析如何通过组织形式的设计降低企业的整体税负，以及企业应如何防范设立过程中的涉税风险。

企业组织形式的纳税筹划分为外部层次和内部层次两个方面。所谓外部层次的组织架构，是指企业整体上是设计为公司制企业还是非公司制企业；内部层次的组织架构，是指企业在设立分支机构时，是成立子公司还是分公司。

2.1　公司制企业与非公司制企业

【案例2-1】赵瑞、钱丽、孙斌、李昕、周荣5人准备投资成立一家企业，每人占有20%的股份。假设企业运营后每位投资者每年可以从企业获得工资98 000元，每位投资者综合所得的费用扣除标准为98 000元，预计企业每年可以获得400 000元的利润。在不考虑会计与税法差异的情况下，这5位投资者应该选择何种组织形式？

投资者在对企业进行投资时，可以在合伙企业、个人独资企业、个体工商户和公司制企业之间进行选择。由于现行《企业所得税法》采用法人所得税制，所以在不同类型的企业中，投资者应该缴纳的所得税税额各不相同。

2.1.1　公司制企业的涉税问题分析

公司制企业包括有限责任公司和股份有限公司，具有法人资格，属于企业所得税的纳税人，需要缴纳企业所得税；公司对税后利润进行分配时，投资者个人获得的股息、红利收入需要按照"利息、股息、红利所得"项目，按照20%的税率缴纳个人所得税。

一般情况下，在没有纳税调整项目的条件下，公司制企业投资者股息、红利的综合税收负担率（以下将"税收负担率"简称为"税负率"）为40%，具体计算过程如下。

综合税负率 = 企业所得税负担率 + 个人所得税负担率

$$= 25\% + (1 - 25\%) \times 20\%$$

$$= 40\%$$

如果该企业符合小型微利企业的条件，且所得在 100 万元以下，则投资者分得股息、红利的综合税负率为 22%[①]，即 2.5% + (1 - 2.5%) × 20% = 22%。

如果该企业符合高新技术企业的条件，则投资者股息、红利的综合税负率为 32%，即 15% + (1 - 15%) × 20% = 32%。

对上市公司的个人股东而言，个人从公开发行和转让市场取得的上市公司股票，持股期限在 1 个月以内（含 1 个月）的，其股息红利所得全额计入应纳税所得额；持股期限在 1 个月以上至 1 年（含 1 年）的，暂减按 50% 计入应纳税所得额；持股期限超过 1 年的，暂免征收个人所得税。上述所得统一适用 20% 的税率计征个人所得税。个人从上市公司获得的股息红利所得，若持股期限在 1 个月至 1 年，则其实际适用税率为 10%；持股期限在 1 个月以内的，实际适用税率为 20%。由于个人从上市公司获得的股息红利所得享受个人所得税的税收优惠政策，因此其股息红利的综合税负率低于非上市公司的综合税负率。

此外，目前我国对外籍个人从外商投资企业取得的股息、红利所得免征个人所得税，外籍个人从外商投资企业取得的股息、红利所得的综合税负率低于

[①] 目前小型微利企业的税收优惠是：年应纳税所得额不超过 100 万元的部分，减按 12.5% 计入应纳税所得额，按 20% 的税率缴纳企业所得税，相当于实际适用税率为 2.5%；年应纳税所得额超过 100 万元但不超过 300 万元的部分，减按 25% 计入应纳税所得额，按 20% 的税率缴纳企业所得税，相当于实际适用税率为 5%。小型微利企业相当于适用累进税率，年应纳税所得额超过 100 万元的部分，其综合税负率会随着应纳税所得额的变化而变化。此外，由于近几年小型微利企业的税收优惠政策在不断被优化调整，因此读者需要结合税收政策的变化情况计算企业的实际税负率。

本国居民股息、红利的综合税负率①。

表 2-1 给出了个人投资者股息红利所得综合税负率的大致情况，但表格不能穷尽所有情形。投资者在进行税负率分析时，需要结合企业的具体情况，比如是否享受期限性税收优惠、区域性税收优惠、行业性税收优惠等政策，准确计算企业的税负率，为企业选择正确的组织形式奠定基础。

表 2-1 个人股息红利所得综合税负率表

类型		综合税负率	计算公式
个人从非上市公司获得的股息红利	一般企业	40%	25%+（1−25%）×20%
	年应纳税所得额在100万元以下的小型微利企业	22%	2.5%+（1−2.5%）×20%
	高新技术企业	32%	15%+（1−15%）×20%
个人从上市公司获得的股息红利¹，外籍个人从外资企业获得的股息红利	一般企业	25%	25%+（1−25%）×0%
	小型微利企业	20%	20%+（1−20%）×0%
	高新技术企业	15%	15%+（1−15%）×0%

1 对于个人持有上市公司的股票获得的股息红利的综合税负率，我们以持股满1年为标准进行计算。

【案例 2-1 解析 1】如果赵瑞、钱丽、孙斌、李昕、周荣 5 人选择了公司制企业形式，该企业全年的应纳税所得额为 400 000 元，假设该企业符合小型微利企业条件，实际适用的企业所得税税率为 2.5%，则对纳税过程的计算如下。

（1）应纳企业所得税 = 400 000×2.5% = 10 000（元）。

（2）企业的税后利润为 390 000 元，每位投资者分得 78 000 元。

① 2013 年 2 月 3 日，国务院批准并转发了发展改革委、财政部、人力资源社会保障部的《关于深化收入分配制度改革的若干意见》（以下简称《意见》）。《意见》第十四条提出，取消对外籍个人从外商投资企业取得的股息、红利所得免征个人所得税的税收优惠。对此，财政部、国家税务总局应该会出台新的法规，以明确外籍个人取得股息红利所得的具体税务处理方式。但是到目前为止相应政策仍未出台，希望读者关注最新政策。

（3）每位投资者应纳个人所得税 = 78 000×20% = 15 600（元）。

（4）每位投资者实际获得的股息、红利收入 = 78 000 - 15 600 = 62 400（元），即股息、红利收入的综合税负率 = （10 000+15 600×5）÷400 000 = 22%。

2.1.2 非公司制企业的涉税问题分析

非公司制企业主要指个人独资企业和合伙企业。个人独资企业和合伙企业由于不具有法人资格，不适用《企业所得税法》，即无须缴纳企业所得税，投资者个人获得的所得按照"经营所得"项目，按照 5%～35% 的 5 级超额累进税率缴纳个人所得税。因此，投资者获得生产经营所得的税负率将随着所得额的变化而变化，所得额越高，税负率越高；所得额越低，税负率越低，总体税负率小于 35%（见表 2-2）。而且在企业获得的生产经营所得相同的情况下，合伙企业投资者的税负率低于个人独资企业的税负率，因为个人所得税是以每位投资者取得的所得，而非企业整体所得为依据计算个人所得税的，投资者人数越多，每位投资者获得的所得越少，在超额累进税率下适用的税率越低，缴纳的个人所得税就越少。个人股东在投资成立非法人企业时，可以考虑将配偶或已成年的子女作为合伙人，并通过增加投资者人数来降低税收负担。

表 2-2　经营所得个人所得税税率表

级数	全年应纳税所得额	税率（%）	速算扣除数（元）
1	不超过 30 000 元的部分	5	0
2	超过 30 000 元至 90 000 元的部分	10	1500
3	超过 90 000 元至 300 000 元的部分	20	10 500
4	超过 300 000 元至 500 000 元的部分	30	40 500
5	超过 500 000 元的部分	35	65 500

【**案例2-1　解析2**】如果赵瑞、钱丽、孙斌、李昕、周荣5人选择了合伙企业形式，在扣除业主费用前，企业全年的经营所得为890 000元[1]。假设业务费用扣除额为98 000元，5人无综合所得，则计算纳税的过程如下。

（1）每位投资者获得的所得 = 890 000÷5 = 178 000（元）。

（2）每位投资者的应纳税所得额 = 178 000−98 000 = 80 000（元）[2]。

（3）每位投资者的应纳税所得额的适用税率为10%，速算扣除数为1500元，应纳个人所得税 = 80 000×10%−1500 = 6500（元）。

最终每位投资者除获得与公司制企业相同的98 000元的收入之外，实际获得生产经营所得为73 500元，其综合税负率为8.125%（6500÷80 000）。

假设该企业不是由5个合伙人共同设立的，而是由赵瑞设立的个人独资企业，则纳税计算过程如下。

（1）赵瑞获得的所得为890 000元。

（2）应纳税所得额 = 890 000−98 000 = 792 000（元）。

（3）适用税率为35%，速算扣除数为65 500元。

应纳个人所得税 = 792 000×35%−65 500 = 211 700（元）。

通过计算我们可以看到，赵瑞的应纳税额211 700元远高于合伙企业投资者缴纳个人所得税的合计数字32 500元（6500×5）。由此我们可以看出，非法人企业可以通过增加合伙人人数的方式降低税收负担。

假设赵瑞设立的不是个人独资企业，而是个体工商户，会有什么不同呢？根据《财政部　税务总局关于实施小微企业和个体工商户所得税优惠政策的公告》（财政部　税务总局公告2021年第12号）的规定，2021年1月1日至2022年12月31日，对个体工商户年应纳税所得额不超过100万元的部分，在

---

[1] 对于非法人企业，投资者的工资不得在税前扣除，因此整个企业的生产经营所得 = 400 000+98 000×5 = 890 000（元）；之后在计算每位投资者的应纳税所得额时，每位投资者每年可以扣除98 000元的费用。

[2] 98 000元为费用扣除额。

现行优惠政策基础上，减半征收个人所得税。

此时赵瑞获得所得的计算过程如下。

（1）赵瑞获得的所得为 890 000 元。

（2）应纳税所得额 = 890 000 - 98 000 = 792 000（元）。

（3）适用税率为 35%，速算扣除数为 65 500 元。

应纳个人所得税 =（792 000 × 35% - 65 500）×（1 - 50%）= 105 850（元）。

此外，个体工商户可以享受"六税两费"减半征收的优惠政策，符合条件的个体工商户可以享受增值税增量留抵退税和存量留抵退税优惠政策。通过上述分析我们可以看出，个体工商户的税收负担要低于个人独资企业。

2.1.3 选择外部层次组织形式时需要考虑的因素

1. 税收因素

从案例 2-1 我们可以看到，在企业生产经营状况相同的情况下，由于所选择的企业组织形式不同，每位投资者最终实际获得的收入相差 11 100（73 500 - 62 400）元。之所以出现这种差异，是因为在公司制企业中，企业要缴纳企业所得税，投资者要缴纳个人所得税，存在经济性重叠征税的问题。投资者需要结合投资的具体情况，准确计算不同组织形式的税负率，并将其作为选择组织形式的参考因素。

2. 法律责任

投资者在选择组织形式时需要考虑税收因素，但不能单单考虑税收因素，影响组织形式选择更为重要的因素是法律责任和企业今后的发展趋势。虽然总体而言，合伙企业的税负率要略低于公司制企业的税负率，但是合伙企业的合伙人需要以个人财产对企业债务承担无限连带责任，企业一旦出现亏损，将在很大程度上影响投资者个人资产的安全性；而公司制企业虽然存在经济性重叠征税问题，但是其投资者是以投资额为限对公司承担有限责任，即使企业经营出现问题，投资者的其他个人资产也不会受影响。因此合伙企业投资者承担的法律责任风险远远大于公司制企业投资者的法律责任风险。投资者在投资、兴办企业时，需要考虑企业的盈亏状况、预计负债情况以及今后的发展等因素，并于综合考虑后，慎重选择企业的组织形式。

2.2　分公司与子公司

总分公司、母子公司在纳税上的差别主要体现在增值税和企业所得税上。其他税种均为就地缴纳。

2.2.1　分公司的涉税问题分析

分公司是相对于总公司而言的，分公司表明新办企业是总公司所属的分支机构，是总公司统一体中的一部分，它不具有独立的法人资格。由于分公司不具有独立法人资格，总分公司需要汇总缴纳企业所得税。

1. 增值税

企业跨县（市）设立的分公司，应该在分公司机构所在地独立申报缴纳增值税，即分公司是增值税的纳税人，但总分公司经过批准，可以汇总缴纳增值税。

2. 企业所得税

《国家税务总局关于印发〈跨地区经营汇总纳税企业所得税征收管理办法〉的公告》（国家税务总局公告 2012 年第 57 号）规定，居民企业在中国境内跨地区（指跨省、自治区、直辖市和计划单列市）设立不具有法人资格分支机构的，该居民企业为跨地区经营汇总纳税企业。也就是说，总分公司在汇总缴纳所得税时，二者的所得额和亏损额可以互相抵消，并以抵消后的净额缴纳所得税。当然在实践中，一些地方为了将分公司的税源完全留在当地，可能要求企业在办理涉税手续时选择"独立核算""独立纳税"的方式，此时分公司会单独计算并缴纳企业所得税。

2.2.2　子公司的涉税问题分析

子公司是相对于母公司而言的，设立子公司表明新办企业是一个受控于母公司的分支机构并具有独立的法人资格。由于子公司具有独立的法人资格，因此一般情况下它需要独立承担一切与之相关的税收义务。

1. 增值税

母子公司各自缴纳增值税，不得合并缴纳。

2. 企业所得税

除经国务院批准外，母子公司应该独立缴纳企业所得税，同时子公司可以作为独立法人享受税收优惠政策。

总分公司、母子公司增值税和企业所得税的差异如表 2-3 所示。

表 2-3　总分公司、母子公司增值税和企业所得税的差异

	增值税	企业所得税
总分公司	各自缴纳增值税 经批准，可以汇总缴纳增值税	一般情况下，汇总缴纳企业所得税 如果分公司选择"独立核算""独立纳税"，则分公司需要单独缴纳企业所得税
母子公司	各自缴纳增值税 不得合并缴纳增值税	各自缴纳企业所得税 经国务院批准，母子公司可以合并纳税

2.2.3　选择内部层次组织形式时需要考虑的因素

上述税收差别的存在为企业在设立分支机构时的纳税筹划提供了一定的空间。企业在设立分支机构时应该考虑以下问题。

1. 法律责任

由于分公司不具有法人资格，因此总公司对分公司的经营应该承担无限责任，分公司一旦经营出现亏损，可能拖累总公司；而子公司具有独立法人资格，因此母公司对子公司的经营应当以投资额为限承担有限责任，即使子公司经营出现巨额亏损，其也可以通过注销子公司的方式将影响限定在对子公司的投资额范围内。所以企业在选择分支机构的组织形式时，首先需要考虑法律责任的承担问题，这也是很多房地产开发公司在外地从事房地产开发工作时设立子公司的重要原因。

2. 企业的资质

我国对建筑、房地产等行业有资质等级要求。如果该资质是不禁止他人使用的，并且分公司获得了总公司的授权许可，则分公司可以使用总公司的资质经营；而母公司、子公司皆为独立法人的，子公司不能借用母公司的资质。

3. 业务往来和资金往来情况

母子公司的业务往来和资金往来属于独立法人之间的往来，需要遵守独立交易原则；而总分公司之间的业务往来和资金往来则属于企业内部的往来，所受约束要小得多。

4. 成本分摊情况

一些企业在经营中，涉及总分支机构之间的成本分摊，例如总分支机构正共同研发一项耗资巨大的技术成果，比如涉及通信企业的通信卫星等成本分摊。如果选择子公司独立纳税形式，则公司需要严格做好成本分摊工作；如果是总分公司汇总纳税形式，则所受的约束要小很多。

5. 总机构和分支机构的所得税税率

由于总机构和分支机构汇总缴纳企业所得税，一般情况下，总、分机构的所得税税率是相同的。也就是说，如果总公司适用 25% 的企业所得税税率，则分公司无法享受高新技术企业、小型微利企业的优惠税率。母子公司的情况则有所不同，子公司具有独立的法人资格，因此当母公司无法达到享受优惠税率的条件时，可以设立子公司，使子公司满足享受优惠税率的条件，从而降低子公司的所得税税收负担。同时由于符合条件的居民企业之间的股息、红利等权益性投资收益属于免税收入，因此母公司从子公司分得的税后利润享受免税待遇，可以降低公司整体的税收负担。企业在设计整体架构时要把握的原则是：总机构有税收优惠政策的设分公司，分支机构有优惠政策的设子公司。

6. 分支机构的预计盈亏状况

一般而言，分公司不会独立缴纳企业所得税，其所得额要在和总公司的所得额汇总后缴纳所得税，因此如果分公司产生亏损，企业可以用其冲抵总公司的利润，减轻总公司的所得税负担。如果子公司产生亏损，则不享受这种税收待遇，其亏损额只能用以后年度的利润弥补，弥补期为 5 年，在这 5 年中，子公司无论盈亏都按照实际弥补期限计算。为此，企业在设立分支机构时应首先预测分支机构的盈亏状况，根据预测结果选择合适的组织形式。如果企业预测分支机构在开始运营的一段时间内会产生亏损，而且其在短期内无法扭转这一局面，无法享受在 5 年内弥补亏损的税收政策，此时企业应该设立分公司；如果分公司在运营一段时间后扭亏为盈，企业可以将分公司转为子公司，这样既可以享受税法中关于开办新企业的税收优惠政策，还可以享受子公司所在地的优惠政策。

7. 行业惯例和今后发展需要

不同行业在设立分支机构时的选择不同，比如通信企业习惯在各地设立运营分公司，房地产开发企业则习惯于设立项目子公司，这些都是企业根据行业管理需要、多年探索经验而做出的选择。

此外，企业在选择内部组织形式时，还需要考虑未来的发展。如果分支机构今后有单独上市的打算，则建议企业在设立该分支机构时直接选择将其设立为子公司。

【案例2-2】北京天方制药公司准备设立一个专门的机构从事新药、特药的研发、生产、销售工作，请问该机构应该设为分公司还是设为子公司？

【解析】

北京天方制药公司应该将从事新药、特药的研发、生产、销售工作的分支机构设立为子公司，因为作为一个制药企业，北京天方制药公司在整体上很难满足高新技术企业的认定条件。企业被认定为高新技术企业须同时满足以下条件。

（1）企业申请认定时须注册成立一年以上。

（2）企业通过自主研发、受让、受赠、并购等方式，获得对其主要产品（服务）在技术上发挥核心支持作用的知识产权的所有权。

（3）对企业主要产品（服务）发挥核心支持作用的技术属于《国家重点支持的高新技术领域》规定的范围。

（4）从事研发和相关技术创新活动的科技人员占企业当年职工总数的比例不低于10%。

（5）企业近三个会计年度（实际经营期不满三年的按实际经营时间算）的研究开发费用总额占同期销售收入总额的比例符合如下要求：①最近一年销售收入小于5000万元（含）的企业，比例不低于5%；②最近一年销售收入在5000万元至2亿元（含）的企业，比例不低于4%；③最近一年销售收入在2亿元以上的企业，比例不低于3%。

其中，企业在中国境内发生的研究开发费用总额占全部研究开发费用总额的比例不低于60%。

（6）近一年高新技术产品（服务）收入占企业同期总收入的比例不低于60%。

（7）企业创新能力评价应达到相应要求。

（8）企业于申请认定前一年内未发生重大安全、重大质量事故或严重的环境违法行为。

对北京天方制药公司而言，虽然其经营领域属于"生物工程和新医药技术"范围，但是作为一个制药企业，它很难达到高新技术企业认定条件中第（4）（5）（6）条的规定，因此它无法享受高新技术企业的优惠税率。但是如果北京天方制药公司将从事新药、特药的研发、生产、销售工作的分支机构设立为子公司，则子公司能够达到高新技术企业的认定条件，从而享受15%的优惠税率。这也是很多生产企业单独设立"科技公司"来从事新产品研发工作的原因。

2.3 直接投资与间接投资

【案例2-3】吴鑫、钱莉夫妇设立了北京美好假日旅游公司。随着业务规模逐渐拓展，吴鑫与钱莉准备在江西设立一家旅游公司——江西风光旅游公司。假设北京美好假日旅游公司的年利润额为3000万元，江西风光旅游公司的利润预计为500万元，吴鑫、钱莉是直接投资于江西公司，以个人股东名义设立江西公司，还是间接投资于江西公司，以现有北京公司的名义设立江西子公司？

案例2-3提出的问题也是很多个人股东比较关心的问题，那么应该如何分析这一问题呢？

2.3.1 个人获得股息红利所得不存在税收优惠时的决策

1. 直接投资方式的涉税问题分析

直接投资需要考虑的涉税问题主要有两点。

（1）公司制企业获得的生产经营所得和其他所得需要缴纳企业所得税。

（2）个人投资于公司制企业获得的股息、红利所得需要按照"利息、股息、红利"所得缴纳20%的个人所得税。

【**案例2-3　解析1**】如果吴鑫、钱莉夫妇直接持有北京美好假日旅游公司、江西风光旅游公司的股份，在不考虑会计与税法差异及计提盈余公积[①]的情况下，吴鑫、钱莉夫妇所得的计算过程如下。

（1）来自北京美好假日旅游公司的所得。

应纳企业所得税 $= 3000 \times 25\% = 750$（万元）

税后利润 $= 3000 - 750 = 2250$（万元）

应纳个人所得税 $= 2250 \times 20\% = 450$（万元）

吴鑫、钱莉夫妇实际所得 $= 2250 - 450 = 1800$（万元）

（2）来自江西风光旅游公司的所得。

应纳企业所得税 $= 500 \times 25\% = 125$（万元）

税后利润 $= 500 - 125 = 375$（万元）

应纳个人所得税 $= 375 \times 20\% = 75$（万元）

吴鑫、钱莉夫妇实际所得 $= 375 - 75 = 300$（万元）

（3）吴鑫、钱莉夫妇实际所得合计 $= 1800 + 300 = 2100$（万元）

如果用图形来表示上述计算过程，则如图2-1所示。

---

① 由于盈余公积最终归股东所有，因此我们可以忽略盈余公积的影响。

应纳个人所得税
=2250×20%=450（万元）

实际所得合计=1800+300=2100（万元）

应纳个人所得税
=375×20%=75（万元）

实际所得
=2250－450=1800（万元）

吴鑫、钱莉夫妇

实际所得
=375－75=300（万元）

分红　投资　投资　分红

应纳企业所得税
=3000×25%=750（万元）

北京美好假
日旅游公司

江西风光
旅游公司

应纳企业所得税
=500×25%=125（万元）

税后利润
=3000－750=2250（万元）

税后利润
=500－125=375（万元）

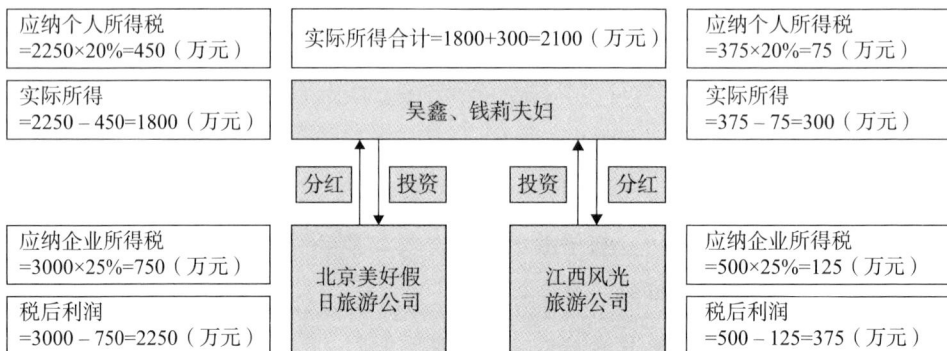

图 2-1　直接投资方式下的股东所得计算图

2. 间接投资方式的涉税问题分析

与直接投资方式相比，间接投资方式下增加了中间公司，即个人股东通过持有子公司的股份进而持有二级子公司的股份，下文在对个人股东所得进行分析时，增加了对子公司与二级子公司之间关系的分析。

（1）公司制企业获得的生产经营所得和其他所得需要缴纳企业所得税。

（2）符合条件的居民企业之间的股息、红利所得等权益性投资收益属于免税收入。

（3）个人投资于公司制企业获得的股息、红利所得需要按照"利息、股息、红利"所得缴纳 20% 的个人所得税。

【案例 2-3　解析 2】如果吴鑫、钱莉夫妇通过持有北京美好假日旅游公司的股份，间接持有了江西风光旅游公司的股份，在不考虑会计与税法差异及计提盈余公积的情况下，吴鑫、钱莉夫妇所得的计算过程如下。

（1）来自江西风光旅游公司的所得。

应纳企业所得税 = 500×25% = 125（万元）

税后利润 = 500－125 = 375（万元）

江西风光旅游公司将税后利润分配给其母公司——北京美好假日旅游公司。

（2）来自北京美好假日旅游公司的所得。北京美好假日旅游公司从江西风光旅游公司分得的 375 万元股息、红利属于免税收入。

应纳企业所得税 = 3000×25% = 750（万元）

税后利润 = 375+3000−750 = 2625（万元）

（3）吴鑫、钱莉夫妇所得。

分得的股息红利为 2625 万元

应纳个人所得税 = 2625×20% = 525（万元）

实际获得的股息、红利所得 = 2625−525 = 2100（万元）

间接投资方式下的股东所得计算图，如图 2-2 所示。

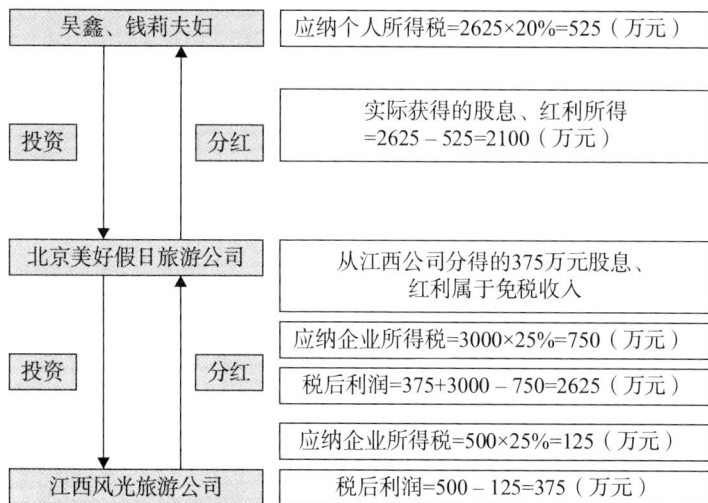

图 2-2　间接投资方式下的股东所得计算图

从上述分析过程可以看出，吴鑫、钱莉夫妇无论是直接持有江西风光旅游公司的股份，还是间接持有其股份，最终的股息红利所得额是相同的。

3. 结论

在个人股东获得的股息红利所得不存在税收优惠时，个人股东无论是直接持有公司制企业股份，还是间接持有公司制企业股份，最终获得的股息红利所得额是相同的。

2.3.2　个人获得股息红利所得存在税收优惠时的决策

【案例 2-4】吴鑫、钱莉夫妇设立了北京美好假日旅游公司。现在，吴鑫与钱莉准备长期（超过 1 年）持有 A 上市公司的股票。假设北京美好假日旅游公司的年利润额为 3000 万元，持有 A 上市公司的股票每年可以获得 200 万元的股息红利，吴鑫、钱莉是直接持有 A 上市公司的股票，还是以北京公司的名义持有 A 上市公司的股票更为有利？

【解析】

前面我们已经介绍过，个人从上市公司获得的股息红利所得，持股超过 1 年的，免征个人所得税；持股 1 个月至 1 年的，实际适用税率为 10%；持股 1 个月以内的，实际适用税率为 20%。由于个人从上市公司获得的股息红利所得享受个人所得税的税收优惠政策，因此其将对直接投资与间接投资方式的选择产生影响。

1. 直接持有上市公司股份

如果吴鑫、钱莉直接持有上市公司的股票，则其所得的计算过程如下。

（1）来自北京美好假日旅游公司的所得。

应纳企业所得税 = 3000×25% = 750（万元）

税后利润 = 3000 − 750 = 2250（万元）

应纳个人所得税 = 2250×20% = 450（万元）

吴鑫、钱莉夫妇实际所得 = 2250 − 450 = 1800（万元）

（2）对来自 A 上市公司的所得部分，二人无须缴纳个人所得税，吴鑫、钱莉夫妇实际所得为 200 万元。

（3）吴鑫、钱莉夫妇实际所得合计 = 1800+200 = 2000（万元）。

直接持有上市公司股份的股东所得计算图如图 2-3 所示。

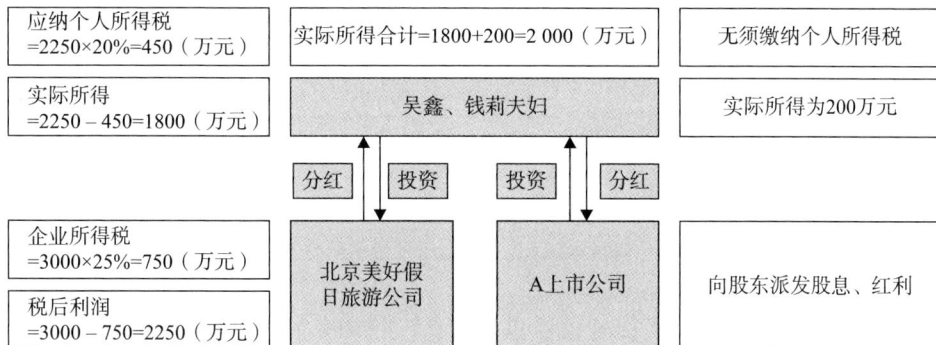

图 2-3 直接持有上市公司股份的股东所得计算图

2. 间接持有上市公司股份

如果吴鑫、钱莉夫妇通过持有北京美好假日旅游公司的股份间接持有 A 上市公司的股票，则吴鑫、钱莉夫妇所得的计算过程如下。

（1）A 上市公司向北京美好假日旅游公司派发 200 万元的股息、红利。

（2）北京美好假日旅游公司连续持有 A 上市公司的股票满 12 个月的，其分得的 200 万元股息、红利属于免税收入，免征企业所得税。

应纳企业所得税 = 3000×25% = 750（万元）

税后利润 = 200+3000 − 750 = 2450（万元）

（3）吴鑫、钱莉夫妇所得。

分得的股息红利为 2450 万元。

应纳个人所得税 = 2450×20% = 490（万元）。

实际获得的股息、红利所得 = 2450 − 490 = 1960（万元）。

间接持有上市公司股份的股东所得计算图如图 2-4 所示。

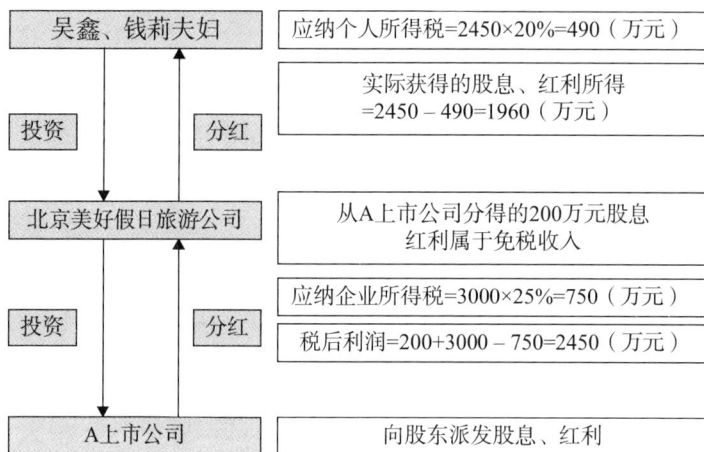

图 2-4　间接持有上市公司股份的股东所得计算图

从上述分析过程中我们可以看出，吴鑫、钱莉夫妇直接持有上市公司股票可以获得的税后股息红利合计为 2000 万元，而间接持有上市公司股票可以获得的股息红利合计为 1960 万元，即吴鑫、钱莉应该直接持有上市公司股票。

个人直接持有上市公司的股票获得的股息红利高于个人通过非上市公司间接持有上市公司股份获得的股息红利。之所以直接持有上市公司股票能够获得更多的股息、红利，是因为当个人长期持有上市公司的股票时，其所获得的股息、红利可以享受减免税优惠政策，而个人一旦通过非上市公司间接持有上市公司股票，则其获得的股息、红利无法享受减征个人所得税的税收优惠政策。

2.4　利用税收政策合理优化组织架构

在实际工作中，很多企业随着经营规模的扩大，希望通过合并、分立等方式优化企业的整体架构，那么企业在优化整体架构的过程中需要考虑哪些因素呢？

2.4.1　增值税对组织架构的影响

增值税是以商品和劳务流转过程中产生的增值额作为计税依据所征收的一种流转税。目前我国按照企业规模大小和会计核算是否健全等特征，将增值税纳税人划分为一般纳税人和小规模纳税人。增值税一般纳税人采用规范化的方式计算应纳税额，以销项税额抵扣进项税额的扣税法计算应纳税额，即"应纳增值税额 = 销项税额－进项税额"，而小规模纳税人则采用简易征收的方式计算应纳税额，小规模纳税人的应纳税额 = 含税销售额 ÷（1+3%）× 3%。

增值税的最大优点是可以避免重复征税，但增值税避免重复征税有一个重要前提：抵扣链条是完整的，即流转环节的上下游企业均为增值税一般纳税人，此时上游企业销售环节的销项税额成为下游企业采购环节的进项税额，这样方可实现环环抵扣，避免重复征税。因此如果企业对自身业务进行拆分，拆分后交易链条上的企业均为增值税一般纳税人，则不会造成重复征税，不会增加企业的税收负担；如果拆分后交易链条上出现增值税小规模纳税人，则会造成抵扣链条的弱化，在一定程度上增加企业的整体税收负担，此时企业应谨慎拆分。

【案例 2-5】中通有色金属公司是一家集矿产资源开发、冶炼、加工为一体的大型国有矿产公司。目前该公司准备进行企业拆分，将公司拆分为中通有色矿山公司、中通有色冶炼公司和中通有色加工公司，请问该方案是否可行？

【解析】中通有色金属公司的拆分方案是可行的，因为矿产资源的开采、冶炼、加工均属于增值税征税范围，拆分后的企业均可申请认定为增值税一般纳税人，增值税抵扣链条是完整的，不会出现重复征税的现象，不会增加企业的流转税负担。但是企业在拆分过程中需要考虑印花税的影响，拆分后上下游企业之间签订的购销合同需要缴纳 0.3‰ 的印花税，从而在一定程度上增加企业的税收负担，但是对绝大多数企业而言，印花税的影响可以忽略不计。

2.4.2　利用农产品的税收优惠，合理设计企业架构

1.农、林、牧、渔业的增值税政策

为了支持农业的发展，我国规定：农业生产者销售的自产农产品免征增值税。其中，农业是指种植业、养殖业、林业、牧业和水产业。同时，为了避免加重农产品流通、加工环节的税收负担，税法特别规定增值税纳税人购进免税农产品时，可以按照农产品收购发票或销售发票上注明的农产品买价的9%或10%的扣除率，计算抵扣进项税额。换言之，农业生产者销售的自产农产品无须缴纳增值税，但其下一个环节却可以按规定抵扣进项税额。

2.农、林、牧、渔业的企业所得税政策

企业从事农、林、牧、渔业项目的所得，免征或减征企业所得税。

（1）企业从事下列项目的所得，免征企业所得税：①蔬菜、谷物、薯类、油料、豆类、棉花、麻类、糖料、水果、坚果的种植；②农作物新品种的选育；③中药材的种植；④林木的培育和种植；⑤牲畜、家禽的饲养；⑥林产品的采集；⑦远洋捕捞。

（2）企业从事下列项目的所得，减半征收企业所得税：①花卉、茶以及其他饮料作物和香料作物的种植；②海水养殖、内陆养殖。

【案例2-6】长胜公司是一家从事绿芦笋种植的农业企业，种植面积为4000亩[①]地，每亩地年产量约为1000斤，每斤售价为10元。随着公司规模的不断扩大，该公司准备购置40亩工业用地，建造绿芦笋的加工车间，加工、销售芦笋粉。请问对于新的加工业务，该公司应该设立子公司还是应该设立一个加工车间？

---

① 1亩 ≈ 666.67平方米。

【解析】如果长胜公司将绿芦笋的加工业务设置为企业的一个加工车间，即由一个公司从事农产品的种植、深加工及加工后产品的销售业务，则企业销售的芦笋粉属于深加工产品，其应该按照13%的税率计算增值税的销项税额。该公司的进项税额寥寥无几，主要是种植绿芦笋的种子、化肥、农药、加工设备等的进项税额；而且该公司必须分别核算减免税项目所得和应税项目所得，才能享受企业所得税的免税优惠政策。

如果长胜公司将绿芦笋的加工业务单独设置为一个独立的法人企业，即设置为长胜公司的子公司，则长胜公司属于从事绿芦笋种植的农业企业，其销售的绿芦笋享受免征增值税政策，种植、销售绿芦笋获得的所得享受免征企业所得税的政策。将绿芦笋销售给加工子公司后，子公司可以按照买价的10%[①]抵扣进项税额，可以抵扣的进项税额约为4 000 000（4000×1000×10×10%）元，此举增加了子公司的可抵扣进项税额；而且子公司的购入价格可以被计入企业的生产经营成本，达到降低企业应纳税所得额的目的，从整体上减轻了企业所得税的税收负担。因此该公司应该将绿芦笋的加工业务单独设立为子公司。

【案例2-7】麦德乐餐饮公司是北京市的一家大型连锁餐饮公司，下设上百家门店，年营业额约为50亿元。该餐饮公司由总部统一采购食品原料并配送至各个门店，由各个门店做成精美的美食供应给客户。麦德乐餐饮公司最初的组织架构图如图2-5所示。

---

① 芦笋粉适用13%的增值税税率，生产芦笋粉的农产品可以按照"9%+1%"的扣除率来抵扣进项税额。

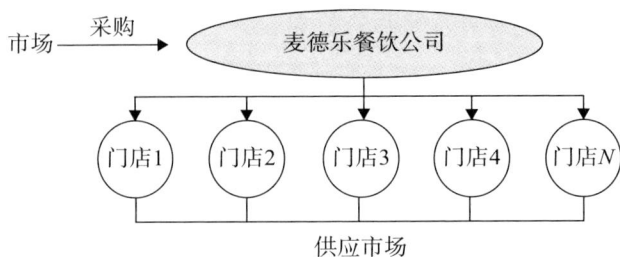

图 2-5　麦德乐餐饮公司最初的组织架构图

随着公司规模的逐渐扩大，公司董事会商议成立麦德乐餐饮集团，将公司原有的业务一拆为三：①麦德乐物流公司——负责仓储、运输食品原料；②麦德乐食品公司——负责采购食品原料，将原料加工成半成品后再将半成品供应给麦德乐餐饮公司；③麦德乐餐饮公司——负责向客户供应美食。麦德乐餐饮公司拆分后的组织架构如图 2-6 所示。

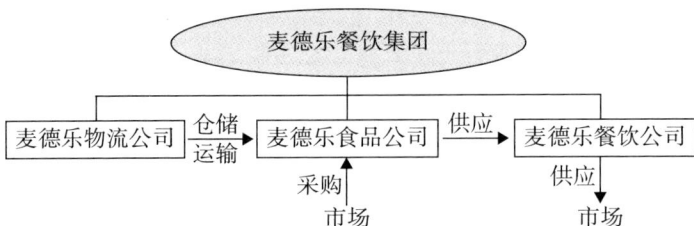

图 2-6　麦德乐餐饮公司拆分后的组织架构图

请问麦德乐餐饮公司的拆分方案是否可行？新方案会对公司的税收产生什么样的影响？

【解析】按照原有架构，麦德乐餐饮公司直接购进农产品用于提供餐饮服务，只能按照 9% 的扣除率抵扣进项税额。当麦德乐餐饮集团被"一拆为三"后，麦德乐食品公司从事的是食品原料的采购、半加工业务，销售的产品适用 13% 的税率，购进的农产品可以按照 10% 的扣除率抵扣进项税额，集团此举从整体架构来看，增加了农产品进项税额的抵扣。该餐饮集团每年大约采购 5 亿元的农产品，通过拆分，集团可以增加 500 万元的可抵扣进项税额，降低增值税和城建及附加的税收负担（见图 2-7），但企业同时需要分析"一拆为三"对企业管理效率、成本变动的影响，经过综合考虑，再做出决策。

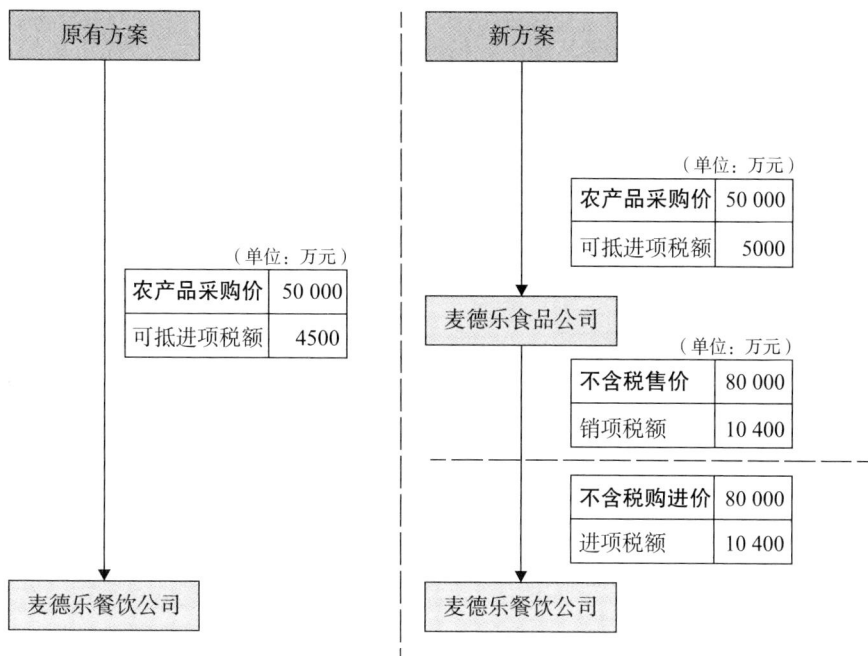

图 2-7　麦德乐集团"一拆为三"方案对进项税额抵扣的影响

3. 结论

农产品的生产环节有免税、减税优惠政策，农产品在加工环节、使用环节可以按规定抵扣进项税额，具体操作如下。

（1）对于从事农业、林业、牧业、渔业产品的种植、养殖、深加工、销售业务的企业而言，应该将农业、林业、牧业、渔业产品的深加工业务设立为一个独立的企业，从而企业可以在上游环节享受税收优惠的条件下，增加下游加工环节的可抵扣进项税额和经营成本，从而达到降低企业整体税负的目的。

（2）对于以农产品为原料进行经营的大型企业，如果其在购进农产品后需要将产品加工成适用 13% 税率的中间品，之后再将其用于提供适用 9%、6% 税率的服务，企业可以在比较合规纳税效果和成本增减情况的同时，考虑增设一个中间加工环节的子公司，如案例 2-7 中的麦德乐餐饮集团一样。比如建筑企业若在购进原木后打算将其加工成门窗，用于建筑房屋，也可以做上述考虑。

2.4.3　一般纳税人和小规模纳税人身份的选择

按照现行税法的规定，税务机关对增值税一般纳税人和小规模纳税人采用了不同的征收办法。一般纳税人按照 13%、9%、6% 的税率，以销项税额抵减进项税额的方式计算应纳税额；小规模纳税人则以销售额乘以 3% 的征收率的方式计算应纳税额。那么，究竟是一般纳税人的税收负担重，还是小规模纳税人的税收负担重？其实国家在进行税收制度设计时，是根据一般纳税人的税负率设计的小规模纳税人的征收率，所以总体而言，增值税一般纳税人的税收负担与小规模纳税人的税收负担是基本相同的。但是由于企业的具体情况不同，对于不同类型的企业而言，是选择以一般纳税人还是小规模纳税人身份纳税，增值税税收负担仍有所不同。

一般纳税人应纳税额 = 销项税额－进项税额

= 含税销售额 ÷（1+ 增值税税率）× 增值税税率－

可抵扣项目金额 × 增值税税率

小规模纳税人应纳税额 = 含税销售额 ÷（1+ 征收率）× 增值税征收率

从上述公式我们可以看到，可以抵扣的进项税额越多，按照一般纳税人纳税的税收负担越轻；可以抵扣的进项税额越少，按照小规模纳税人纳税的税收负担越轻。

增值税纳税企业在成立之初，在决定是否办理一般纳税人资格登记时需要注意以下问题。

第一，除自然人、非企业性单位、不经常发生应税行为的企业外，如果企业的年应税销售额超过一般纳税人的标准，则纳税人没有任何选择的余地，一定要根据国家的规定及时办理一般纳税人的登记手续，否则企业将按照增值税一般纳税人的适用税率计算应纳税额，且不得抵扣进项税额，而且企业一旦被认定为一般纳税人，除另有规定外，不得转为小规模纳税人。如果企业在经营过程中可以抵扣的进项税额较少，增值额较高，那么按照一般纳税人纳税的税收负担较重，如果企业不想被登记为一般纳税人，需要提前将企业拆分成若干个小规模纳税人。只有纳税人的销售额低于一般纳税人的登记标准且会计与税务核算制度健全，以及纳税人为非企业性单位、不经常发生应税行为的企业时，纳税人才有在一般纳税人和小规模纳税人身份中进行选择的余地，否则是没有选择的余地的。

第二，纳税人在有选择余地时需要根据下列因素进行选择。

（1）企业原材料的种类、获得服务的类型、采购途径及所获得的增值税扣税凭证情况。除另有规定外，企业采购取得的增值税专用发票、海关进口增值税专用缴款书、道路通行费电子普票上注明的进项税额可以抵扣。因此原材料的种类、获得服务的类型、采购途径及所获得的增值税扣税凭证情况将直接影响企业的进项税额抵扣，影响增值税税负率。

（2）企业的客户。如果企业的客户以一般纳税人为主，则企业在销售的过程中就需要向客户开具增值税专用发票，如果企业本身不是一般纳税人，只能开具普通发票或者是3%、5%等征收率的专用发票，将影响客户进项税额的抵扣进程，进而影响产品的销售和企业未来的发展。企业只有在全面考虑以上因素，权衡利弊后，才能对纳税人的身份做出正确决策。

【案例2-8】2021年12月，澳大利亚ABC保健品公司拟在中国北京设立一家商贸子公司，专门从事其保健品在中国的销售业务。该商贸公司会计核算健全，可以准确提供相应的税务资料。2022 年 1 月 1 日，商贸公司开始运营，预计 2022 年保健品的不含增值税销售额为 75 万元，公司的销售对象是具有增值税一般纳税人资格的大型百货商场；采购额约为 40 万元（含关税但不含进口增值税），采购地为澳大利亚。假设公司无其他进项税额，请问在这种情况下，税务机关是否允许该商贸公司申请增值税一般纳税人资格？如允许，从获利的角度看，该商贸公司是选择按小规模纳税人纳税，还是申请为一般纳税人更为有利？

【解析】

澳大利亚 ABC 保健品公司在中国设立的商贸子公司虽然预计销售额未达到一般纳税人标准，但是由于其会计核算健全，可以准确提供相应的税务资料，因此可以申请登记为一般纳税人。

澳大利亚 ABC 保健品公司在中国设立的商贸子公司，可以在一般纳税人和小规模纳税人身份中进行选择。

（1）如果申请认定为一般纳税人。

应纳增值税 = $75 \times 13\% - 40 \times 13\% = 4.55$（万元）

应纳城建及附加 = $4.55 \times (7\%+3\%+2\%) \approx 0.55$（万元）[1]

利润 = $75 - 40 - 0.55 = 34.45$（万元）

（2）如果按照小规模纳税人[2]计算纳税。

应纳增值税 = $75 \times 3\% = 2.25$（万元）

应纳城建及附加 = $2.25 \times (7\%+3\%+2\%) = 0.27$（万元）[3]

---

[1] 按照 7% 的税率计算城建税，按照 3% 的征收率计算教育费附加，按照 2% 的征收率计算地方教育附加。

[2] 在本书中，我们不考虑疫情期间小规模纳税人享受免征增值税的税收优惠政策这一条件。

[3] 按照 7% 的税率计算城建税，按照 3% 的征收率计算教育费附加，按照 2% 的税率计算地方教育附加。

利润 $= 75 - 40 \times 1.13^{①} - 0.27 = 29.53$（万元）

从上述计算过程我们可以看到，该企业按照一般纳税人计算纳税，虽然税收负担要高于小规模纳税人，但一般纳税人利润较高。从利润角度看，应该选择按照一般纳税人纳税，企业在进行选择时，不仅要考虑利润、税收负担，还需要注意对客户抵扣进项税额产生的影响。

2.4.4　消费税对企业组织架构的影响

消费税是对在我国境内生产、委托加工和进口消费税暂行条例规定的消费品的单位和个人，以及国务院确定的销售消费税暂行条例规定的消费品的其他单位和个人所征收的一种税收。目前我国仅对烟，酒，化妆品，贵重首饰，鞭炮、焰火，成品油，摩托车，小汽车，高尔夫球及球具，高档手表，游艇，木制一次性筷子，实木地板，电池，涂料15大类消费品征收消费税，而且除卷烟在批发环节加征5%的消费税，超豪华小汽车在零售环节加征10%的消费税，金银首饰、铂金首饰和钻石及钻石饰品改在零售环节征收消费税外，其他应税消费品仅在生产、委托加工和进口环节征收消费税，在批发、零售环节不征收消费税。因此从事应税消费品生产的企业可以通过设立销售子公司的方式，降低企业的消费税负担。但生产企业将自产应税消费品销售给销售公司时，需要注意所确定的价格应符合独立交易原则，否则可能被税务机关予以纳税调整。尤其是白酒生产企业销售给销售单位的白酒，生产企业消费税计税价格最好不要低于销售单位对外销售价格的70%，一旦低于销售单位对外销售价格的70%，税务机关便有权核定消费税的最低计税价格。

---

① 由于小规模纳税人不得抵扣进项税额，因此从国外进口的保健品在海关缴纳的增值税需要被计入采购成本。

【案例2-9】醉千年白酒公司是一家集白酒的生产、销售于一体的企业，年产白酒50万斤，每斤酒的不含增值税销售价格为100元，增值税进项税额为390万元。现在该公司正在筹划设立销售子公司，在设立销售子公司后，还准备将企业生产的白酒以70元/斤的价格销售给销售子公司，之后销售子公司再以100元/斤的价格销售给经销商，请分析醉千年白酒公司设立该销售子公司对公司税收的影响。

【解析】

1. 在设立销售子公司之前，醉千年白酒公司每年需要缴纳的税款

应纳增值税 = $50 \times 100 \times 13\% - 390 = 260$（万元）

应纳消费税 = $50 \times 100 \times 20\% + 50 \times 0.5 = 1025$（万元）

应纳城建及附加 = $(260 + 1025) \times 12\% = 154.2$（万元）

2. 设立销售子公司之后，醉千年白酒公司每年需要缴纳的税款

（1）生产公司。

应纳增值税 = $50 \times 70 \times 13\% - 390 = 65$（万元）

应纳消费税 = $50 \times 70 \times 20\% + 50 \times 0.5 = 725$（万元）

应纳城建及附加 = $(65 + 725) \times 12\% = 94.8$（万元）

（2）销售子公司。

应纳增值税 = $50 \times 100 \times 13\% - 50 \times 70 \times 13\% = 195$（万元）

销售子公司销售白酒无须缴纳消费税。

应纳城建及附加 = $195 \times 12\% = 23.4$（万元）

（3）整体税收负担。

应纳增值税 = $65 + 195 = 260$（万元）

应纳消费税为725万元。

应纳城建及附加 = $94.8 + 23.4 = 118.2$（万元）

通过上述分析我们可以看到，对醉千年白酒公司而言，由于公司拆分后，

上下游企业均为增值税一般纳税人，所以企业增值税的税收负担不变，仍为260万元；由于消费税仅需于生产环节缴纳，于销售环节无须缴纳，因此企业消费税的整体税收负担下降了300（1025－725）万元，城建及附加的整体负担下降了36（154.2－118.2）万元。

通过上述分析，我们可以得到以下结论：①如果企业进行拆分，拆分后交易链条上的企业均为增值税一般纳税人，不会造成重复征税，不会增加企业的税收负担，企业可以进行拆分；②如果拆分后，上下游企业均为增值税纳税人，而且上游企业为免税单位，下游企业可以按规定抵扣进项税额时，拆分可以降低企业的整体税收负担，企业适宜拆分；③消费税的纳税人适合通过拆分降低企业的整体税负；④如果拆分后交易链条上的企业中出现增值税小规模纳税人，则拆分会造成抵扣链条的弱化或中断，这将在一定程度上增加企业的整体税收负担，此时企业不宜进行拆分。

2.4.5 企业所得税对企业组织架构的影响

一般而言，企业所得税的税率为25%，但是对于小型微利企业、高新技术企业、第三方污染防治企业、技术先进型服务企业、集成电路企业、西部地区鼓励类企业、海南自贸港鼓励类企业等类型企业而言，存在税收优惠政策。尤其是最近几年，我国对于小型微利企业的扶持力度比较大，企业在设立、优化、调整组织架构时应该考虑企业所得税的优惠政策。

【案例2-10】我们以案例1-19的信息为基础，假设福能食品公司2022年的利润总额为6000万元，后来公司通过优化组织架构，在本地区各地将原有的销售转运站投资入股成立了20个销售子公司，每家销售子公司均为小规模纳税人，通过案例1-19的分析可知，新方案节约了税金100.02万元，公司整体利润增加到 6100.02 万元，利润的分布情况为：每个销售子公司各实现 180 万元的利润，20 家销售子公司共计实现了 3600 万元的利润，母公司福能食品公司实现了剩余 2500.02 万元的利润。假设除给出的信息外，公司的会计利润与应纳税所得额无其他差异，请分析设立销售子公司后公司整体税后利润的变化。

【解析】

1. 设立销售子公司前

福能食品公司需要缴纳的企业所得税 = 6000×25% = 1500（万元）

税后利润 = 6000 − 1500 = 4500（万元）

2. 设立销售子公司后

（1）每个子公司需要缴纳的企业所得税 = 100×12.5%×20%+（180 − 100）× 25%×20% = 6.5（万元）

税后利润 = 180 − 6.5 = 173.5（万元）

（2）假设不考虑盈余公积的影响，公司将全部税后利润分配给福能食品公司

福能食品公司的会计利润 = 2500.02+173.5×20 = 5970.02（万元）

福能食品公司来自子公司的股息红利免征企业所得税。

福能食品公司应纳企业所得税 = （5970.02 − 173.5×20）×25% = 625.005（万元）

福能公司的税后利润 = 5970.02 − 625.005 = 5345.015（万元）

税后利润上升 = 5345.015 − 4500 = 845.015（万元）

结合案例 1-19，我们可以看到福能食品公司的税后利润之所以从 4500 万元上升到 5345.015 万元，主要得益于：①增值税税收负担下降；②享受"六税两费"的减半征收优惠政策；③享受企业所得税中的小型微利企业优惠政策。

2.5 利用注册资本认缴制，降低抽逃注册资本的涉税风险

【**案例 2-11**】孙晨与王亮是两位软件工程师，为能够参与一些重大软件项目的招投标工作，孙晨与王亮准备出资 1000 万元设立星辰软件开发公司。但目前可供二人支配的资金只有 100 万元。为了尽快成立公司，孙晨与王亮找到了川达会计师事务所，由其代垫资 900 万元，为此，星辰软件开发公司支付给川达会计师事务所 2 万元费用。在完成公司登记注册手续后，星辰软件开发公司将 900 万元归还给川达会计师事务所。星辰软件开发公司成立后，经营过程中企业由于资金不足，向银行贷款 200 万元，每年支付给银行的利息为 15 万元，请问星辰软件开发公司的该项业务存在哪些风险？孙晨与王亮在设立星辰软件开发公司时，应如何操作才能降低涉税风险？

2.5.1 注册资本认缴制的规定

公司是企业法人，有独立的法人财产，享有法人财产权，公司以其全部财产对公司的债务承担责任。有限责任公司的股东以其认缴的出资额为限对公司承担责任，股份有限公司的股东以其认购的股份为限对公司承担责任。

根据 2014 年 3 月 1 日实施的《中华人民共和国公司法》（以下简称《公司法》）和 2014 年 2 月 7 日国务院发布的《国务院关于印发注册资本登记制度改革方案的通知》（国发〔2014〕7 号）规定，我国放宽企业注册资本登记条件，取消最低注册资本限制，不再限制首次出资比例、期限；实收资本不再作为工商登记事项，公司登记时，无须提交验资报告，工商登记注册实行注册资本认缴登记制。具体规定如下。

1. 实行注册资本认缴登记制

公司股东认缴的出资总额或者发起人认购的股本总额（即公司注册资本）应当在工商行政管理机关登记。公司股东（发起人）应当对其认缴出资额、出资方式、出资期限等自主约定，并记载于公司章程。有限责任公司的股东以其认缴的出资额为限对公司承担责任，股份有限公司的股东以其认购的股份为限对公司承担责任。公司应当将股东认缴出资额或者发起人认购股份、出资方式、出资期限、缴纳情况，通过市场主体信用信息公示系统向社会公示。公司股东（发起人）对缴纳出资情况的真实性、合法性负责。

2. 放宽注册资本登记条件

除了法律、行政法规以及国务院决定对特定行业注册资本最低限额另有规定的，我国政策规定取消有限责任公司最低注册资本 3 万元、一人有限责任公司最低注册资本 10 万元、股份有限公司最低注册资本 500 万元的限制。不再限制公司设立时全体股东（发起人）的首次出资比例，不再限制公司全体股东（发起人）的货币出资金额占注册资本的比例，不再规定公司股东（发起人）缴足出资的期限。

公司实收资本不再作为工商登记事项。公司登记时，无须提交验资报告。

现行法律、行政法规以及国务院决定明确规定实行注册资本实缴登记制的银行业金融机构、证券公司、期货公司、基金管理公司、保险公司、保险专业代理机构和保险经纪人、直销企业、对外劳务合作企业、融资性担保公司、募集设立的股份有限公司，以及劳务派遣企业、典当行、保险资产管理公司、小额贷款公司实行注册资本认缴登记制问题，另行研究决定。在法律、行政法规以及国务院决定未修改前，暂按现行规定执行。

已经实行申报（认缴）出资登记的个人独资企业、合伙企业、农民专业合作社仍按现行规定执行。

2.5.2　抽逃注册资本的后果

在注册资本认缴制之下，很多人认为将不再存在抽逃注册资本的问题，其实这是一种误解。注册资本认缴制与实缴制的区别主要体现在市场监管登记过程中。注册资本认缴登记制是市场监管登记制度的一项改革措施。它是指对按照法律、行政法规和国务院决定需要取得前置许可的事项，除涉及国家安全、公民生命财产安全等外，不再实行先主管部门审批、再登记的制度，商事主体向市场监管部门申请登记，取得营业执照后即可从事一般生产经营活动。有关政策将注册资本实缴登记制改为认缴登记制，主要是放宽了工商登记的条件，实行"宽进"的政策，但"宽进"后相关部门仍将对企业加以"严管"。

由于有限责任公司的股东仍是以其认缴的出资额为限对公司承担责任，股份有限公司的股东以其认购的股份为限对公司承担责任。因此即使实行注册资本认缴制，仍会存在注册资本的抽逃问题，而且相关部门对企业抽逃注册资本问题的监管力度会加大。

虽然目前我国放宽了对公司制企业设立过程中的资本要求，但是一些公司为了达到参与重大项目投标的资质要求，购置土地使用权的要求，享受地方招商引资优惠政策的要求，法律、行政法规对特殊行业注册资本最低限额的要求，需要大幅度增加注册资本。在案例 2-10 中，孙晨与王亮在设立星辰软件开发公司时，为了参与一些重大项目的投标工作，其注册资本需要达到 1000 万元。在这种情况下，股东出资的压力大大增加，为了满足注册资本的要求，股东很多时候需要向一些中介公司求助，在支付资金使用费和手续费的条件下，由中介公司代为垫资，等到本公司完成特定事项后，股东再将垫资还给中介公司，上述行为抽逃便属于注册资金的违法行为。

股东抽逃注册资本将面临下列严重的法律后果。

（1）《公司法》规定，公司的发起人、股东在公司成立后，抽逃其出资的，公司登记机关责令改正，处以所抽逃出资金额 5% 以上 15% 以下的罚款。

（2）《国家税务总局关于企业投资者投资未到位而发生的利息支出企业所得税前扣除问题的批复》（国税函〔2009〕312号）规定，凡企业投资者在规定期限内未缴足其应缴资本额的，该企业对外借款所发生的利息，相当于投资者实缴资本额与在规定期限内应缴资本额的差额应计付的利息，其不属于企业合理的支出，应由企业投资者负担，不得在计算企业应纳税所得额时扣除。

也就是说，当企业有抽逃注册资本的违法行为时，市场监管部门将首先对其处以抽逃出资金额5%以上15%以下的罚款。当公司成立后，若既抽逃了注册资本，又对外借款发生了借款利息支出，则抽逃注册资本部分的利息不得被在企业所得税税前扣除。

【案例2-11　解析1】星辰软件开发公司在成立以后，抽逃了900万元的注册资本，将被市场监管部门处以45万元至135万元的罚款，而且其抽逃了注册资金的行为导致企业经营资金不足，只得向银行借款200万元并支付借款利息15万元，按照国税函〔2009〕312号文件的规定，这部分借款利息应该由孙晨与王亮承担，不得被在星辰软件开发公司企业所得税税前扣除，企业需要做纳税调增工作。

2.5.3　抽逃注册资本的防范措施

从上述分析我们可以看到，抽逃注册资本不仅面临罚款问题，而且面临企业所得税税前不能扣除相应借款利息的问题。股东应该采取可行措施解决抽逃注册资本的问题。

1. 利用授权资本制，合理确定出资的时限

在公司设立过程中有两种资本制度：法定资本制和授权资本制。法定资本制是指公司设立时，必须在章程中对公司的资本总额做出明确的规定，并须一

次发行，由股东全部认足或募足，否则公司不得成立的资本形成制度。与法定资本制相对应的是授权资本制。所谓授权资本制，是指公司设立时，注册资本数额虽已被记载于章程，但发起人只需认购部分股份，公司即可正式成立；未认定部分，授权董事会在公司成立后，可以根据业务需要分次发行，在授权资本的数额之内发行新股，不必取得股东大会批准。根据授权资本制的要求，公司章程既要载明公司的注册资本，又要载明公司成立之前第一次发行的股份资本。

我国《公司法》实行的是授权资本制，而且随着工商登记制度的改革，《公司法》取消了最低注册资本的限制，不再限制公司设立时全体股东（发起人）的首次出资比例。因此，资金不足的股东可以根据企业的经营情况，在公司章程中延长出资时限，以避免股东资金不足、虚增出资、抽逃注册资本等问题的出现。

2. 利用实物、知识产权、土地使用权出资，缓解出资压力，防范并化解风险

在公司成立过程中，股东不仅可以用货币出资，还可以用货币估价，或者以依法转让的非货币财产（如实物、知识产权、土地使用权等）作价出资。我国自 2014 年 3 月 1 日起，已经不再限制公司全体股东（发起人）的货币出资金额占注册资本的比例。因此股东在资金不足时，可以将自有的汽车、房屋、知识产权、土地使用权等非货币财产评估作价并出资，从而缓解出资压力，防范并化解风险。但股东在以非货币财产评估作价的过程中，需要核实财产，不得高估或低估作价。

【**案例 2-11 解析 2**】在应对注册资本不足的难题时，孙晨与王亮可以采取的措施是：公司注册资本为 1000 万元，二人首次出资 200 万元，其中货币出资额为 100 万元，以自有汽车、知识产权等非货币性资产评估作价出资 100

万元，剩余资金二人可以按照公司章程约定的时间缴纳。利用这种方式，公司不仅可以顺利登记注册，而且可以避免抽逃注册资本等违法行为的发生。此外，由于公司是在公司章程规定期限内缴足的注册资本，其因对外借款而产生的15万元利息支出也可以在计算企业应纳税所得额时被扣除。

【本章合规要点】

1. 所得税、流转税、印花税等税种影响着企业组织形式的选择。

2. 投资者在投资时，可以在合伙企业、个人独资企业、个体工商户和公司制企业之间选择。虽然公司制企业存在经济性重叠征税的问题，总体税收负担比较重，但是投资者在选择组织形式时，不能单纯考虑税收因素，还要考虑法律责任和企业今后的发展。

3. 企业在设立分支机构时主要有两种可供选择的思路：分公司和子公司。企业在设立分支机构时，需要考虑：①法律责任；②企业的资质；③业务往来和资金往来情况；④成本分摊情况；⑤总机构和分支机构的所得税税率；⑥分支机构的预计盈亏状况；⑦行业惯例和今后发展需要。

4. 个人股东在决定增设一家公司时，可以考虑以个人名义直接投资设立新公司，也可以通过现有公司间接持有新公司的股份，此时股东需要注意以下2点。

（1）在个人股东获得股息红利所得不存在税收优惠时，个人股东无论直接持有公司制企业股份，还是间接持有公司制企业股份，最终的股息红利所得金额是相同的。

（2）在个人股东获得的股息红利所得存在税收优惠时，个人股东应该直接持有可以享受股息红利所得税收优惠的股份。比如个人应直接持有上市公司的股份，而不应通过非上市公司间接持有上市公司股份。

5. 增值税、消费税、企业所得税等税种影响企业的组织架构设计与优化。如果业务拆分后交易链条上的企业均为增值税一般纳税人，则企业可以进行拆分；消费税的纳税人适合通过拆分降低企业的税收负担；如果拆分后交易链条上的企业出现增值税小规模纳税人，则企业不宜进行拆分。企业可以通过分立、投资入股等方式享受小型微利企业所得税的优惠政策，降低企业的税收负担。

6. 公司制企业在设立过程中，面临抽逃注册资本的风险。企业不仅可以利用授权资本制，通过合理确定出资时限的方式防范并化解风险，而且可以利用实物、知识产权、土地使用权等方式出资，缓解出资压力，防范并化解风险。

第 3 章

运筹帷幄管资金　规范管理降风险

【引言】企业运营过程中需要大量的资金，其资金可能来源于权益性投资，也可能来源于债权性投资、混合性投资，还有可能来源于业务往来过程中的资金占用；企业在进行资金管理的过程中，经常会与投资者、关联企业、客户或供应商等发生资金往来，此时企业需要注意以下问题。

1. 企业筹资所支付的利息、股息应该如何进行税务处理？

2. 企业向金融企业借款支付的利息存在哪些涉税风险？应该如何防范？

3. 企业在向非金融企业（含个人）借款时，如何在税前扣除利息支出？

4. 企业向股东个人借款是否应该支付利息？

5. 关联企业之间借款时应该注意哪些问题？

6. 如何处理企业的统借统还业务？

7. 票据贴现利息如何在税前扣除？

8. 股东个人向企业借款存在哪些风险？应如何处理？

本章我们将分析企业资金往来过程中的涉税风险及其防范措施。

3.1 企业筹资的税务处理

企业的资金可能来源于股权筹资、债权筹资、混合性筹资、融资性售后回租等。本节我们将介绍企业在面对不同筹资方式时，应如何进行税务处理。

3.1.1 股权筹资的税务处理

1. 一般情况下，股权筹资的税务处理

企业对外进行的投资，分为权益性投资和债权性投资。在权益性投资中，被投资方接受投资后，其从事生产经营获得的所得及其他所得应该按照规定缴纳企业所得税，其税后利润在计提盈余公积后可向其股东进行利润分配，即被投资方应该遵循"先税后分"的原则。换言之，被投资方支付的股息不能作为财务费用在企业所得税税前被扣除；对投资方而言，对外进行权益性投资取得的回报一般体现为股息红利收入，按照税法规定，对居民企业直接投资于其他居民企业获得的股息红利等权益性投资收益，免征企业所得税。

【案例3-1】2021年1月，方圆房地产公司对月亮河餐饮公司投资1200万元，占有月亮河餐饮公司60%的股权。2021年，月亮河餐饮公司盈利500万元，并于2022年6月做出了利润分配决策，分配给股东300万元的利润。按照持股比例，方圆房地产公司将获得180万元的股息红利，请问双方应该如何进行税务处理？

【解析】被投资方月亮河餐饮公司2021年的500万元盈利需要按照规定缴纳25%的企业所得税，之后公司的税后利润可以用于对股东进行利润分配。投资方方圆房地产公司获得的180万元股息红利收入可以免缴企业所得税，财务人员在进行公司所得税汇算清缴时需要做纳税调减处理。

此外需要注意，企业为发行权益性证券支付给有关证券承销机构的手续费及佣金等交易费用，应该借记"资本公积——资本溢价（或股本溢价）"，贷记"银行存款"，而不得记入期间费用，并于企业所得税税前扣除。

2. 以资本溢价或股本溢价转增资本（股本）的税务处理

资本溢价或股本溢价是投资者交付的出资额大于按合同、协议所规定的出资比例计算的部分，是其他股东多支付的款项，而非被投资企业经营过程中形成的所得。

如果股东是公司制企业，其应进行的税务处理方式为：①不将资本溢价视同股息红利收入；②不增加股东投资的计税基础。

如果股东是自然人，其税务处理方式如下。

（1）被投资企业是股份制企业，用股票溢价发行收入所形成的资本公积金转增股本不属于股息、红利性质的分配，对个人取得的转增股本数额，不作为个人所得，不征收个人所得税。

（2）如果被投资企业是非股份制企业，则投资方需要按"利息、股息、红利所得"缴纳个人所得税[①]；如果被投资方是非上市公司及未在新三板挂牌的中小高新技术企业，个人股东一次缴纳个税确有困难的，股东可根据实际情况自行制订分期缴税计划，在不超过5个公历年度内（含）分期缴纳，并报至主管税务机关备案。

3. 以盈余公积、未分配利润转增资本（股本）的税务处理

盈余公积、未分配利润是被投资企业经营过程中形成的所得。因此，企业以盈余公积、未分配利润转增资本（股本），相当于被投资企业对投资者进行利润分配，之后投资者再增加对被投资企业的投资。

[①] 对于此部分内容具体应如何纳税在实践中一直存在争议，读者如遇到类似情况，建议和主管税务机关做好沟通，笔者在此不再进行深入解读和辨析。

如果股东是公司制企业，其税务处理方式如下。

（1）视同股息红利收入，享受免征企业所得税的待遇；如果企业持有的是上市公司股票，其需要连续持有满 12 个月，才能享受免企业所得税的待遇。

（2）增加股东投资的计税基础。

如果股东是自然人，其税务处理方式如下。

（1）视同股息红利收入，按照"利息、股息、红利所得"缴纳个税；如果被投资企业是上市公司及新三板挂牌企业，则执行股息红利的差别化个人所得税政策；如果被投资方是非上市公司及未在新三板挂牌的中小高新技术企业，个人股东一次缴纳个税确有困难的，其可根据实际情况自行制订分期缴税计划，在不超过 5 个公历年度内（含）分期缴纳，并报主管税务机关备案；（2）增加股东投资的计税基础。

3.1.2　债权筹资的税务处理

债权筹资作为企业筹集资金的一种主要方式，税法规定，债权性投资方取得的回报为利息收入，按照规定应当缴纳增值税、城市维护建设税、教育费附加、企业所得税或个人所得税等；同时，筹资方支付的利息符合规定条件的，准予在税前扣除。企业在生产、经营活动中若产生利息费用，企业应按照下列规定扣除。

（1）非金融企业向金融企业借款的利息支出、金融企业的各项存款利息支出和同业拆借利息支出、企业经批准发行债券的利息支出，企业可以据实扣除。

（2）非金融企业向非金融企业借款的利息支出，不超过金融企业同类同期贷款利率计算的数额的部分可以据实扣除，超过部分不允许扣除。

【案例 3-2】2021 年 3 月，月亮河餐饮公司打算扩大投资规模，准备向鑫得利贸易公司借款 1000 万元，双方约定的年利息率为 12%，借款期限为 1 年。

金融企业同期同类贷款利率为 8%。请问双方应该如何进行税务处理？

【解析】鑫得利贸易公司获得的 120 万元利息收入，应该按照金融服务的规定缴纳约 6.79（120÷1.06×6%）万元的增值税，并缴纳城市维护建设税、教育费附加，同时，公司应将所得计入"其他业务收入"，缴纳企业所得税。月亮河餐饮公司支付的 120 万元利息，在企业所得税税前只能被扣除 80 万元，超过金融企业同期同类贷款利率的 40 万元利息支出在企业所得税税前不得被扣除。

3.1.3　混合性投资业务的税务处理

【案例 3-3】2013 年 3 月 22 日，中国葛洲坝集团股份有限公司发布了《关于控股子公司股权信托融资的公告》[①]，主要内容如下。

一、交易概述

公司董事会第五届董事会第十二次会议审议通过了《关于中国葛洲坝集团房地产开发有限公司股权信托融资的议案》，同意公司控股 99.14% 的子公司中国葛洲坝集团房地产开发有限公司（以下简称"葛洲坝房地产公司"）向平安信托有限责任公司（以下简称"平安信托公司"）以股权信托的方式融资150 000 万元，期限为 3 年。

二、交易双方基本情况

葛洲坝房地产公司注册资本金为 70 000 万元，其中：中国葛洲坝集团股份有限公司出资 69 400 万元，持股比例为 99.14%；中国葛洲坝集团公司出资 600 万元，持股比例为 0.86%。注册地址在湖北省宜昌市夜明珠路 1 号，经营范围

---

① 资料来自《葛洲坝：关于控股子公司股权信托融资的公告》。

为房地产开发经营、商品房销售及物业管理等。

平安信托公司注册资本金为 698 800 万元，注册地址在广东省深圳市福田中心区福来三路星河发展中心办公 12 层和 13 层，经营范围为资金信托、动产信托、不动产信托、有价证券信托等。

三、股权信托内容

平安信托公司对葛洲坝房地产公司增资 150 000 万元，其中 30 000 万元被作为葛洲坝房地产公司的注册资本，120 000 万元作为资本公积。增资完成后，葛洲坝房地产公司的实收资本为 100 000 万元，各股东方持股比例为：中国葛洲坝集团股份公司出资 69 400 万元，持股比例为 69.4%；平安信托公司出资 30 000 万元，持股比例为 30%；中国葛洲坝集团公司出资 600 万元，持股比例为 0.6%。

根据双方约定，信托存续期间，平安信托公司不参与葛洲坝房地产公司的具体经营管理和分红，葛洲坝房地产公司原有的董事会及经营管理机构不因本次增资而进行调整。葛洲坝房地产公司按照双方约定的价格每季度向平安信托公司支付信托资金报酬。

四、股权回购

信托期限届满之日，本公司回购平安信托公司持有的股权，本股权信托计划终止。股权回购款为投资款本金 150 000 万元及未支付完毕的股权信托资金报酬。本公司控股股东中国葛洲坝集团公司对本公司股权回购提供担保。

请分析本案例中的税收风险。

在案例 3-3 中，平安信托公司对葛洲坝房地产公司的投资既具有权益投资属性，又具有债权投资属性，属于混合性投资业务。混合性投资业务作为企业的一项创新投资业务，已被许多企业大量运用，尤其是信托公司，开展这类投资业务的很多。《国家税务总局关于企业混合性投资业务企业所得税处理问题的公告》（国家税务总局公告 2013 年第 41 号，以下简称"41 号公告"），对关于这方面的税务处理进行了明确规定。

1. 混合性投资业务应具备的条件

企业混合性投资业务，是指兼具权益和债权双重特性的投资业务。41 号公告规定，企业按照混合性投资业务进行税务处理时，必须同时符合以下 5 项条件。

（1）被投资企业接受投资后，需要按投资合同或协议约定的利率定期支付利息（或定期支付保底利息、固定利润、固定股息，下同）。也就是说，此类投资回报不与被投资企业的经营业绩挂钩，不是按企业的投资效益进行分配，也不是按投资者的股份份额取得回报。投资者承担着很小的投资风险，这实际上是企业的一种融资形式。

（2）有明确的投资期限或特定的投资条件，并在投资期满或者满足特定投资条件后，被投资企业需要赎回投资或偿还本金。也就是说，投资期限无论是否届满，只要合同或协议约定的、需要由被投资企业偿还本金或赎回投资的条件已被满足，被投资企业必须偿还本金或赎回投资，被投资企业偿还本金或赎回投资后，企业应做减资处理。

（3）投资企业对被投资企业净资产不拥有所有权。也就是说，被投资企业如果依法停止生产经营活动，需要清算，投资企业的投资额可以按债权进行优先清偿，但其对被投资企业的净资产，不能按投资份额拥有所有权。

（4）投资企业不具有选举权和被选举权。也就是说，投资企业在选举董事会、监事会成员时，投资企业不能按持股份比例进行表决或被选为成员。

（5）投资企业不参与被投资企业日常生产经营活动。但是，投资资金如果指定了专门用途的，投资方企业可以监督其资金运用情况。

【案例 3-3　解析 1】根据 41 号公告，我们可以看到平安信托公司对葛洲坝房地产公司的投资符合第（1）、第（3）、第（4）、第（5）项条件，但是不符合第（2）项条件。根据第（2）项条件，应该由葛洲坝房地产公司赎回平安信托公司的股权，而非由中国葛洲坝集团股份有限公司赎回其股权。但是由于41号公告自2013年9月1日执行，而中国葛洲坝集团股份有限公司是于2013年3月22日发布的《关于控股子公司股权信托融资的公告》，因此中国葛洲坝集团股份有限公司需要根据国家税法的变动适当修改公告的内容。

2. 混合性投资业务的税务处理和风险防范

鉴于混合性投资业务的特点，41号公告将此类投资业务归属于债权投资业务，并要求按照债权投资业务进行企业所得税处理，具体规定如下。

（1）被投资企业支付利息的税务处理。

对于被投资企业支付的利息，投资企业应于被投资企业应付利息的日期，确认收入的实现并计入当期应纳税所得额；被投资企业应于应付利息的日期，确认利息支出，并按税法规定的条件，进行税前扣除。

（2）被投资企业赎回投资的税务处理。

对于被投资企业赎回的投资，投资双方应于赎回时将赎价与投资成本之间的差额确认为债务重组损益，分别计入当期应纳税所得额，具体规定如表3-1所示。

表3-1　被投资企业赎回投资的税务处理

情形	投资方	被投资方
当实际赎价高于投资成本时	应将赎价与投资成本之间的差额，在赎回时确认为债务重组收益，并计入当期应纳税所得额	应将赎价与投资成本之间的差额，在赎回当期确认为债务重组损失，并准予在税前扣除
当实际赎价低于投资成本时	应将赎价与投资成本之间的差额，在赎回当期按规定确认为债务重组损失，并准予在税前扣除	应将赎价与投资成本之间的差额，在赎回当期确认为债务重组收益，并计入当期应纳税所得额

【案例3-3　解析2】由于平安信托公司对葛洲坝房地产公司的投资不符

合混合性投资税务处理的条件，因此葛洲坝房地产公司支付的信托资金报酬不能作为利息支出在其税前扣除，同时平安信托公司取得的收益也不适用于居民企业之间的股息红利收益免征企业所得税的待遇。此时中国葛洲坝集团股份有限公司需要修改其发布的《关于控股子公司股权信托融资的公告》，将"信托期限届满之日，本公司回购平安信托公司持有的股权，本股权信托计划终止"。的条款修改为"葛洲坝房地产公司回购平安信托公司持有的股权，本股权信托计划终止"。将这一条款进行修改后，双方应进行的税务处理如下。

（1）葛洲坝房地产公司按照双方约定的价格每季度向平安信托公司支付的信托资金报酬，可被作为葛洲坝房地产公司的利息支出，按照税法规定在企业所得税税前扣除；平安信托公司获得的信托资金报酬应在合同约定的应付日期被作为收入计入应纳税所得额，缴纳企业所得税。

（2）葛洲坝房地产公司回购股权时，双方各自的损益将作为债务重组损益，分别被计入当期应纳税所得额，参与计算缴纳企业所得税或者在企业所得税税前被扣除。

从上述案例我们可以看出，企业在筹集资金时，一旦涉及混合性筹资、投资业务，一定要注意税法规定的条件，按照税法规定的条件签订合同，以防范和化解税收风险。

3.1.4 融资租赁、融资性售后回租业务的税务处理

融资租赁、融资性售后回租业务也是企业融通资金的重要方式。

1. 融资租赁的税务处理

融资租赁，是指具有融资性质和所有权转移特点的租赁活动，即出租人根据承租人所要求的规格、型号、性能等条件购入有形动产或不动产租赁给承租人，合同期内租赁物所有权属于出租人，承租人只拥有使用权，合同期满付清

租金后，承租人有权按照残值购入租赁物，以拥有其所有权。无论出租人是否将租赁物销售给承租人，均属于融资租赁。

（1）出租方的税务处理。

① 增值税。

a. 适用税率的规定：出租方提供有形动产融资租赁服务按照 13% 的税率缴纳增值税，提供不动产融资租赁服务按照 9% 的税率缴纳增值税。

b. 差额纳税的规定：经中国人民银行、银监会或者商务部批准从事融资租赁业务的试点纳税人，若是提供融资租赁服务，其以取得的全部价款和价外费用，扣除支付的借款利息（包括外汇借款和人民币借款利息）、发行债券利息和车辆购置税后的余额为销售额。

c. 有形动产融资租赁差额缴纳增值税，但公司可以按照收取的全部价款和价外费用申请开具增值税专用发票，即差额纳税、全额开具专用发票，此处要注意，对于差额纳税、全额开具增值税专用发票的业务，公司存在纳税筹划的空间。

d. 即征即退的规定。经中国人民银行、银监会或者商务部批准从事融资租赁业务的试点纳税人中的一般纳税人，提供有形动产融资租赁服务和有形动产融资性售后回租服务，税务机关对其增值税实际税负超过 3% 的部分，实行增值税即征即退政策。

② 企业所得税。企业所得税规定，采取分期收款销售货物的，企业应按合同约定的收款日期确认收入，也就是企业采用融资租赁方式销售货物，应该分期确认收入、分期结转成本。

（2）承租方的税务处理。

承租方取得出租方开具的增值税专用发票上注明的增值税额可以抵扣进项税额。承租方以融资租入的固定资产，以租赁合同约定的付款总额和承租人在签订租赁合同过程中发生的相关费用作为计税基础；租赁合同未约定付款总额的，以该资产的公允价值和承租人在签订租赁合同过程中发生的相关费用为计税基础。对于融资租入的固定资产，应由承租方计提折旧，企业不得扣除租赁费支出。

2. 融资性售后回租业务的税务处理

融资性售后回租，是指承租方以融资为目的，将资产出售给从事融资性售后回租业务的企业后，从事融资性售后回租业务的企业再将该资产出租给承租方的业务活动。

（1）出租方（即融资租赁企业）的税务处理。

① 增值税。

a. 适用税率的规定：出租方提供融资性售后回租的业务，按照"金融服务"，依 6% 的税率缴纳增值税。

b. 差额纳税的规定：经中国人民银行、银监会或者商务部批准，从事融资租赁业务的试点纳税人，在提供融资性售后回租服务时，以取得的全部价款和价外费用（不含本金），扣除对外支付的借款利息（包括外汇借款和人民币借款利息）以及发行债券利息后的余额作为销售额。

c. 由于融资性售后回租属于金融服务中的贷款服务，客户购入贷款服务后不得抵扣进项税额，因此出租方在提供融资性售后回租服务之后，无须为客户开具增值税专用发票，为其开具普通发票即可。

d. 即征即退的规定。经中国人民银行、中国银监会或者商务部批准，从事融资租赁业务的试点纳税人中的一般纳税人，若提供有形动产融资性售后回租服务，税务机关对其增值税实际税负超过 3% 的部分实行增值税即征即退政策。

② 企业所得税。出租方按照获得的利息收入确认收入缴纳企业所得税。

（2）承租方的税务处理。

① 增值税。

a. 承租方有出售资产的行为，无须缴纳增值税。

b. 承租方支付的租金，不得抵扣进项税额，因为纳税人购进的贷款服务不得抵扣进项税额。

② 企业所得税。

承租人出售资产的行为，不应被确认为销售收入；应由承租方按照出售资产前的原账面价值作为计税基础计提折旧，折旧可于企业所得税税前扣除；承租人支付的属于融资利息的部分，作为财务费用在税前扣除。

从上述规定我们可以看到，企业对于融资租赁在税收处理上应按照租赁业务进行处理，而融资性售后回租则应按照金融服务进行税务处理。

3.2 如何防范企业筹资过程中的涉税风险

企业对外借款时，资金可能来自金融企业、非金融企业（含个人）。企业在对外借款的过程中，可能由于操作不当导致涉税风险的产生。

3.2.1 如何防范企业向金融企业借款的涉税风险

《企业所得税法》规定，企业在生产、经营活动中向金融企业的借款利息支出允许据实扣除。为此，很多人认为只要向金融企业借款，其利息支出就没有涉税风险，并且可以在企业所得税税前扣除，其实这是错误的想法。企业在税前扣除借款利息时，需要注意以下问题。

（1）企业向金融机构借来的款项必须用于企业的生产、经营活动，税前才允许扣除相应的利息支出。如果该项借款未用于企业的生产、经营活动，则其利息支出属于与取得收入无关的利息支出，不符合税前扣除的相关性原则，不得于税前扣除。因此企业在扣除利息支出时，需要注意相关借款的用途。

（2）如果投资者的资金未到位，或投资时存在抽逃注册资本的现象，《国家税务总局关于企业投资者投资未到位而发生的利息支出企业所得税前扣除问题的批复》（国税函〔2009〕312号）规定：凡企业投资者在规定期限内未缴足其应缴资本额的，该企业对外借款所发生的利息，相当于投资者实缴资本额与在规定期限内应缴资本额的差额应计付的利息，其不属于企业合理的支出，应由企业投资者负担，不得在计算企业应纳税所得额时扣除。因此企业投资者需要注意，尽量降低注册资本不到位或者抽逃注册资本的风险，这部分内容我们在第 2 章的 2.3 节中已经介绍过，此处不再赘述。

【案例 3-4】荣发塑料制品公司系由王永、辛磊、赵芳三人投资的有限责任公司，注册资本为 10 000 万元。注册资本到位后，王永将其 6000 万元的注册资本挪作他用，致使企业经营资金不足。为满足经营资金需要，荣发塑料制品公司向银行贷款 8000 万元，由于贷款金额较大，银行贷款利率变为 7.8%，即在基准贷款利率 6% 的基础上上浮了 30%，为此企业每年需要向银行支付 624（8000×7.8%）万元的利息。请问：该项贷款业务将带来何种涉税风险？

【解析】荣发塑料制品公司向银行借款的 8000 万元中，有 6000 万元是由投资者抽逃注册资本引起的，因此这部分利息支出不应该由企业负担，而应该由投资者王永负担，相应的利息支出 468［6000×7.8%］万元，不得被于荣发塑料制品公司的企业所得税税前扣除。

（3）企业的借款利息支出，必须严格区分资本性支出和收益性支出。企业为购置、建造固定资产、无形资产和经过 12 个月以上的建造才能达到预定可销售状态的存货发生借款的，在有关资产购置、建造期间发生的合理的借款费用，应当作为资本性支出计入有关资产的成本，并按规定在企业所得税税前扣除。企业在生产经营活动中发生的合理的不需要资本化的借款费用，准予被作为期间费用在税前扣除。

【案例 3-5】A 公司于 2021 年 1 月 1 日向银行贷款 1000 万元，年利率为

6%，其中800万元被用于办公楼基建工程，被建造的车间将于2021年9月交付使用；剩下的200万元被用于采购材料物资，从事生产经营。A公司在2021年度，按权责发生制原则计提了60万元的贷款利息支出，公司将其全部计入"财务费用"科目的借方。请问企业的处理是否正确？

【解析】由于A公司的贷款中有800万元被用于办公楼基建工程，则公司在该办公楼建造期间发生的利息支出36（800×6%×9÷12）万元，应被计入办公楼的建造成本，公司应于资产交付使用的次月起，即2021年10月开始计提折旧。企业错误地将其计入当期费用，造成虚增收益性支出、减少资本性支出的结果，企业应进行调账。假设该办公楼已被使用20年，残值率为5%，则调账的会计分录如表3-2所示。

表3-2 A公司调账的会计分录

	2021年12月发现		2022年1月发现	
增加资本性支出，减少收益性支出	借：固定资产 　贷：财务费用 　（或本年利润）	360 000 360 000	借：固定资产 　贷：以前年度损益调整	360 000 360 000
补提折旧	借：管理费用 　贷：累计折旧	4275[1] 4275	借：以前年度损益调整 　　管理费用 　贷：累计折旧	4275 1425[2] 5700
补提2021年度企业所得税	借：所得税费用 　贷：应交税费 　——应交所得税	88 931.25[3] 88 931.25	借：以前年度损益调整 　贷：应交税费 　——应交所得税	88 931.25 88 931.25
补缴2021年企业所得税	借：应交税费 　——应交所得税 　贷：银行存款	 88 931.25 88 931.25	借：应交税费 　——应交所得税 　贷：银行存款	 88 931.25 88 931.25
结转"以前年度损益调整"余额	—		借：以前年度损益调整 　贷：利润分配 　——未分配利润	266 793.75 266 793.75

1 每月折旧＝360 000×（1－5%）÷（20×12）＝1425（元），补提10月、11月、12月折旧共计4275元。

2 2022年1月的折旧应被计入"管理费用"。

3 2021年需要补提的企业所得税＝（360 000－4275）×25%＝88 931.25（元）。

3.2.2　如何防范企业向非金融企业借款的涉税风险

对于企业向非金融企业（含个人，下同）借款的利息支出应如何在企业所得税税前扣除的问题，可以参考的规范文件有《国家税务总局关于企业向自然人借款的利息支出企业所得税税前扣除问题的通知》（国税函〔2009〕777号）和《国家税务总局关于企业所得税若干问题的公告》（国家税务总局公告2011年第34号）。根据这两个文件，企业向非金融企业借款支付的利息要想被在企业所得税税前扣除，需要满足以下条件。

（1）企业与非金融企业之间签订了借款合同；企业向非金融企业的借贷是真实、合法、有效的，并且不具有非法集资目的或其他违反法律、法规的行为。

（2）企业向非金融企业借款的利息支出，不超过按照金融企业同期同类贷款利率计算的数额的部分，准予扣除，超过部分，税前不得扣除。鉴于目前我国对金融企业利率的一些具体要求，企业在按照合同要求首次支付利息并进行税前扣除时，应提供"金融企业的同期同类贷款利率情况说明"，以证明其利息支出的合理性。对此，企业需要注意以下问题。

① 企业只有首次向非金融企业支付利息时，才需要提供"金融企业的同期同类贷款利率情况说明"。换言之，只要贷款条件、金融企业同期同类贷款利率不发生变化，企业以后无须再提供"金融企业的同期同类贷款利率情况说明"。

② 金融企业的范围。在向税务机关提供"金融企业的同期同类贷款利率情况说明"时，金融企业为限于本省内、经政府有关部门批准成立的可以从事贷款业务的企业，包括银行、财务公司、信托公司等金融机构。也就是说，金融企业的范围被限定在本省内，判断一个企业是否属于税法所规定的金融企业的关键在于其营业执照上标注的经营范围里是否有"贷款业务"一项。

③ 企业对金融企业的选择。在银行、财务公司、信托公司等金融机构中，银行的贷款条件严格，利率相对较低，而财务公司、信托公司的利率一般要高

于银行的利率，因此企业在向税务机关报送"金融企业的同期同类贷款利率情况说明"时，应尽量以财务公司、信托公司等金融企业的利率作为基础和利率信息来源。

④ 企业向税务机关提供的是"金融企业的同期同类贷款利率情况说明"，而非证明。"说明"的要求远远低于"证明"的要求，企业可以以报道、统计数据等为基础报送"金融企业的同期同类贷款利率情况说明"。

⑤ "同期同类贷款利率"是指在贷款期限、贷款金额、贷款担保以及企业信誉等条件基本相同的情况下，金融企业提供贷款的利率。它既可以是金融企业公布的同期同类平均利率，也可以是金融企业对某些企业提供的实际贷款利率。也就是说，"同期同类贷款利率"既包括基准利率，又包括浮动利率。

对企业而言，如果能够有相应资料说明金融企业的同期同类贷款利率较高，则企业可以提高利息支出税前扣除的限额。

（3）企业在对外支付利息时，需要取得相应的发票。如果未取得相应的发票，则企业就是未取得税前扣除的合法凭证，不得进行税前扣除。因此当企业向个人借款支付利息时，需要到税务机关代开发票，税务机关在代开发票时需要征收增值税、城市维护建设税、教育费附加和个人所得税[①]。

（4）企业在支付利息时，替债权人支付的税款不得被在企业所得税税前扣除。在实践中，当企业向个人支付借款利息时，与所付利息相关的税款往往由企业负担。由于这部分税款的完税凭证上注明的纳税人为债权人，因此不得记入债务人的支出，企业不得于企业所得税税前扣除。在签订合同时，企业可以考虑在保证债权人实际收益不变的情况下，通过提高利息率的方式将债权人的税后利息转换为税前利息，从而避免相应涉税风险。

税前利息率 = 税后利息率 ÷（1 − 利息综合税负率）

---

① 当债权人是个人时，涉及税率为 20% 的"利息、股息、红利所得"的个人所得税。

【**案例3-6**】荣华超市是 A 省最大的连锁超市，现在该公司准备扩大经营规模，为此需要筹集 3000 万元的资金。由于企业已经向银行借入大量的资金，信用额度已经用完，因此只能向非金融企业借入资金。为了获取这笔资金，荣华超市以 10% 的年利率向 3 个自然人借入 3000 万元的资金，相应税费由荣华超市负担。对于该项业务，企业需要注意什么问题？

【**解析**】

荣华超市要想在企业所得税税前扣除利息支出，需要注意以下问题。

（1）荣华超市与债权人之间签订借款合同。

（2）借款合同中对利率和税款负担问题要进行明确约定。

假设荣华超市以 10% 的年利率向 3 个自然人借入 3000 万元的资金，所支付的利息为 300 万元，该笔利息每个人的税收负担为利息的 22.78%[①]，相应税款由荣华超市负担。此时荣华超市面临两种选择：①借款合同约定利率为 10%，债权人相应税款由荣华超市负担；②借款合同约定利率为 12.95%，相应税款由债权人负担。两种选择的具体对比情况如表 3-3 所示。

表 3-3　选择①与选择②综合对比情况表

	税款由荣华超市负担	提高利息率，税款由债权人负担
利息率	10%	12.95%[1]
支付的利息	300 万元	388.5 万元 [2]
负担的税费	68.34 万元	0

---

① 　在不考虑疫情期间免征增值税的前提下，个人获得的利息收入，需要缴纳 3% 的增值税、7% 的城市维护建设税、3% 的教育费附加、2% 的地方教育附加以及 20% 的个人所得税。因此如果据实征税，其税负率 = 3%+3%×（7%+3%+2%）+1÷1.03×20% = 22.78%。但实践中，各地税务机关往往规定了综合征收率，而且综合征收率的比率往往低于 22.78%。

（续表）

	税款由荣华超市负担	提高利息率，税款由债权人负担
账务处理	借：财务费用　　3 000 000 　贷：银行存款　　3 000 000 企业以税务机关代开的利息发票作为入账凭证	借：财务费用　　3 885 000 　贷：银行存款　　3 885 000 企业以税务机关代开的利息发票作为入账凭证；支付的388.5万元利息，企业应该在开具发票时向税务局缴纳税款88.5万元，余额300万元支付给债权人作为利息
存在问题	企业替债权人支付的68.34万元税款无法被记入账内，造成账实不符	—
对荣华超市企业所得税、股东个人所得税的影响	企业所得税税前最多可以扣除300万元的贷款利息，企业替债权人负担的68.34万元税款无法被于企业所得税税前扣除，造成企业多纳企业所得税17.09万元，企业账面利润虚增，未来股东在分配股息红利时，将多纳个人所得税10.25[3]万元	只要企业提供的"金融企业同期同类贷款利率情况说明"上标注的利率不低于12.95%，该笔贷款利息就可以被于企业所得税税前扣除
综合比较	提高利息率的措施，使得企业多支出资金20.16（388.5−300−68.34）万元，但是可以降低账实不符的风险，而且可以帮助荣华超市少缴企业所得税17.09万元、股东个人所得税10.25万元。因此提高利息率、税款由债权人承担的措施可以被作为企业的备选方案	

1　$10\% \div (1 - 22.78\%) = 12.95\%$。

2　企业支付给债权人的利息 $= 3000 \times 12.95\% = 388.5$（万元），债权人缴纳税款 $= 388.5 \times 22.78\% = 88.5$（万元），支付完税款后，债权人实际获得利息 $= 388.5 - 88.5 = 300$（万元），获得的利息收入即税后利息300万元。

3　多纳的个人所得税 $=（68.34 - 68.34 \times 25\%）\times 20\% \approx 10.25$（万元）。

（3）荣华超市向债权人支付利息时要由当地税务机关代开利息发票。

（4）荣华超市在首次向非金融企业支付利息时，需要提供"金融企业同期同类贷款利率情况说明"，该说明中的利率规定应参考 A 省金融企业的规定，最好以财务公司或信托公司等贷款利率较高的企业为准。

（5）企业向关联方的借款，包括向关联企业和关联个人借款时，其关联债资比例应注意不要超过下列标准。

① 金融企业：5∶1。

② 其他企业：2∶1。

有关企业向关联方借款的涉税风险内容，我们将在 3.2.4、3.2.5 小节中详细介绍。

3.2.3　企业向小额贷款公司借款的税务处理

企业从小额贷款公司借款的利息支出能否被在企业所得税税前全额扣除的问题一直存在争议，有两种截然不同的观点。一种观点认为，小额贷款公司属于非金融企业，因此企业支付给小额贷款公司的利息在不超过按照金融企业同期同类贷款利率计算的数额部分，被允许于税前扣除，超过的部分不允许被于税前扣除；另一种观点认为，小额贷款公司属于金融企业或准金融企业，因此企业支付给小额贷款公司的利息允许被于税前全额扣除。那么哪种观点更为合理呢？关键在于对小额贷款公司性质的界定。

1. 小额贷款公司的法定经营范围是小额贷款业务

根据《中国银行业监督管理委员会　中国人民银行关于小额贷款公司试点的指导意见》（银监发〔2008〕23 号）的规定，小额贷款公司是由自然人、企业法人与其他社会组织投资设立，不吸收公众存款，经营小额贷款业务的有限责任公司或股份有限公司。换言之，小额贷款公司的法定经营范围是小额贷款业务。

2. 中国银行业监督管理委员会和中国人民银行负责监管小额贷款公司的运营

在申请设立小额贷款公司时，企业应向省级政府主管部门提出正式申请，经批准后，到当地工商行政管理部门申请办理注册登记手续并领取营业执照。此外，还应在五个工作日内向当地公安机关、中国银行业监督管理委员会派出机构和中国人民银行分支机构报送相关资料。

中国人民银行对小额贷款公司的利率、资金流向进行跟踪监测，并将小额贷款公司纳入信贷征信系统。小额贷款公司应定期向信贷征信系统提供借款人、贷款金额、贷款担保和贷款偿还等业务信息。

3. 小额贷款公司的贷款利率浮动范围依法确定

小额贷款公司按照市场化原则进行经营，贷款利率上限放开，但不得超过司法部门规定的上限（银行同类贷款利率的 4 倍），下限为中国人民银行公布的贷款基准利率的 0.9 倍，具体浮动幅度按照市场原则自主确定。

从上述分析我们可以看到，到目前为止，银行保险机构许可证管理办法并未将小额贷款公司纳入金融许可证使用的主体范围，但小额贷款公司在设立时需要取得金融管理局颁发的小额贷款公司经营许可证，其设立的条件、审批过程、经营范围、内部管理制度等都是比照金融企业的规范和要求，它与一般工商企业的设立条件、审批过程、经营范围、内部管理制度明显不同。此外，中国人民银行、银监会也参与对小额贷款公司的审批和日常监管。由此可见，小额贷款公司事实上就是金融企业或准金融企业。而且小额贷款公司取得的利息收入已经依法缴纳了增值税、企业所得税等各种税，所以企业支付给小额贷款公司的利息收入只要取得了合法、有效的凭据，在企业所得税税前就可以被全额扣除。当然，各地税务机关对于向小额贷款公司支付的借款利息在税前能否被全额扣除有不同的规定，建议各个企业在进行税前扣除时多查询一下当地的具体规定。

【案例 3-7】芳华食品公司由于资金紧张，以 15% 的年利率向邦泽小额贷款公司借入 1000 万元的资金，每年支付利息 150 万元。请问企业在企业所得税税前能否扣除这部分的利息支出？

【解析】芳华食品公司支付给邦泽小额贷款公司的利息，只要取得了合法、有效的凭据，应该允许企业在所得税税前将其全额扣除。

3.2.4　如何防范关联方债权性投资的涉税风险

在企业的实际经营活动中，经常出现关联方之间的资金往来，企业在此过程中需要注意哪些涉税风险呢？

【案例3-8】新月集团公司（以下简称"母公司"）下设一家全资子公司新月服装公司（以下简称"新月公司"），其注册资本为200万元。2021年，新月公司接到美国某公司的服装订单，为完成该订单，新月公司需要一次性采购1500万元的原材料。为此，新月公司按照金融企业同期同类贷款利率（8%）向其母公司借款800万元，借款期限为3个月，具体时间范围为2021年6月1日至8月31日，到期日新月公司将支付利息16［800×8%×（3÷12）］万元；同时，新月公司又按照8%的利率向另一家非关联公司借入700万元的资金，该借款由母公司担保且负有连带责任，借款期限也为3个月，到期日需支付利息14［700×8%×（3÷12）］万元。本年度新月公司没有发生其他关联方借款事项，2021年其所有者权益构成情况如表3-4所示。

表3-4　新月公司2021年的所有者权益构成情况

单位：万元

日期	实收资本	资本公积	盈余公积	未分配利润	合计
2021-01-01	200	0	100	200	500
2021-07-01	300	0	100	200	600
2021-12-31	300	0	100	200	600

请问在计算企业所得税的应纳税所得额时，新月公司支付给母公司的利息是否需要进行纳税调整？

1. 企业支付给关联方的利息的税前扣除条件

新月公司向其母公司借入的资金属于关联方借款，企业支付给关联方的利息在税前扣除时，需要满足以下条件。

（1）企业支付给关联方的利息不超过按照金融企业同期同类贷款利率计算数额以内的部分可以被据实扣除，超过部分不得被扣除。

企业实际支付给关联方的利息支出，除符合第（2）条规定外，其接受关联方债权性投资与其权益性投资比例如下。

① 金融企业，为 5∶1。

② 其他企业，为 2∶1。

超过部分的利息支出，企业不得在发生当期和以后年度扣除。

（2）企业能够按照《中华人民共和国企业所得税法》及《中华人民共和国企业所得税法实施条例》（以下简称"企业所得税法及其实施条例"）的有关规定提供相关资料，并证明相关交易活动符合独立交易原则的，或者该企业的实际税负不高于境内关联方的，其实际支付给境内关联方的利息支出在计算应纳税所得额时准予扣除。

若想判断企业支付给关联方的利息支出在税前能否扣除，除看其是否符合常规条件外，还需要注意以下问题：①关联债资比例是否超标；②如果超标，企业能否提供证明资料证明相关交易活动符合独立交易原则，或者企业的实际税负不高于境内关联方的税负。

2. 关联债资比例的计算

关联债资比例 = 年度各月平均关联债权投资之和 ÷ 年度各月平均权益投资之和

各月平均关联债权投资 = （关联债权投资月初账面余额 + 月末账面余额）÷2

各月平均权益投资 = （权益投资月初账面余额 + 月末账面余额）÷2

在计算关联债资比例时，企业需要注意以下问题。

（1）关联方债权性投资的范围。

关联方债权性投资是指企业直接或间接从关联方获得的，需要偿还本金和支付利息或需要以其他具有支付利息性质的方式予以补偿的融资。企业间接从关联方获得的债权性投资，包括：①关联方通过无关联第三方提供的债权性投资；②无关联第三方提供的、由关联方担保且负有连带责任的债权性投资；③其他间接从关联方获得的具有负债实质的债权性投资。

【案例3-8　解析1】根据上述规定，新月公司向母公司借入的800万元，以及由母公司为其担保且负有连带责任、向另外一家非关联公司借入的700万元资金，都属于关联方债权性投资。

（2）权益投资的范围。权益投资就是注册资本吗？这是在计算关联债资比例时很多人心中的疑问。此处大家需要注意的是，在计算关联债资比例时，权益投资为企业资产负债表所列示的所有者权益金额。所有者权益项目包括实收资本（或股本）、资本公积、盈余公积、未分配利润。如果所有者权益小于实收资本（股本）与资本公积之和，则权益投资为实收资本（股本）与资本公积之和；如果实收资本（股本）与资本公积之和小于实收资本（股本）金额，则权益投资为实收资本（股本）金额。

【案例3-8　解析2】根据表3-4，我们可以计算出新月公司的各月平均权益投资，如表3-5所示。

表 3-5 新月公司的各月平均权益投资

单位：万元

时间	平均权益投资	时间	平均权益投资
2021 年 1 月	500	2021 年 7 月	600
2021 年 2 月	500	2021 年 8 月	600
2021 年 3 月	500	2021 年 9 月	600
2021 年 4 月	500	2021 年 10 月	600
2021 年 5 月	500	2021 年 11 月	600
2021 年 6 月	500	2021 年 12 月	600

（3）关联债资比例在计算时应以"年"为单位。

在计算关联债资比例时，需要注意应该以"年"为单位计算，而非以某个月的数字为标准进行计算。如果单纯地以月度数字为标准计算，那么新月公司的关联债资比例就会超过 2∶1，但是如果按"年"计算，结果就会有所不同。

【案例 3-8 解析 3】

由于新月公司的关联方借款的期限为 3 个月，因此

年度各月平均关联债权投资之和 = 1500×3 = 4500（万元）

年度各月平均权益投资之和 = 500×6+600×6 = 6600（万元）

关联债资比例 = 年度各月平均关联债权投资之和 ÷ 年度各月平均权益投资之和 = 4500÷6600 ≈ 0.68

新月公司的关联债资比例未超过 2∶1 的标准比例，因此其支付给关联方的利息 30 万元可以被于税前全额扣除。

【案例 3-9】如果在案例 3-8 中，新月公司向关联方的借款期限不是 3 个月，而是 1 年，即从 2021 年 1 月 1 日到 2021 年 12 月 31 日，公司支付给母公司的

利息为 64 万元，支付给另一家公司（母公司承担连带担保责任）的利息为 56 万元，其他条件不变，又会出现何种结果呢？

【案例 3-9　解析 1】

新月公司关联债资比例 = 年度各月平均关联债权投资之和 ÷ 年度各月平均权益投资之和 =（1500×12）÷6600 ≈ 2.73

此时，关联债资比例超过 2∶1 的标准比例，如果新月公司无法证明相关交易活动符合独立交易原则或者该企业的实际税负不高于境内关联方的实际税负，其超过部分的利息支出不得在税前扣除。

税法之所以规定该企业的实际税负不高于境内关联方实际税负的，关联方之间的借款利息允许扣除，是因为我国企业所得税设定了许多与地区优惠税率、定期减免税相关的优惠政策，设立相关规定是为了防止关联企业借融资转移利润，降低税负。

企业关联债资比例超标且该企业的实际税负高于境内关联方实际税负的，如要在计算应纳税所得额时全额扣除利息支出，则该企业除按规定提供一般规定的同期资料外，还应准备、保存、并按税务机关要求提供以下同期资料，以证明关联债权的投资金额、利率、期限、融资条件以及债资比例等均符合独立交易原则。

① 企业偿债能力和举债能力分析。

② 企业集团举债能力及融资结构情况分析。

③ 企业注册资本等权益投资的变动情况说明。

④ 关联债权投资的性质、目的及取得时的市场状况。

⑤ 关联债权投资的货币种类、金额、利率、期限及融资条件。

⑥ 非关联方是否能够并且愿意接受上述融资条件、融资金额及利率。

⑦ 企业提供的抵押品情况及条件。

⑧ 担保人状况及担保条件。

⑨ 同类同期贷款的利率情况及融资条件。

⑩ 可转换公司债券的转换条件。

⑪ 其他能够证明符合独立交易原则的资料。

3. 税前不得扣除的关联方债权性投资利息支出

当关联债资比例超标，且企业无法证明相关交易活动符合独立交易原则或者该企业的实际税负不高于境内关联方实际税负时，其超过部分的利息支出不得在税前扣除。

不得扣除的利息支出 = 年度实际支付的全部关联方利息 ×（1 - 标准比例 ÷ 关联债资比例）

企业在计算不得扣除的利息支出时，需要经过以下三步。

第一步：确定年度实际支付的全部关联方利息。全部关联方利息支出包括直接或间接关联债权投资实际支付的利息、担保费、抵押费和其他具有利息性质的费用。"实际支付利息"是指企业按照权责发生制原则计入相关成本、费用的利息。

【案例 3-9　解析 2】新月公司年度实际支付的关联方利息不仅包括支付给母公司的利息 64 万元，而且包括支付给由母公司担保且负有连带责任的、向另外一家非关联公司借款的利息 56 万元，因此新月公司 2021 年度实际支付的全部关联方利息为 120（64+56）万元。

第二步：计算关联债资比例。

关联债资比例 = 年度各月平均关联债权投资之和 ÷ 年度各月平均权益投资之和

我们前面已经计算过，在案例 3-9 中，新月公司的关联债资比例约为 2.73，超过了2∶1的标准比例，公司需要计算不得扣除的利息支出。

第三步：计算不得扣除的利息支出。

不得扣除的利息支出＝年度实际支付的全部关联方利息×（1－标准比例÷关联债资比例）

【案例3-9　解析3】新月公司不得扣除的利息支出＝年度实际支付的全部关联方利息×（1－标准比例÷关联债资比例）＝120×（1－2÷2.73）≈32.09（万元）。

4. 防范关联方债权性投资风险的主要措施

从上述分析我们可以看到，税法限制的是长期、大额关联方债权性投资，目的是防范资本弱化。企业在向关联方借款时要注意限制金额或期限，可供选择的关联方借款方案主要有以下两种。

（1）在保持借款金额不变的情况下，压缩借款期限。

最长借款期限＝（年度各月平均权益投资之和×2）÷借款金额

（2）在保持借款期限不变的情况下，降低借款金额。

最大借款金额＝（年度各月平均权益投资之和×2）÷借款期限（以"月"为单位）

【案例3-9　解析4】新月公司为避免支付给关联方的借款利息被进行纳税调整，可供选择的方案如下。

（1）在关联方借款金额保持在1500万元的条件下，压缩借款期限。

最长借款期限＝（年度各月平均权益投资之和×2）÷借款金额＝（6600×2）÷1500＝8.8（个月）

也就是说，当新月公司向关联方借款的金额为1500万元时，公司将借款期限压缩到 8 个月或 9 个月,可以降低利息支出被调增的风险。

(2)在关联方借款期限保持 1 年的条件下,降低借款金额。

最大借款金额 =(年度各月平均权益投资之和 ×2)÷ 借款期限 =(6600×2)÷ 12 = 1100(万元)

也就是说,当新月公司向关联方借款的期限为 1 年时,公司将借款金额降到 1100 万元及以下,可以降低利息支出被调增的风险。

3.2.5 如何防范关联方之间无偿借款的涉税风险

【案例 3-10】福来公司和福运公司均系赵福投资的公司,由于福来公司经营亏损,公司陷入资金紧张的境地,2022 年 3 月,其向福运公司借入 300 万元的资金,借款期限为 1 年,无须支付利息。福来公司和福运公司的企业所得税税率均为 25%,但福来公司处于亏损状态,福运公司处于盈利状态。该项无偿借款行为将面临怎样的税收风险?

企业在借款的过程中,主要涉及的是增值税和企业所得税(或个人所得税)。

1. 增值税政策及存在的涉税风险

《财政部 国家税务总局关于全面推开营业税改征增值税试点的通知》(财税〔2016〕36 号)规定,单位或个体工商户向其他单位或个人无偿提供服务应该视同销售服务,征收增值税,但用于公益事业或以社会公众为对象的除外。此外,自 2019 年 2 月 1 日至 2023 年 12 月 31 日,对企业集团内单位(含企业集团)之间的资金无偿借贷行为,免征增值税。根据上述规定,我们可以得到以下结论。

（1）自然人将款项无偿借贷给其他单位或个人，无须视同销售服务缴纳增值税，因为视同销售服务的主体只有单位和个体工商户，不包括自然人。

（2）企业集团内单位（含企业集团）之间的资金无偿借贷行为，免征增值税。

（3）除（1）（2）之外，其他资金无偿借贷行为需要视同销售缴纳增值税。

【案例 3-10　解析 1】 如果福来公司与福运公司属于同一企业集团内的单位，则无须视同销售缴纳增值税，否则需要缴纳增值税。

那么如何成为企业集团呢？2018 年 7 月 28 日，国务院决定取消企业集团核准登记。在此之前，多个企业按照规定成立企业集团需要满足 3 个基本条件：①集团母公司的注册资本在 5000 万元以上；②母公司和其子公司（至少 5 家）的注册资本总和在 1 亿元以上；③集团成员单位均具有法人资格。在 2018 年 7 月我国取消企业集团核准登记之后，成立企业集团不再需要办理核准登记和申请《企业集团登记证》，市场监管部门不再审查成员企业的注册资本和数量。多个企业成立企业集团时，集团母公司只须将企业集团名称及集团成员信息通过国家企业信用信息公示系统中的"集团母公司公示"栏目向社会公示即可。

2. 企业所得税政策及存在的涉税风险

对于关联方之间的无偿借款是否应该征收企业所得税的问题，各方意见相对统一。根据《国家税务总局关于印发〈特别纳税调整实施办法［试行］〉的通知》（国税发〔2009〕2 号）第三十条："实际税负相同的境内关联方之间的交易，只要该交易没有直接或间接导致国家总体税收收入的减少，原则上不做转让定价调查、调整。"该条规定清楚地表明，实际税负相同的境内关联方之间的交易，只要其总体上没有减少国家税收，原则上可以不做转让定价调查、调整。在实际操作中，关键在于我们对"实际税负相同"的理解。"实际税负相同"不仅需要关联方之间的适用税率相同，而且没有单独一方享受减免税政策、发生亏损弥补等情形，即双方的应纳税所得额承担着相同的税收负担。如果关联方之间的实际税负不同，导致国家总体税收收入的减少，则债权人需要按照独立交易原则确认利息收入，将其计入应纳税所得额并计算缴纳企业所得税。

【**案例 3-10　解析 2**】由于福来公司亏损，而福运公司盈利，因此福来公司未向福运公司支付利息的行为将导致国家总体税收收入的减少，因此该项行为将被税务机关核定利息收入，收入将被计入福运公司的应纳税所得额并参与计算缴纳企业所得税。

3.2.6　如何防范统借统还的涉税风险

【**案例 3-11**】鑫城水环境公司（以下简称"鑫城公司"）要新投资污水处理生产线，其股东富华供水公司（以下简称"富华公司"）向银行贷款 30 000 万元，并将钱款转借给鑫城公司用于投资，贷款利息由鑫城公司支付。请问该部分的利息是否需要缴纳增值税？利息能否被鑫城公司在企业所得税税前扣除？

1. 增值税政策及存在的涉税风险

财税〔2016〕36 号规定，统借统还业务中，企业集团或企业集团中的核心企业以及集团所属财务公司按不高于支付给金融机构的借款利率水平或者支付的债券票面利率水平，向企业集团或者集团内下属单位收取的利息，免征增值税。

统借方向资金使用单位收取的利息，高于支付给金融机构借款利率水平或者支付的债券票面利率水平的，应全额缴纳增值税。

从上述规定我们可以看到，符合条件的统借统还业务，无须缴纳增值税。具体条件为：①企业资金来源于金融机构的借款或发债所得的资金，而不是来自非金融机构的资金、自有资金、内部资金池归集等以筹资手段取得的资金；②只有企业集团才有资格享受统借统还的优惠；③统借统还的组织方为企业集团、企业集团中的核心企业或财务公司；④资金使用方必须是企业集团的成员单位；⑤符合形式要件，集团向金融机构借款或发债取得资金后，如需分拨给成员企业，必须与成员企业签订"一对一"（一笔金融机构借款对应一笔成员企业分拨款）、"一对多"（一笔金融机构借款对应多笔成员企业分拨款）或者"多对一"（多笔金融机构借款对应一笔成员企业分拨款）的统借统还贷款合同，合同中的约定利率需与集团向金融机构借款或发债的利率相同，不存在提高利率水平的问题，同时合同的约定期限不得长于集团向金融机构借款或发债的期限；⑥符合实质要件，集团和成员单位都执行了上述合同，集团向成员单位收取的利率水平没有超过金融机构借款或发债利率，并有利息发票、资金往来单据及会计核算结果验证，从而可以证明集团实际上从事的是统借统还业务，而没有从事贷款业务。只有同时满足以上六个条件的统借统还业务，才无须缴纳增值税。

在统借统还业务的实际操作中，企业对于适用主体、形式要件、原始凭证的管理往往存在不规范的问题，主要表现如下。

（1）对适用主体的把握不准确。具体体现在：对企业集团的理解有误。很多企业认为，只要企业之间存在控股关系、参股关系，就是企业集团。其实这是一种误解，2018年7月之前的企业集团必须取得《企业集团登记证》；2018年7月28日之后的企业集团需要集团母公司将企业集团名称及集团成员信息通过国家企业信用信息公示系统的"集团母公司公示"栏目向社会公示。如果企业不属于企业集团，未通过集团公司、财务公司或核心企业办理，使用资金方不是企业集团的成员单位，则不得享受统借统还免征增值税的税收优惠政策。

（2）对形式要件的把握不准确。享受免征增值税政策的统借统还业务必须找到资金利息水平的对应关系。统借统还税收政策形式上要求一笔金融机构借款或发债所得资金按照相同的利率水平，对应一家或多家子公司，但不应出现多对多的借贷关系。在多对多的借贷关系中，有一部分关系在实质上是符合统借统还政策规定的，但不满足形式要件。主要表现为：①借款期限相等的多笔金融机构借款对应多家子公司；②借款期限与利率不等的多笔金融机构借款，按本金及借款期限作为权数的加权平均利率对应多家子公司。这两种情况从形式要件的角度看，不符合免征增值税的条件，往往要全额缴纳增值税。

（3）原始凭证管理存在不合规之处。对于统借统还，增值税的规定是免征增值税，而非不征增值税。因此统借统还的组织方在收取资金利息时需要开具增值税的发票，在发票税率栏选择"免税"一项，而不是以利息结算单作为税前扣除凭证。

【案例3-11　解析1】如果鑫城公司与富华公司未按规定办理企业集团公示手续，而且该项贷款未通过企业集团、财务公司或核心企业办理，资金使用方不属于企业集团的成员单位，则不属于符合条件的统借统还业务，富华公司转借给鑫城公司的资金收取的利息需要全额缴纳增值税。

2.企业所得税政策规定及存在的涉税风险

在企业所得税方面,统借统还业务执行的是关联企业税收政策。我们在3.2.4小节中已经介绍过,此处不再赘述。

【案例3-11　解析2】鑫城公司与富华公司属于关联企业,鑫城公司支付的利息如果能够获得合法凭据（发票抬头为鑫城公司利息发票）,且符合关联方借款利息税前扣除的规定,则利息部分在企业所得税税前可以扣除。

综上所述，在当前融资难的情况下，统借统还解决了部分企业的资金困难问题，对于企业发展起到促进作用。但统借统还在税务处理过程中存在一些风险点，企业应当积极研究相关政策，在现行政策规定范围内进行业务操作，方可降低融资成本，避免涉税风险。

3.2.7 如何防范票据贴现的涉税风险

【案例3-12】金城矿业公司（以下简称"金城公司"）系增值税一般纳税人，各纳税期按规定申报缴纳增值税，无留抵税额。2022年3月，市税务局派员对其2019～2021年的增值税纳税情况进行检查，发现该企业于2019年5月有一笔销售铜矿石的业务，金城公司和立帆贸易公司（以下简称"立帆公司"）签订的销售合同表明该批矿石的不含增值税价款为500万元，增值税税款为65万元。金城公司按照合同签订的价款和税款向立帆公司开具了增值税专用发票，价税合计数为565万元。金城公司于当月收到立帆公司出具的6个月期的银行承兑汇票，金额为580万元，收到汇票后，金城公司直接向C银行贴现，获得款项565万元，由立帆公司承担15万元的贴现利息。金城公司对该笔业务申报的销项税额为65万元，金城公司的业务过程如图3-1所示。

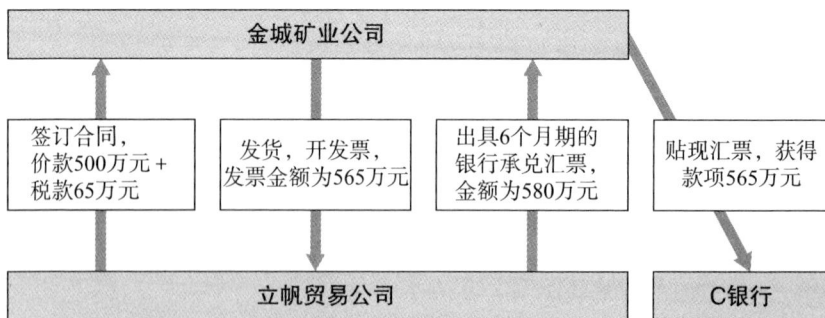

图 3-1 金城公司的业务过程

税务检查人员认为该矿山应该按照 513.27（580÷1.13）万元的销售额申报缴纳增值税。经税务稽查相应程序，市税务局于 2022 年 4 月 15 日制作《税务处理决定书》《税务行政处罚决定书》，并于当日派人员将文件送至金城公司，要求企业在 15 日内补缴增值税税款 17 256.64 元，按滞纳时间每日收取 0.5‰的滞纳金。请问税务机关的处理是否正确？

票据贴现利息费用在实践中主要有三种类型：①持票人把未到期的汇票向银行申请贴现所产生的贴现利息；②销售方与采购方在销售合同中约定，采购方向销售方开具银行承兑汇票或商业承兑汇票，并向销售方承诺承担因销售方向银行申请票据贴现所产生的票据贴现利息；③持票人持有未到期的汇票向其他企业或社会中介机构申请贴现所产生的贴现利息。这三种情况的税务处理分别是什么样的呢？

1. 持票人向银行申请票据贴现的涉税风险

按照企业会计制度、会计准则的有关规定，企业将未到期的应收票据向银行贴现，贴现利息应计入"财务费用"。《企业所得税法》规定："企业实际发生的与取得收入有关的、合理的支出，包括成本、费用、税金、损失和其他支出，准予在计算应纳税所得额时扣除。"

在汇票贴现的过程中需要注意，商业汇票的持票人向银行办理贴现业务必须具备下列条件：①在银行开立存款账户的企业法人以及其他组织；②与出票人或者直接前手具有真实的商业交易关系；③提供与其直接前手之前的增值税发票和商品发运单据复印件。

基于上述规定，企业将未到期的应收票据向银行贴现，贴现利息被计入"财务费用"并被准予在企业所得税税前扣除的必备条件是：申请票据贴现的持票人与出票人或者直接前手具有真实的商业交易关系。而在实际操作中，存在企业之间不具有真实的商业交易关系，双方只为套取银行信用而出票的行为，这种行为是违法的，相应的贴现利息不得被于企业所得税税前扣除。

2. 采购方承担销售方贴现利息的涉税风险

在实际操作中，还存在一种现象：销售方将货物卖给采购方，采购方由于资金紧张，会向销售方开具商业承兑汇票或银行承兑汇票，销售方将该汇票向其开户行申请贴现，其中产生的票据贴现利息，在采购合同中约定由采购方承担。这种方式将产生何种涉税风险呢？

（1）销售方的涉税风险。

根据我国增值税暂行条例及其实施细则的规定，增值税的销售额为纳税人发生应税行为向购买方收取的全部价款和价外费用。其中，价外费用包括价外向购买方收取的手续费、补贴、基金、集资费、返还利润、奖励费、违约金、滞纳金、延期付款利息、赔偿金、代收款项、代垫款项、包装费、包装物租金、储备费、优质费、运输装卸费以及其他各种性质的价外收费，但下列项目不包括在内。

① 受托加工应征消费税的消费品所代收代缴的消费税。

② 同时符合以下条件的代垫运输费用：a.承运部门的运输费用发票开具给购买方的；b.纳税人将该项发票转交给购买方的。

③ 同时符合以下条件代为收取的政府性基金或者行政事业性收费：

a.由国务院或者财政部批准设立的政府性基金，由国务院或者省级人民政府及其财政、价格主管部门批准设立的行政事业性收费；b.收取时开具省级以上财政部门印制的财政票据；c.所收款项全额上缴财政。

④ 销售货物的同时代办保险等而向购买方收取的保险费，以及向购买方收取的代购买方缴纳的车辆购置税、车辆牌照费。

根据上述规定我们可以看到，在销售业务中，销售方（持票人）收取的由采购方承担的票据贴现利息实际上属于延期付款利息，属于增值税的价外费用，销售方应向采购方开具增值税专用发票或普通发票，依法缴纳增值税，采购方凭销售方开具的增值税专用发票或普通发票，将其计入成本，这笔钱就可以在企业所得税税前扣除。

【**案例 3-12 解析 1**】对金城公司而言，它向立帆公司额外收取的 15 万元费用属于延期付款利息，属于增值税的销售额，由于该笔价外费用含增值税，因此应被转换为不含增值税销售额计算缴纳增值税。

金城公司应补增值税 = 150 000 ÷（1+13%）× 13% ≈ 17 256.64（元）

这是由于纳税人的原因造成的未缴、少缴税款，税务机关应该从滞纳之日起按日收取 0.5‰ 的滞纳金，所以当地税务机关的处理是正确的。

（2）采购方的涉税风险。

《国家税务总局关于进一步加强普通发票管理工作的通知》（国税发〔2008〕80 号）规定："在日常检查中发现纳税人使用不符合规定发票，特别是没有填开付款方全称的发票，不得允许纳税人用于税前扣除、抵扣税款、出口退税和财务报销。"《国家税务总局关于加强企业所得税管理的意见》（国税发〔2008〕88 号）规定："不符合规定的发票不得作为税前扣除凭据。"根据上述规定我们可以看到，采购方开出商业汇票，并在合同中约定承担销售方的票据贴现利息，此时持票人是销售方，销售方向银行支付贴现利息时，虽然获得了银行票据贴现凭证，并将该凭证转给了采购方，但由于贴现凭证上注明的不是采购方的名字，而是销售方的名字，因此采购方不得入账，也不得进行税前扣除。

【**案例 3-12 解析 2**】金城公司在向 C 银行贴现时，C 银行将贴现利息的发票开具给金城公司，此时金城公司可以将其计入"财务费用"，如果金城公司将该票据转给立帆公司，此时发票的抬头并不是立帆公司，所以不得被作为立帆公司的记账凭证，立帆公司也不得在进行企业所得税税前扣除。

（3）降低涉税风险的方法。

如果在商品购销中，采购方由于资金紧张无法立即支付货款，而是开出商业承兑汇票，则购销双方应该在合同中通过提高产品售价或增加价外费用的方法，将采购方承担的贴现利息记载在购销发票上，增加销售方的销售收入、销项税额；增加采购方的采购成本和进项税额，向银行贴现时获取的贴现利息发票作为销售方计入财务费用的原始凭证，通过这种方式降低销售方少计收入、采购方无法入账的风险。

【案例 3-12　解析 3】为降低购销双方的涉税风险，金城公司应该按照价款 5 000 000 元，销售矿石的延期付款利息 132 743.36 元，增值税 667 256.64 元，价税合计 58 000 000 元开具发票。金城公司收到立帆公司开具的银行承兑汇票后，账务处理如下。

借：应收票据　　　　　　　　　　　　　　　　　　5 800 000

　　贷：主营业务收入　　　　　　　　　　　　　　5 132 743.36

　　　　应交税费——应交增值税（销项税额）　　　　667 256.64

金城公司向银行贴现时所支付的贴现利息应计入"财务费用"，账务处理如下。

借：银行存款　　　　　　　　　　　　　　　　　　5 650 000

　　财务费用　　　　　　　　　　　　　　　　　　150 000

　　贷：应收票据　　　　　　　　　　　　　　　　5 800 000

立帆公司在采购货物、开出银行承兑汇票时，账务处理如下。

借：库存商品　　　　　　　　　　　　　　　　　　5 132 743.36

　　应交税费——应交增值税（进项税额）　　　　　667 256.64

　　贷：应付票据　　　　　　　　　　　　　　　　5 800 000

3.持票人向非金融企业贴现的涉税风险

企业在经营过程中，经常出现资金紧张的情况，但由于我国金融机构贷款的条件较为严格，再加上企业的融资渠道有限，一些企业为获取资金，可能在没有真实交易的情况下，将票据向非金融机构进行贴现。持票人在向非金融机构贴现票据时，非金融机构收取的贴现利息无法开具正规的利息发票，只是向持票人开具收据。在这种情况下，支付票据贴现利息的持票人能否在税前扣除该贴现利息成本呢？

《中国人民银行关于印发〈支付结算办法〉的通知》（银发〔1997〕393号）规定：“银行是支付结算和资金清算的中介机构，未经中国人民银行批准的非银行金融机构和其他单位不得作为中介机构经营支付结算业务。但法律、行政法规另有规定的除外。”未经过中国人民银行批准的非金融企业若从事支付结算业务，则属于违法行为。

《非法金融机构和非法金融业务活动取缔办法》（中华人民共和国国务院令第247号）第四条规定：“本办法所称非法金融业务活动，是指未经中国人民银行批准，擅自从事的下列活动：（一）非法吸收公众存款或者变相吸收公众存款；（二）未经依法批准，以任何名义向社会不特定对象进行的非法集资；（三）非法发放贷款、办理结算、票据贴现、资金拆借、信托投资、金融租赁、融资担保、外汇买卖；（四）中国人民银行认定的其他非法金融业务活动……”因此，向未经中国人民银行批准擅自从事票据贴现的中介机构，从事票据贴现业务，是一种非法金融业务活动。持票人向其贴现所产生的贴现利息支出不仅不属于合法支出，而且该项支出无法获得正规的发票，持票人的贴现利息支出不得在企业所得税税前扣除。持票人应该严格遵守金融管理的有关法律、法规，向金融机构申请贴现。

3.2.8 如何防范投资者向企业借款的涉税风险

1. 投资者向企业借款的涉税风险

企业的投资者往往容易产生一种想法：企业是我的，因此我可以随时从企业借取资金。这其实是一种错误的认知，在会计制度中，有关于会计主体的规定，企业与其投资者不能混为一谈；在税收中，有关于纳税主体的规定，企业与其投资者也不能混为一谈。

为防范投资者向企业借款而导致的企业运营受影响、个人逃避纳税义务等问题，《财政部 国家税务总局关于企业为个人购买房屋或其他财产征收个人所得税问题的批复》（财税〔2008〕83号）规定，符合以下情形的房屋或其他财产，无论所有权人是否将财产无偿或有偿交付企业使用，其实质均为企业对个人进行了实物性质的分配，应依法计征个人所得税。

（1）企业出资购买房屋及其他财产，将所有权登记为投资者个人、投资者家庭成员或企业其他人员的。

（2）企业投资者个人、投资者家庭成员或企业其他人员向企业借款用于购买房屋及其他财产，将所有权登记为投资者、投资者家庭成员或企业其他人员，且借款年度终了后未归还借款的。

对于上述两种情形，征税的具体规定如表3-6所示。

表3-6 企业为个人购置财产以及个人向企业借款的税务处理

情形	税务处理
个人独资企业、合伙企业的个人投资者或其家庭成员取得上述所得	视为企业对个人投资者的利润分配，按照"经营所得"项目计征个人所得税
除个人独资企业、合伙企业外，其他企业的个人投资者或其家庭成员取得上述所得	视为企业对个人投资者的红利分配，按照"利息、股息、红利所得"项目计征个人所得税
企业其他人员取得上述所得	按照"工资、薪金所得"项目计征个人所得税

【案例 3-13】创智公司系肖冰投资的一人有限责任公司。由于经营得当，创智公司利润丰厚，目前账面有 1000 万元的未分配利润。2021 年 5 月，股东肖冰欲为家庭购置一套住宅，由于手中资金不足，肖冰从创智公司借款 800 万元，其在购买住房后将房屋产权登记为妻子李娜所有，创智公司的账务处理如下。

借：其他应收款——肖冰　　　　　　　　　　　　　　8 000 000

　　贷：银行存款　　　　　　　　　　　　　　　　　　8 000 000

到了 2021 年年底，肖冰尚未归还该笔借款，此时将产生何种涉税风险？

【案例 3-13　解析 1】投资者肖冰向所投资的创智公司借款购买住房，将房屋的所有权登记在其妻子名下，并且到 2021 年年底尚未归还借款，其应该按照财税〔2008〕83 号文件的规定缴纳个人所得税。由于肖冰系公司制企业的投资者，因此该项所得应该按照"利息、股息、红利所得"缴纳 20% 的个人所得税。在缴纳个人所得税时，有下列两种情况，如表 3-7 所示。

表 3-7　投资者肖冰缴纳个人所得税的两种情形

由肖冰从个人所得中缴纳个人所得税	由企业代扣代缴个人所得税[1]
应纳税额 = 8 000 000×20% = 1 600 000（元）	肖冰的税前收入 = 8 000 000÷（1−20%）= 10 000 000（元） 应纳税额 = 10 000 000×20% = 2 000 000（元）

1　由企业代扣代缴个人所得税时，我们应该将投资者获得的 8 000 000 元视为税后收入，并将税后收入转为税前收入。对于"利息、股息、红利所得"而言，税前收入 = 税后收入 ÷（1−个人所得税税率 20%），之后我们再计算应代扣代缴的个人所得税。

2. 防范涉税风险的措施

对很多私营企业而言，股东个人从企业借款是常见问题。在税收征管、稽查越来越严格的情况下，股东个人向企业借款产生的风险也越来越明显。那么，应该如何降低涉税风险、减少股东的损失呢？

（1）管控投资者向企业借款的借款期限。

根据上述规定，我们可以看到，只有当企业投资者个人、投资者家庭成员或企业其他人员向企业借款用于购买房屋及其他财产，将所有权登记为投资者、投资者家庭成员或企业其他人员，且借款年度终了后未归还借款的，才需要缴纳个人所得税。换言之，如果个人向企业借款，但在借款年度终了后归还借款的，则无须缴纳个人所得税。因此投资者在向企业借款时，如果能够做到年度终了时归还借款，则可以避免缴纳个人所得税的风险。

（2）管控投资者向企业借款的用途。

财税〔2008〕83号规定，当投资者个人、投资者家庭成员向企业借款用于购买房屋及其他财产，将所有权登记为投资者、投资者家庭成员时，才有可能被征收个人所得税。如果投资者购买住房等财产，将产权登记在企业名下，而非个人名下，则可以避免被征收个人所得税的风险；如果个人购买的是古董、名人字画等无须进行所有权登记的用品，则无须缴纳个人所得税。但是如果个人在企业报销与企业经营无关的消费性支出，其仍需按照规定缴纳个人所得税。

（3）非法人企业应及时向投资者分配留存利润。

对个人独资企业、合伙企业而言，由于它们不具有法人资格，因此无须缴纳企业所得税。每年其生产经营所得形成时，都需要按年缴纳个人所得税。也就是说，非法人企业的"留存利润"（"留存收益""未分配利润"）已经缴纳过个人所得税，此时向其个人投资者分配这部分利润时，个人投资者无须再缴纳个人所得税。因此当投资者个人资金紧张，需要从企业借取资金时，企业账面如果存在留存收益或留存利润，则应该采取分配利润的方式，而无须采取借款方式。但需要注意的是，如果投资者所投资的是法人企业，则企业在向投资者分配利润时，需要按照"利息、股息、红利所得"缴纳20%的个人所得税。

（4）法人企业投资者缴纳个人所得税后，企业应及时进行账务处理。

对法人企业而言（包括有限责任公司和股份有限公司），投资者个人、投资者家庭成员向企业借款用于购买房屋及其他财产，将所有权登记为投资者、投资者家庭成员，且借款年度终了后未归还借款的，如果按照税务机关的要求已经缴纳过个人所得税，则法人企业的财务人员应该及时做出企业已经进行利润分配的账务处理，减少企业的利润，并减少企业账面对投资者的"其他应收款"金额。

【**案例 3–13 解析 2**】投资者肖冰按照表 3-7 的要求分两种情况缴纳过个人所得税后，创智公司应做的账务处理如表 3-8 所示。

表 3-8 创智公司的账务处理

由肖冰缴纳 1 600 000 元个人所得税	由企业代扣代缴 2 000 000 元个人所得税
借：利润分配——未分配利润 8 000 000 　　贷：其他应收款——肖冰　　8 000 000 备注：股东个人已经缴纳个人所得税 1 600 000 元，完税凭证附后	借：利润分配——未分配利润　　10 000 000 　　贷：其他应收款——肖冰　　8 000 000 　　　　应交税费——应交个人所得税　2 000 000
说明：财务人员一定要将股东缴纳个税的完税凭证附在记账凭证后面，以证明股东已经缴纳个人所得税	说明：由于账务处理上已经体现了企业代扣代缴个人所得税的过程，此时企业无须作额外的说明

通过上述账务处理，"其他应收款——肖冰"没有余额。如果不做出上述账务处理，"其他应收款——肖冰"一项仍有借方余额 8 000 000 元，可能为以后的税务稽查留下隐患。

3.3 如何做好企业筹资过程中的纳税筹划

3.3.1 企业向自然人股东借款的纳税筹划

在企业的实际经营中，一旦有资金紧张问题，企业经常向自然人股东借入资金，而股东有时便认为企业既然是自己的，企业便没有必要向自己支付利息；而且一旦企业向自己支付利息，自己还需要缴纳各种税，因此企业更无须支付利息。这种观点是否正确呢？

1. 个人获得借款利息需要缴纳的税费

无论是股东还是其他个人，在将资金借给企业收取利息时，都需要缴纳以下税费。

（1）按照利息收入的 3% 缴纳增值税。

（2）按照增值税的 7%（或 5%、1%）[①] 缴纳城市维护建设税、教育费附加和地方教育附加。

（3）以不含增值税的利息收入全额为应纳税所得额，按照 20% 的比例税率缴纳个人所得税。

（4）民间借款合同无须缴纳印花税。按照《中华人民共和国印花税暂行条例》以及 2022 年 7 月 1 日起施行的《中华人民共和国印花税法》的规定，征收印花税的借款合同是指银行业金融机构、经国务院银行业监督管理机构批准设立的其他金融机构与借款人（不包括同业拆借）的借款合同，可以说民间借款合同暂时没有被纳入印花税的征税范围。

根据上述规定我们可以看到，个人所获得的利息收入共需要缴纳 22.78% 左右的税费。各地税务机关在实际征管中，往往结合本地区实际，规定了不同的利息收入的综合征收比例。企业在向个人支付利息时，可以向税务机关咨询具体的征收比例。

2. 影响利息支付的因素

对于企业是否应该向股东个人支付利息的问题，需要考虑以下因素。

---

① 地区不同，则城市维护建设税的税率不同。市区税率为 7%；县城、镇的税率为 5%；其他地区的税率为 1%。

（1）股息、红利的综合税负率与利息的综合税负率。

对企业的股东而言，企业赚取的利润在缴纳企业所得税后应该分配给股东，在第2章中我们已经分析过，一般情况下，股东获取股息、红利的综合税负率为40%左右。企业的股东将资金借给企业，获得利息的综合税负率最高为22.78%。也就是说，对一般企业的股东而言，利息的综合税负率远远低于股息、红利的综合税负率。"两害相权取其轻"，因此从这个角度看，企业应该向股东支付借款的利息。

（2）企业的盈亏状况。

如果企业是盈利的，企业支付给股东的利息符合税前扣除条件，利息可以在企业所得税税前扣除，这样达到降低企业所得税税负，降低股息红利个人所得税税负的作用；如果企业是亏损的，则企业向股东支付利息的减税作用则大打折扣。

（3）如果企业不向股东支付利息，可能面临的风险。

根据税收征管法的规定，企业与其关联方之间的交易应该符合独立交易原则。根据这一原则，企业向股东借入资金，应该按照市场利率支付利息，如果不支付利息，可能会被税务机关做纳税调整，要求个人补缴个人所得税等。

【案例3-14】鑫鑫建材公司是孟冬投资的有限责任公司，每年的利润为4000万元左右，企业所得税税率为25%。企业向孟冬借款3000万元，未向股东支付利息。假设金融企业同期同类贷款利率为8%，当地规定个人到税务机关代开利息发票的综合税负率为22.78%。请问鑫鑫建材公司是否应该向股东支付利息？

【解析】由于鑫鑫建材公司每年盈利4000万元，而且股东获得股息红利的综合税负率为40%，高于股东获得利息22.78%的综合税负率，公司应该向股东支付利息。公司在支付利息时，需要注意操作细节，应签订借款合同、到税务机关代开发票，并向税务机关提供"金融企业同期同类贷款利率说明"，以保证公司向股东支付的利息能够在企业所得税税前扣除。

3.3.2 利用融资租赁方式降低企业税负

近年来，金融机构、大型设备供应商、大型设备购买方纷纷参与融资租赁业务。之所以出现这种变化，与拓宽企业的融资渠道息息相关，但这也是税制改革的结果，企业通过扩展融资租赁业务，降低了增值税的税收负担。

【案例3–15】某大型发电集团下属的各个子公司每年需要购置和更新大量的设备，为了拓宽企业的融资渠道，降低整个集团的税负，该发电集团成立了天新融资租赁公司，统一负责向金融机构等借入资金，之后根据集团内各个兄弟单位购置资产的需求，从生产厂家购入设备，之后将设备以融资租赁的方式提供给兄弟单位。假设整个集团每年的资产采购额度为不含增值税价 500 000 万元，集团需要借入资金 400 000 万元，每年支付的含增值税利息为 20 000 万元。假设成立天新融资租赁公司后，天新融资租赁公司借入 400 000 万元资金，支付给金融机构利息 20 000 万元，购入设备后按照设备购入价加价 20% 融资租赁给兄弟单位，此种融资安排每年能够为集团节约多少税金？

【解析】

首先，我们来分析天新融资租赁公司成立前后增值税的缴纳和抵扣情况（见图 3-2）。

从图 3-2 我们可以看到。

（1）成立融资租赁公司前，由于各个子公司各自购入设备，只能抵扣购进设备的进项税额，所支付的银行借款利息不得抵扣进项税额，每年可以抵扣的进项税额为 65 000 万元。

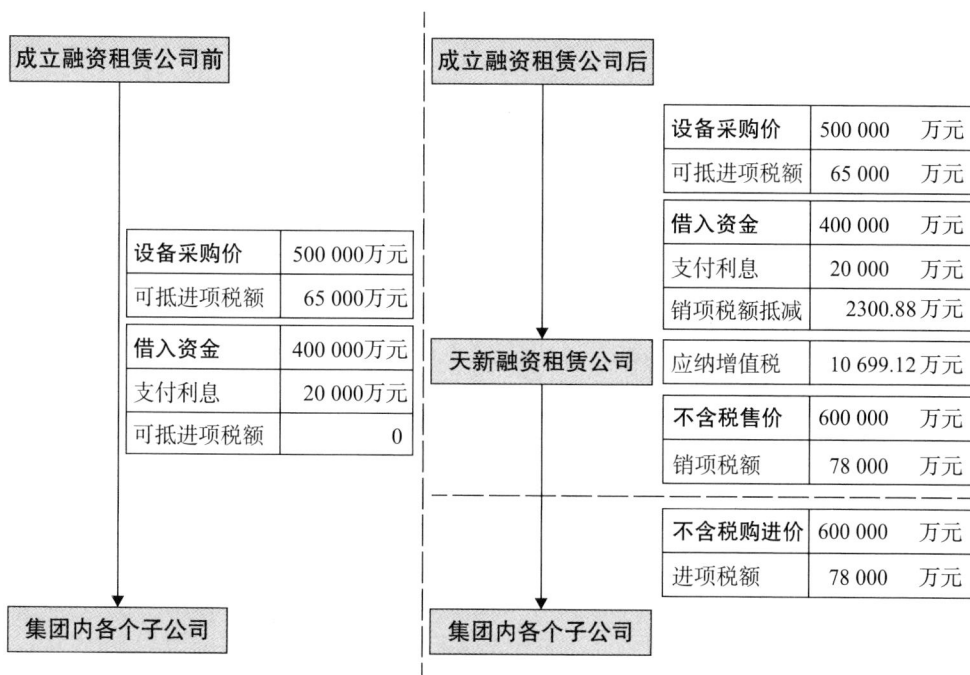

图 3-2 天新融资租赁公司成立前后增值税的缴纳和折扣情况对比图

（2）成立融资租赁公司后，虽然融资租赁公司也不得抵扣利息的进项税额，但是其既可以差额纳税，还可以全额向客户开具增值税专用发票。

因此，融资租赁公司的应纳增值税 = （600 000+78 000 − 20 000）÷ 1.13 × 13% − 65 000 ≈ 10 699.12（万元）。

如果符合条件的有形动产融资租赁服务的增值税税负率超过 3%，公司还可以享受即征即退政策。

由于公司可以全额向兄弟公司开具增值税专用发票，因此兄弟单位可以抵扣的进项税额为 78 000 万元。

成立融资租赁公司后，整个集团的增值税税收负担降低金额 = 78 000 − 10 699.12 − 65 000 = 2300.88（万元）。

该金额与公司支付的利息允许差额纳税所形成的销项税额抵减金额是相同的，即 20 000 ÷ 1.13 × 13% = 2300.88（万元）。说明大的企业集团常通过将直接借款方式转化为设立融资租赁公司，由融资租赁公司借款的方式，规避贷款服务不得抵扣进项税额的不利影响，这对整个企业集团而言，相当于贷款服务不仅抵扣了进项税额，而且按照 13% 的税率，而非 6% 的税率抵扣了进项税额。

由该案例我们也可以得出一个结论：当增值税有差额纳税、全额开具专用发票的机会，且其下游企业可以抵扣进项税额时，从增值税角度看，集团或企业存在纳税筹划空间。

【本章合规要点】

1. 企业的资金可能来源于股权筹资、债权筹资、混合性筹资、融资性售后回租、融资租赁等方式，不同筹资方式的税务处理不同。

2. 企业应加强对外借款的管理，防范向金融企业、非金融企业、小额贷款公司、关联方、自然人股东借款的涉税风险，还需要防范票据贴现及投资者向企业借款的涉税风险。

3. 企业在关联方借款的管理中，需要关注关联债资比例，可以通过压缩借款期限、降低借款金额等方式降低关联方借款的涉税风险。此外，企业需要防范关联方无偿借款、统借统还等借款方式带来的涉税风险。

4. 企业在向自然人股东借款时，需要注意比较借款利息的综合税负率和股息红利的综合税负率，选择税负率相对较低的方式向股东支付报酬。

5. 大的企业集团往往利用融资租赁的方式规避进项税额不得抵扣带来的不利影响。

第 4 章

方案不同税相异　投资资产巧安排

【引言】投资包括股权投资和债权投资。我们在第 3 章中已经介绍了债权筹资、投资的税务处理。在本章中，我们将主要介绍股权投资的税务处理问题。

在进行股权投资的过程中，投资者需要思考以下问题。

1. 以不动产、土地使用权投资入股应如何进行税务处理？

2. 以机器设备、原材料、产品等有形动产投资入股应如何进行税务处理？

3. 以专利权、商标权等无形资产投资入股应如何进行税务处理？

4. 以货币资金投资入股需要注意什么问题？

5. 以股权投资入股应如何进行税务处理？

本章我们主要从投资资产的选择角度介绍纳税筹划问题。

【案例4-1】鼎盛公司、华晨公司、恋家公司、远航公司均为增值税一般纳税人,上述四家公司与吴磊在2022年5月达成投资协议,共同组建鼎华汽车公司(以下简称"鼎华公司"),注册资本为400 000万元,从事汽车的研发、生产、销售等业务。鼎盛公司以其闲置的厂房投资,闲置厂房于2005年购入,购入价为75 000万元,购入后公司缴纳契税并进行了装修,后投入使用,该厂房入账原值和计税基础均为80 000万元,已经计提折旧30 000万元,账面净值为50 000万元,含增值税公允价值和评估价值均为160 000万元,鼎盛公司占有40%的股份;华晨公司以本企业的产品汽车生产设备和汽车生产线进行投资,同类产品含增值税售价为120 000万元,生产成本为98 000万元,华晨公司占有30%股份;恋家公司以自产的100辆汽车投资入股,同类产品含增值税平均售价为40万元/辆,最高售价为42万元/辆,生产成本为31万元/辆,恋家公司占有1%股份;远航公司以其汽车节能技术成果投资入股,该技术成果系远航公司刚刚研发而成,并获得专利,该技术成果的开发成本为20 000万元,含增值税评估价值为100 000万元,远航公司占有25%股份;吴磊以16 000万现金投资入股,占有4%股份。经营1年后,鼎盛公司将其股权转让给吴磊。请问鼎盛公司、华晨公司、恋家公司、远帆公司、吴磊应该如何进行税务处理(不考虑城市维护建设税和教育费附加)?在这一过程中,几方需要注意哪些涉税风险?需要如何防范?

4.1　以不动产、土地使用权投资入股的税务处理

在实践中,以房产、土地使用权等进行投资是一种非常常见的投资形式。在以不动产、土地使用权投资入股的过程中,一般会涉及增值税、土地增值税、房产税、企业所得税或个人所得税、印花税等;接受投资方涉及契税和印花税,其今后的运营过程涉及房产税和城镇土地使用税。

4.1.1 增值税

纳税人以不动产、土地使用权投资入股获得被投资企业股权的行为，属于取得其他经济利益，应该作为销售缴纳增值税。目前增值税的规定如下。

（1）一般纳税人销售不动产、土地使用权，按照 9% 的税率缴纳增值税。

（2）小规模纳税人销售不动产、土地使用权，按照 5% 的征收率缴纳增值税。一般纳税人销售营改增之前取得的不动产、土地使用权，可以选择简易计税，即按照 5% 的征收率缴纳增值税。纳税人在简易计税时，如果该资产是纳税人在营改增之前以非自建方式取得的，比如以购买、抵债等方式取得的，其可以选择差额计税，即以销售不动产、土地使用权取得的全部价款和价外费用扣除不动产、土地使用权购置原价或者取得时的作价后的余额为销售额，按照 5% 的征收率计算应纳税额。

【案例 4-1　解析 1】鼎盛公司以闲置的厂房投资鼎华公司，由于该房屋购入的时间为在营改增之前，鼎盛公司可以选择简易计税；由于该厂房系公司购入，而非自建，因此公司可以差额缴纳增值税。应纳增值税 =（160 000 - 75 000）÷ 1.05 × 5% ≈ 4047.62（万元）。

鼎盛公司虽然以差额计算缴纳增值税，但可以全额对鼎华公司开具增值税专用发票，鼎华公司可以抵扣的进项税额为 7619.05（160 000 ÷ 1.05 × 5%）万元。

一年后，鼎盛公司在将持有的鼎华公司股权转让给吴磊时，无须缴纳增值税，因为股权不属于金融商品，转让股权不属于增值税的征税范围。

4.1.2 土地增值税

《财政部　税务总局关于继续实施企业改制重组有关土地增值税政策的公告》（财政部　税务总局公告 2021 年第 21 号）规定，单位、个人在改制重组时以房地产作价入股进行投资，对其将房地产转移、变更到被投资的企业，暂不征土地增值税，但上述暂不征收土地增值税的政策不适用于房地产转移任意一方为房地产开发企业的情形。

（1）投资方、被投资方有一方为房地产开发企业的，以房地产投资入股的行为均需要征收土地增值税。

（2）投资方、被投资方均不是房地产开发企业，而且是在改制重组过程中以房地产投资入股，此时才能享受暂不征收土地增值税的政策。

那么什么是改制重组呢？截至目前，税收文件尚未给出明确的解释。对于以房地产投资入股的土地增值税政策，现有文件依据时间顺序排列依次为财税字〔1995〕48号、财税〔2015〕5号、财税〔2018〕57号和财政部 税务总局公告2021年第21号。财税字〔1995〕48号的规定是"对于以房地产进行投资、联营的，投资、联营的一方以土地（房地产）作价入股进行投资或作为联营条件，将房地产转让到所投资、联营的企业中时，暂免征收土地增值税。对投资、联营企业将上述房地产再转让的，应征收土地增值税"。按照财税字〔1995〕48号，无论企业是房地产企业还是非房地产企业，无论是否为改制重组，只要其是以房地产投资入股，而非销售房地产，企业均可以享受暂免征收土地增值税的规定。之后，由于房地产企业屡屡以投资入股的方式转让房地产，规避土地增值税，财税〔2015〕5号，财税〔2018〕57号和财政部 税务总局公告2021年第21号文件中，均增加了"改制重组有关土地增值税政策不适用于房地产开发企业"的规定，这是对于房地产开发企业税务安排的一种回应。但是至于什么是改制重组，税收类文件尚未给出明确的解释。

那么单纯地以房地产投资入股是否属于改制重组呢？2015年的《财政部税政司 国家税务总局财产行为税司关于企业改制重组土地增值税政策的解读》对财税〔2015〕5号的解答是这样的：此次出台的企业改制重组土地增值税政策，主要是对原有企业改制重组土地增值税优惠政策的规范与整合。具体而言，一是延续了企业以房地产作价投资、企业兼并相关土地增值税优惠政策；二是规范了企业兼并相关土地增值税政策表述，将兼并纳入合并；三是增加了享受土地增值税优惠的企业改制重组形式，将企业公司制改造、企业分立两种形式纳入优惠范围。从上述解答可以看到，无其他附带条件的房地产投资入股应该构成文件所说的改制重组，可以享受暂不征土地增值税的税收优惠。但在实践中，各地税务机关的理解又存在不同之处。因此，建议各企业若有投资入股应适用何种税收政策的问题时，加强与当地主管税务机关的沟通。

【案例4-1　解析2】由于投资方鼎盛公司与被投资方鼎华公司均未从事房地产开发业务，因此鼎盛公司以闲置的厂房投资入股的行为暂且无须缴纳土地增值税。

一年后，鼎盛公司在将持有的鼎华公司股权转让给吴磊时，由于房地产的产权仍旧在鼎华公司名下，产权未发生变化，不属于土地增值税的征税范围，也无须缴纳土地增值税。

那么是不是说这种操作方式降低了土地增值税税负呢？如果鼎华公司取得房地产产权后，没有对外转让房地产产权，这种方式确实可以达到降低土地增值税税负的目的；但未来如果鼎华公司转让房地产产权，由于房地产产权从鼎盛公司转移到鼎华公司时未缴纳土地增值税，鼎华公司在转让房地产计算土地增值税时，对"取得土地使用权所支付的金额"，应按照改制重组前取得该宗国有土地使用权所支付的地价款和按国家统一规定缴纳的有关费用确定；经批准以国有土地使用权作价出资入股的，为作价入股时县级及以上自然资源部门批准的评估价格；按购房发票确定扣除项目金额的，按照改制重组前购房发票所载金额并从购买年度起至本次转让年度止每年加计5%计算扣除项目金额，购买年度是指购房发票所载日期的当年。也就是说，由于企业在投资入股时未缴纳土地增值税，未来在转让时应按照旧房及建筑物的评估价格确定扣除项目金额，如果改制重组前土地使用权是单独购入的，将影响可能扣除的"取得土地使用权所支付的金额"；如果按照发票所记载的金额每年加计5%确定扣除项目金额，将影响可以扣除的旧房及建筑物的价格。因为在上述两种情况下，"取得土地使用权所支付的金额"和"购房发票金额"都是按照改制重组前的金额确定的，从而降低了扣除项目金额，企业未来转让房地产时需要缴纳的土地增值税可能会增加，企业在进行税费测算时需要将这些因素都考虑在内。

4.1.3 房产税

对于投资联营的房产，企业在计算房产税时应该考虑以下问题。

1. 纳税人及计征方式

（1）对于以房产投资联营，投资方参与投资利润分红，共同承担投资风险的，以房产余值作为计税依据，由被投资方缴纳房产税。

（2）对于以房产投资，投资方收取固定收入，不承担联营风险的，实际上是以联营名义取得房产租金，应对投资方按租金收入计征房产税。

2. 被投资方从价计征缴纳房产税的计税依据

从1990年起，我国房地产的价格经历了一个大幅上涨的过程，到2022年，房地产价格基本上处于一个相对平稳的状态。因此出现了一种情况，如果企业或个人以多年前购进的房地产投资入股，且房地产的公允价值较高，被投资企业未来应该缴纳的房产税将增加。

【案例4-1 解析3】在投资协议中，鼎盛公司也承担了投资风险，因此投资入股后，应该由被投资方鼎华公司缴纳房产税。假设房产税的原值减除率为30%。

（1）投资入股前，鼎盛公司房产税的计税余值 = 80 000 ×（1 − 30%）= 56 000（万元）。

（2）投资入股后，鼎华公司房产税的计税余值 = 160 000 ×（1 − 30%）= 112 000（万元）。

通过上述分析可见，以账面原值较低的房产投资入股会增加被投资企业今后的房产税负担。那么企业是否可以采取其他方式降低今后运营过程中的房产税呢？企业可以考虑利用分立的方式进行企业拆分，并且原投资主体存续，此时企业可以按照原账面价值进行财税处理，降低房产税的税收负担。

4.1.4　企业所得税

在进行投资的税务处理时，读者需要注意，税务机关针对不同税种的规定是不同的。对于投资入股，应按照销售征收增值税，符合规定条件的暂不征收土地增值税。那么针对企业所得税呢？

1. 一般性税务处理及递延纳税政策

一般情况下，对于投资业务，企业应分解为以公允价值转让相关非货币性资产、按非货币性资产公允价值进行投资两项业务确认其所得，缴纳企业所得税。但由于企业投资入股时并未取得现金流，而是获得的股权，为此国家规定了递延纳税政策。

（1）居民企业（以下简称"企业"）以非货币性资产对外投资确认的非货币性资产转让所得，可在不超过 5 年期限内，分期均匀计入相应年度的应纳税所得额，按规定计算缴纳企业所得税。

（2）企业以非货币性资产对外投资，应对非货币性资产进行评估并按评估后的公允价值扣除计税基础后的余额，计算确认非货币性资产转让所得。

企业以非货币性资产对外投资，应于投资协议生效并办理股权登记手续时，确认非货币性资产转让收入的实现。

（3）企业以非货币性资产对外投资而取得被投资企业的股权，应以非货币性资产的原计税成本为计税基础，加上每年确认的非货币性资产转让所得，逐年进行调整。

被投资企业取得非货币性资产的计税基础，应按非货币性资产的公允价值确定。

（4）企业在对外投资 5 年内转让上述股权或投资收回的，应停止执行递延纳税政策，并就递延期内尚未确认的非货币性资产转让所得，在转让股权或投资收回当年的企业所得税年度汇算清缴时，一次性计算缴纳企业所得税；企业在计算股权转让所得时，可按规定将股权的计税基础一次调整到位。

企业在对外投资 5 年内注销的，应停止执行递延纳税政策，并就递延期内尚未确认的非货币性资产转让所得，在注销当年的企业所得税年度汇算清缴时，一次性计算缴纳企业所得税。

【案例 4-1　解析 4】鼎盛公司以其闲置的厂房投资，在会计上应被分解为以 160 000 万元公允价值转让厂房、按公允价值 160 000 万元进行投资两项业务处理，在会计上形成所得。

在企业所得税上，企业也应该确认所得，但其可以分 5 年均匀递延纳税，企业应该通过填写企业所得税纳税申报表中的 A105100《企业重组及递延纳税事项纳税调整明细表》中的第 12 行"六、非货币性资产对外投资"进行纳税调整，以达到递延纳税的目的。

如果鼎盛公司在投资鼎华公司之后的一年里，将持有的股权转让给吴磊，则其需要停止执行递延纳税政策，并就递延期内尚未确认的非货币性资产转让所得，在转让股权或投资收回当年的企业所得税年度汇算清缴时，一次性计算缴纳企业所得税；企业在计算股权转让所得时，可按规定将股权的计税基础一次调整到位。

2. 特殊性税务处理

投资入股至少涉及投资方与被投资方。如果我们将投资入股转换一下方式，改为华晨公司、远航公司、恋家公司、吴磊先成立鼎华公司，之后鼎华公司以增资扩股方式收购鼎盛公司的厂房，就会形成资产收购。

一般情况下，资产收购的税务处理方式如下：①被收购方应确认股权、资产转让所得或损失；②收购方取得股权或资产应以其公允价值为计税基础；③被收购企业的相关所得税事项原则上应保持不变。

但是资产收购在符合下列条件的情况下，可以采取特殊性税务处理方式：①具有合理的商业目的，且不以减少、免除或者推迟缴纳税款为主要目的；②受让企业收购的资产不低于转让企业全部资产的50%；③企业在重组后的连续12个月内不改变重组资产原来的实质性经营活动；④受让企业在该资产收购发生时的股权支付金额不低于其交易支付总额的85%；⑤企业重组中取得股权支付的原主要股东，在重组后连续12个月内，不得转让所取得的股权。特殊性税务处理的规定具体为：①转让企业取得受让企业股权的计税基础，以被转让资产的原有计税基础确定；②受让企业取得转让企业资产的计税基础，以被转让资产的原有计税基础确定。也就是说，企业若适用特殊性税务处理规定，可以暂不缴纳企业所得税。

4.1.5　个人所得税

个人以房地产投资入股属于以非货币性资产投资，相当于个人转让非货币性资产和投资同时发生。

（1）对个人转让非货币性资产的所得，应按照"财产转让所得"项目，依法计算缴纳个人所得税。个人以非货币性资产投资，应按评估后的公允价值确认非货币性资产转让收入。非货币性资产转让收入减除该资产原值及合理税费后的余额为应纳税所得额。个人以非货币性资产投资,应于非货币性资产转让、取得被投资企业股权时,确认非货币性资产转让收入的实现。

在计算财产转让所得的应纳税所得额时,企业所得税和个人所得税的不同之处在于计算方式,企业所得税要减去财产净值,而个人所得税需要减去财产原值。

(2)个人应在发生上述应税行为的次月15日内向主管税务机关申报纳税。纳税人一次性缴税有困难的,可合理确定分期缴纳计划并报主管税务机关备案后,自发生上述应税行为之日起不超过5个公历年度内(含)分期缴纳个人所得税。

个人所得税按5年递延纳税与企业所得税的按5年递延纳税的不同之处在于:企业所得税需要按5年均匀递延纳税,个人所得税则无须均匀递延。

(3)个人以非货币性资产投资交易过程中取得现金补价的,现金部分应优先用于缴税;现金不足以缴纳的部分,可分期缴纳。个人在分期缴税期间转让其持有的上述全部或部分股权,并取得现金收入的,该现金收入应优先用于缴纳尚未缴清的税款。

4.1.6 契税

投资方以房地产投资入股,被投资方接受房地产时需要按照不含增值税的公允价值缴纳契税,但是母公司以土地、房屋权属向其全资子公司增资,视同划转,免征契税。

【案例4-1 解析5】鼎盛公司以含增值税的、公允价值为160 000万元的厂房投资入股至鼎华公司,由于鼎华公司并非鼎盛公司的全资子公司,那么此时其需要缴纳契税,假设契税税率为3%,鼎华公司需要缴纳的契税 =

160 000 ÷ 1.05 × 3% ≈ 4571.43（万元）。

如果公司在投资入股时，稍微调整一下操作方式，是否可以降低契税的税收负担呢？各个投资者可以先约定由鼎盛公司先成立全资子公司——鼎华公司，鼎盛公司以房地产对鼎华公司投资，此时属于母公司以土地、房屋权属向其全资子公司增资的情况，税务上视同划转，可以享受免征契税的优惠政策。办理完上述手续之后，其他投资者再对鼎华公司增资即可。

从上述步骤我们可以看到，对同一个事项处理的方式不同，操作顺序不同，税收待遇也会有所不同。

4.2 以有形动产投资入股的税务处理

企业和个人不仅会以不动产、土地使用权等资产进行投资，而且可能以机器设备、产成品、原材料等有形动产投资。在以有形动产投资入股的过程中，一般会涉及增值税、消费税、企业所得税或个人所得税等。以下我们以案例 4-1 为切入点，分析以有形动产投资入股时涉及的不同税种。

4.2.1 增值税

根据增值税暂行条例及其实施细则的规定，纳税人若将自产、委托加工或购买的货物投资，将产品提供给其他单位或个体经营者，应该视同销售，缴纳增值税。

纳税人若发生视同销售行为而无销售额，其应该按照下列顺序确定销售额。

（1）按纳税人最近时期同类货物的平均销售价格确定。

（2）按其他纳税人最近时期同类货物的平均销售价格确定。

（3）按组成计税价格确定。

组成计税价格 = 成本 × （1+ 成本利润率）

对于以有形动产投资入股的增值税政策，具体规定如表4-1所示。

表4-1 以有形动产投资入股的增值税政策

投资方税务处理				被投资方（一般纳税人）的税务处理
类型	情形	税务处理	发票开具	
一般纳税人	一般情形	按适用税率征收增值税 销项税额 = 含税销售额 ÷（1+13% 或 9%）×（13% 或9%）	可以开具增值税专用发票	符合规定条件，可以抵扣进项税额
	以使用过的、已经抵扣进项税额的固定资产投资入股	按适用税率征收增值税 销项税额 = 含税销售额 ÷（1+13% 或 9%）×（13% 或9%）	可以开具增值税专用发票	符合规定条件，可以抵扣进项税额
	以使用过的、不得抵扣且未抵扣进项税额的固定资产投资入股	按照简易办法依照3%征收率减按2%征收增值税 应纳税额 = 含税销售额 ÷（1+3%）×2%	只能开具普通发票	不得抵扣进项税额
		可以放弃减税，按照3%的征收率计算缴纳增值税 应纳税额 = 含税销售额 ÷（1+3%）×3%	可以开具增值税专用发票	符合规定条件，可以抵扣进项税额
小规模纳税人	一般情形	按3%征收率征收增值税 应纳税额 = 含税销售额 ÷（1+3%）×3%	可以开具增值税专用发票	符合规定条件，可以抵扣进项税额
小规模纳税人	以自己使用过的固定资产投资入股	减按2%的征收率征收增值税 应纳税额 = 含税销售额 ÷（1+3%）×2%	只能开具普通发票	不得抵扣进项税额
		可以放弃减税，按照3%的征收率计算缴纳增值税 应纳税额 = 含税销售额 ÷（1+3%）×3%	可以开具增值税专用发票	符合规定条件，可以抵扣进项税额

（续表）

投资方税务处理				被投资方（一般纳税人）的税务处理
类型	情形	税务处理	发票开具	
个人	以自己使用过的物品投资入股	免征增值税	可以由税务机关代开增值税普通发票	不得抵扣进项税额

【案例 4–1　解析 6】

（1）华晨公司以本企业的产品汽车生产设备和汽车生产线进行投资，应该按照同类产品的不含增值税售价计算缴纳增值税。

华晨公司销项税额 $= 120\,000 \div (1+13\%) \times 13\% \approx 13\,805.31$（万元）

华晨公司可以向鼎华公司开具增值税专用发票，鼎华公司可以抵扣增值税的进项税额。

（2）恋家公司以自产的 100 辆汽车投资入股，应该按照同类产品的不含增值税售价计算缴纳增值税。

恋家公司销项税额 $= 40 \times 100 \div (1+13\%) \times 13\% \approx 460.18$（万元）

4.2.2　消费税

在投资入股过程中，如果涉及的资产属于消费税的征税范围，企业应该照章缴纳消费税。纳税人将其应税消费品投资入股，应该按照纳税人同类应税消费品的最高销售价格作为计税依据，计算缴纳消费税。

【案例 4–1　解析 7】恋家公司以自产的汽车投资入股，应该按照同类应税消费品的最高销售价格，而非平均销售价格或评估价格计算缴纳消费税。假设其消费税税率为 12%。

应纳消费税 = $42 \times 100 \div （1+13\%）\times 12\% \approx 446.02$（万元）

此处读者需要注意，以应税消费品投资入股时，增值税按照平均售价计算销项税额，而消费税则是按照最高售价计算税额。

对恋家公司而言，与其以自产汽车投资入股，不如以 4000 万元货币资金投资入股，之后鼎华公司以 4000 万元的货币资金向恋家公司购买汽车，这样便可以降低恋家公司的消费税负担。

4.2.3　企业所得税和个人所得税

以有形动产投资入股的企业所得税与个人所得税政策与"以不动产、土地使用权投资入股"的企业所得税、个人所得税政策相同，此处不再赘述。

4.3　以无形资产投资入股的税务处理

无形资产，是指不具实物形态，但能带来经济利益的资产，包括技术、商标、著作权、商誉、自然资源使用权和其他权益性无形资产。

4.3.1　增值税

纳税人以无形资产投资入股，按照销售缴纳增值税。除土地使用权外，纳税人销售无形资产，适用的增值税税率为 6%。

此外，纳税人提供技术转让、技术开发和与之相关的技术咨询、技术服务，免征增值税，对于免税项目，进项税额不得抵扣。纳税人享受免税待遇的，可以放弃免税待遇。纳税人在放弃免税待遇后：①应该按照 6% 计算缴纳增值税，该企业可以抵扣进项税额；②企业可以向下游企业开具增值税专用发票，下游企业可以抵扣进项税额。

【案例 4-1 解析 8】远航公司以其汽车节能技术成果投资入股，对于该项业务，远航公司可以享受免征增值税政策，不缴纳增值税，此时它只能给鼎华公司开具普通发票，鼎华公司无法抵扣进项税额。

远航公司申请免征增值税时，须持技术转让、开发的书面合同，到其所在地省级科技主管部门进行认定，并将持有的书面合同和科技主管部门审核意见证明文件报至主管税务机关备查。

远航公司也可以放弃免税，按照 6% 的税率计算缴纳增值税。增值税销项税额 = 100 000 ÷ 1.06 × 6% ≈ 5660.38（万元），远航公司可以向鼎华公司开具增值税专用发票，鼎华公司可以抵扣进项税额。

4.3.2 企业所得税和个人所得税

以无形资产投资入股也属于以非货币性资产投资入股的范畴，无论是企业所得税还是个人所得税，纳税人都可以选择分 5 年递延纳税。

对于无形资产中的技术成果，国家给予更为优惠的政策。技术成果是指专利技术（含国防专利）、计算机软件著作权、集成电路布图设计专有权、植物新品种权、生物医药新品种，以及科技部、财政部、国家税务总局确定的其他技术成果。企业或个人以技术成果投资入股到境内居民企业，被投资企业支付的对价全部为股票（权）的，企业或个人可选择：①按照非货币性资产投资入股的税收政策按 5 年递延纳税；②可以选择暂不纳税，即纳税人经向主管税务机关备案，投资入股当期可暂不纳税，允许递延至转让股权时，按股权转让收入减去技术成果原值和合理税费后的差额，计算缴纳所得税。企业或个人选择适用上述任一项政策，均允许被投资企业按技术成果投资入股时的评估值入账，其可以在企业所得税税前摊销扣除。

此外，税务机关在一个纳税年度内，对居民企业转让技术所得不超过500万元的部分，免征企业所得税；超过500万元的部分，按照25%的税率减半征收企业所得税。其中技术转让的范围包括居民企业转让专利技术、计算机软件著作权、集成电路布图设计权、植物新品种、生物医药新品种、5年（含）以上非独占许可使用权，以及财政部和国家税务总局确定的其他技术。为避免关联交易避税，国家规定居民企业从直接或间接持有股权之和达到100%的关联方处取得的技术转让所得，不享受技术转让减免企业所得税优惠政策。

【案例4-1 解析9】远航公司以其汽车节能技术成果投资入股，技术成本为2亿元，如果企业选择增值税免税政策，计算过程如下。

技术转让所得 = 10 - 2 = 8（亿元）

应该缴纳的企业所得税 = （8 - 0.05）× 50% × 25% = 0.993 75（亿元）

企业可以选择5年递延纳税，也可以选择暂不缴纳企业所得税，等到转让鼎华公司股权时以股权转让收入，减去2亿元的计税基础后的计算所得为基础，计算缴纳企业所得税。

4.4 以股权投资入股的税务处理

以股权投资入股，实际上也就是以股换股。

【案例4-2】A1公司对C1、C2、C3公司各投资900万元，持有上述三家公司90%的股权。A2个人对C1、C2、C3公司各投资100万元，持有上述三家公司10%的股权。由于C1、C2、C3三家公司发展迅速，A1公司和A2个人经协商，准备成立 B 控股公司，A1 公司和 A2 个人将手中持有的 C1、C2、C3 三家公司的股权全部转让给 B 控股公司，并为 B 控股公司未来上市奠定基础。目前，C1、C2、C3 三家公司的公允价值为 1 亿元。请问应如何进行税务处理？投资 B 公司前后的组织架构图如图 4-1 所示。

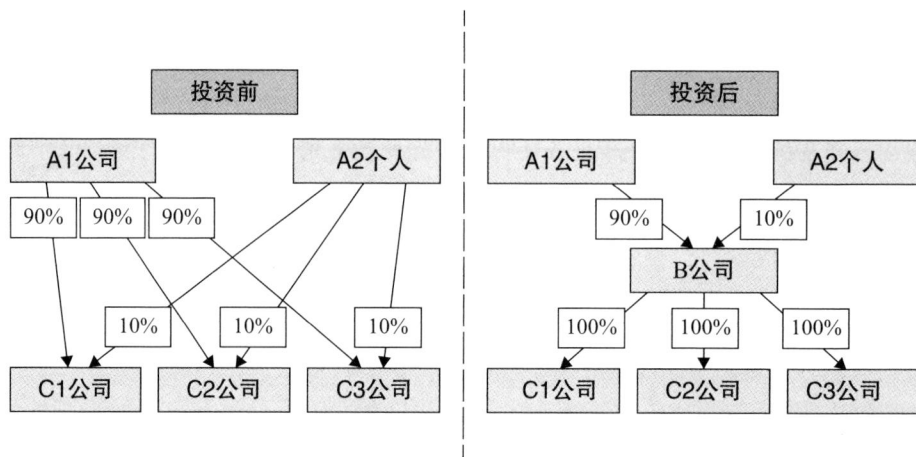

图 4-1　投资 B 公司前后的组织架构图

4.4.1　增值税

非上市公司的股权不属于金融商品，转让非上市公司的股权无须缴纳增值税；但上市公司的股票属于金融商品，转让上市公司的股票需要按照转让金融商品缴纳增值税。

【案例 4-2　解析 1】由于 C1、C2、C3 三家公司均为非上市公司，所以 A1 公司和 A2 个人在转让上述三家公司的股权时无须缴纳增值税，但是它们需要按照产权转移书据缴纳 0.5‰的印花税。

4.4.2　企业所得税和个人所得税

以股权投资入股相当于按照公允价值转让股权、之后按照公允价值投资入股缴纳所得税。以股权投资入股也属于以非货币性资产投资入股，因此无论是缴纳企业所得税还是个人所得税，都可以选择分 5 年递延纳税。

此外，以股权换取股权属于企业重组中的股权收购范畴，符合下列条件的纳税人可以采用特殊性税务处理方式：①具有合理的商业目的，且不以减少、免除或者推迟缴纳税款为主要目的；②收购企业购买的股权不低于被收购企业全部股权的 50%；③企业重组后的连续 12 个月内不改变重组资产原来的实质性经营活动；④收购企业在该股权收购发生时的股权支付金额不低于其交易支付总额的 85%；⑤企业重组中取得股权支付的原主要股东，在重组后连续 12 个月内，不得转让所取得的股权。

在符合上述条件的前提下，股权收购可以选择适用特殊性税务处理方式：①被收购企业的股东取得收购企业股权的计税基础，以被收购股权的原有计税基础确定；②收购企业取得被收购企业股权的计税基础，以被收购股权的原有计税基础确定；③收购企业、被收购企业的原有各项资产和负债的计税基础和其他相关所得税事项保持不变。

【案例 4-2　解析 2】

1. A1 公司以手中持有的 C1、C2、C3 三家公司股权投资成立 B 公司时，有三种可能的税务处理方式。

（1）A1 公司转让手中持有的 C1、C2、C3 三家公司股权，在不考虑印花税的情况下，股权转让所得应纳企业所得税 =（10 000×90%−900）×25%×3 = 6075（万元），企业所得税应该在股权转让协议生效、企业完成股权变更时缴纳，无法享受递延纳税的优惠。A1 公司对 B 公司的投资计税基础调整为 27 000 万元（即 10 000×90%×3）。

（2）A1公司以手中持有的C1、C2、C3三家公司股权投资成立B公司，需要缴纳的企业所得税也是6075万元，但是可以按照非货币性投资入股享受5年递延纳税的政策，可以获得相应税款的时间价值。A1公司对B公司的投资计税基础经逐年调整，于递延纳税结束后变为27 000（10 000×90%×3）万元。

（3）A1公司以手中持有的C1、C2、C3三家公司股权换取B公司的股权，由于其股权支付比例是100%，符合股权支付金额不低于其交易支付总额的85%的要求，而且收购的股权为被收购企业股权的90%，符合收购企业购买的股权不低于被收购企业全部股权的50%的要求，如果企业再具有合理商业目的，而且在12个月内不改变重组资产原来的实质性经营活动，企业重组中取得股权支付的原主要股东，在重组后连续12个月内，不得转让所取得的股权，则A1公司此时符合特殊性税务处理的要求，A1公司可以暂时不缴纳企业所得税，当然，A1公司对B公司投资的计税基础只能按照原投资额2700（即900×3）万元来确定。

从上面的处理我们可以看到，企业所得税具有前后承接的关系，企业在上个环节就其所得缴纳企业所得税后，于下个环节可以调整计税基础，否则不得调整。

2. A2个人以手中持有的C1、C2、C3三家公司股权投资成立B公司时，有两种可能的税务处理方式。

（1）A2个人转让手中持有的C1、C2、C3三家公司股权，股权转让所得应纳企业所得税 ＝（10 000×10%－100）×20%×3 ＝ 540（万元），个人所得税由B公司在支付所得时代扣代缴。A2个人对B公司的投资计税基础调整为3000（即10 000×10%×3）万元。

（2）A2个人以手中持有的C1、C2、C3三家公司股权投资成立B公司，需要缴纳的个人所得税也是540万元，但是可以按照非货币性投资入股享受5年递延纳税的政策，可以获得相应税款的时间价值。A2个人对B公司的投资计税基础调整逐年调整，递延纳税结束后调整为3000（即10 000×10%×3）万元。

从上面的分析我们可以看到，对于同一件事情，说法不同，税务处理也不同。每位投资者在处理各项事宜时，一定要提前关注不同税务处理方式的要求，为签订合同、协议等做好准备。

4.5　以货币资金投资入股的税务处理

企业或个人以货币资金投资入股是最常见的投资方式之一，而且这一过程中基本上没有什么复杂的涉税问题，但纳税人在投资入股时，需要特别注意：以货币资金投资但收取固定利润或保底利润的行为，属于贷款行为，纳税人应该按照金融服务缴纳增值税。

【案例 4-3】南方股份公司为上市公司，其子公司阳光技术公司主要经营太阳能产品。2021 年 11 月，南方股份公司与某境外私募基金达成协议，由该私募基金向阳光技术公司投入 1000 万美元（约合人民币 7160.8 万元），获得阳光技术公司 30% 的股权。阳光技术公司每年向该私募基金支付 10% 的固定收益，并将按协议约定在 10 年后向该私募基金归还其所投入的 1000 万美元资本。请问该项业务应该如何进行税务处理？

【解析】

以货币资金投资但收取固定利润或保底利润的行为，属于贷款行为，企业应该按照金融服务缴纳增值税。阳光技术公司在每年向私募基金支付 100（1000×10%）万美元的固定收益时，应该同时缴纳增值税并预提企业所得税。

从上面的分析我们可以看到，以不同的资产投资入股，税务处理也是不同的，企业或个人在进行投资时，应该结合自身的资产情况、不同投资的税收负担、合作伙伴的要求、被投资企业的发展等多种因素考虑，选择适宜的投资方式。

【本章合规要点】

1. 投资者以不动产、土地使用权、有形动产、无形资产、货币资金、股权投资入股，其适用的税收政策是不同的。

2. 由于投资者在以不动产、土地使用权投资入股时，可以选择暂不缴纳土地增值税的优惠政策，因此投资者可以考虑以其进行投资以降低税收负担，但他们同时需要考虑对被投资企业未来房产税税收负担的影响。

3. 以股权投资入股，同一项投资行为，按照转让股权、以股权投资入股、股权收购进行税务处理时，税款缴纳的时间是不同的，企业应该审慎选择。

第 5 章

转让方式需权衡
巧定价格降税负——房地产购销的纳税筹划

【引言】大多数企业在运营过程中需要购置房地产作为企业的经营场所；对房地产公司而言，它们不仅需要购置房地产作为开发的条件，而且需要销售其开发的房地产产品。房地产公司在运营过程中，需要设计合理的开发方案、价格方案，以降低房地产销售过程中的税收负担，增加利润。在本章中，我们将讨论以下问题。

1. 企业可以通过哪些方式获得房地产？不同的转让方式下双方应如何进行税务处理？

2. 房地产开发企业在制定商品房销售价格时，需要考虑哪些税收因素？

3. 毛坯房与精装修房屋在计算纳税时存在何种差异？

5.1　房地产不同转让方式的税务处理

【**案例 5-1**】华美服装集团在北京郊区有一家全资子公司——丽人公司，该公司占地面积比较大，土地为出让方式获得，公司支付地价款和契税合计 8000 万元，厂房系自建方式获得，厂房连同土地的账面净值为 1 亿元。由于城市化发展迅速，这块地目前已经处于郊区的中心，华泰公司想在此地建设一个大型商场——华新公司。华新公司找到丽人公司洽谈收购此地块事宜，约定其含增值税价格为 90 000 万元[①]。该地块上厂房的评估价格为 6000 万元[②]。当地契税税率为 3%。请问华新公司可以通过哪些方式获得该地块？各方应如何进行税务处理？

企业在转让房地产的过程中，可以采用的方式有购销、投资入股、股权转让、增资、合并等。

5.1.1　以购销方式转让房地产

通过签订房地产转让协议的方式转让房地产，是企业最直接、最简单转让房地产的方式。但此时双方的税收负担相对较重。

1. 转让方需要缴纳的税款

企业在转让房地产的过程中，需要缴纳增值税、城建税、教育费附加（含地方教育附加）、印花税、土地增值税、企业所得税或个人所得税等。

（1）增值税。在 4.1.1 小节中我们已介绍过销售不动产、土地使用权的税务处理，此处不再赘述。

---

① 为计算方便，本节将所有单位从亿元换算至万元，方便读者参考。

② 该评估价格只是房屋的评估价格，不包括土地的评估价格，因此价格较低。

（2）印花税。双方签订的土地使用权转让合同、商品房销售合同等权利转移合同，根据所载金额，按照产权转移书据的税率缴纳 0.5‰ 的印花税。

（3）土地增值税。纳税人转让房地产取得的增值额，应该按四级超率累进税率的规定缴纳土地增值税。土地增值税四级超率累进税率，如表 5-1 所示。

表 5-1　土地增值税四级超率累进税率表

级数	增值额与扣除项目金额的比例	税率	速算扣除系数
1	不超过 50% 的部分	30%	0
2	超过 50% 至 100% 的部分	40%	5%
3	超过 100% 至 200% 的部分	50%	15%
4	超过 200% 的部分	60%	35%

2.购买方需要缴纳的税款

企业购置房地产，需要缴纳印花税和契税，同时购买方以购买的价款和支付的相关税费以及直接归属于使该资产达到预定用途发生的其他支出为计税基础。

【案例 5-1　解析】如果华新公司与丽人公司签订房地产转让合同，则双方的税务处理如下。

1.丽人公司的税务处理

（1）应纳增值税 = 90 000 ÷ 1.05 × 5% ≈ 4285.71（万元）

（2）应纳城建及附加 = 4285.71 ×（7%+3%+2%）≈ 514.29（万元）

（3）应纳印花税 = 90 000 × 0.5‰ = 45（万元）[①]

（4）应纳土地增值税

① 不含增值税收入 = 90 000 − 4285.71 = 85 714.29（万元）

---

① 假设双方是以含增值税的价格签订的合同。

② 扣除项目金额 = 8000+6000+514.29+45 = 14 559.29（万元）

③ 增值额 = 85 714.29 − 14 559.29 = 71 155（万元）

④ 增值额占扣除项目金额的比例 = 71 155 ÷ 14 559.29 ≈ 488.73%

⑤ 土地增值税的税率为 60%，速算扣除系数为 35%。

⑥ 应纳土地增值税 = 71 155×60% − 14 559.29×35% ≈ 37 597.25（万元）

（5）企业所得税（不考虑其他所得）

应纳企业所得税 = （85 714.29 − 10 000[①] − 514.29 − 45 − 37 597.25）× 25% ≈ 9389.44（万元）

（6）税后利润 = 90 000 − 4285.71 − 10 000 − 514.29 − 45 − 37 597.25 − 9389.44 ≈ 28 168.31（万元）

丽人公司应纳税款合计 = 4285.71+514.29+45+37 597.25+9389.44 = 51 831.69（万元）

2. 华新公司的税务处理

应纳契税 = 90 000÷1.05×3% ≈ 2571.43（万元）

应纳印花税 = 90 000×0.5‰ = 45（万元）

华新公司应纳税款合计 = 2571.43+45 = 2616.43（万元）

对于华新公司而言，其应该以支付的 85 714.29（即 90 000÷1.05）万元款项和缴纳的 2571.43 万元契税作为购入房地产的计税基础，公司可以抵扣的增值税进项税额为 4285.71 万元，公司在购入房地产过程中缴纳的印花税则应被计入"税金及附加"。

从上述分析我们可以看到，在房地产的销售过程中，销售方税负相对较重，这在一定程度上将促使销售方提高其销售价格；但对购买方而言，其以购买方式取得的房地产可以按照支付的价款和相关税费作为计税基础，从而在一定程

---

① 该 1 亿元为土地和房屋的账面净值。

度上降低今后的所得税负担。

5.1.2 以投资入股方式转让房地产

房地产销售的税负较重，这在很大程度上降低了房地产销售的利润。于是在房地产的交易中，交易双方可能采取其他方式转让房地产，从而降低房地产交易的整体税收负担。在房地产交易中，一方以房地产投资入股再转让股权是一种常见的企业转让房地产的方式，原有的购买方则通过接受投资的方式获得房地产。

1. 以投资入股方式转让房地产的税务处理

企业在以房地产投资再转让股权的过程中，可能接触增值税、城建税、教育费附加、土地增值税、房产税、契税、印花税、企业所得税等税种。在 4.1 节中，我们介绍了以不动产、土地使用权投资入股的税务处理，此处不再赘述。对接受投资方而言，接受投资入股获得房地产需要缴纳印花税和契税，同时企业应以该资产不含增值税的公允价值和支付的相关税费作为计税基础。

【案例 5-2】如果华泰公司先成立华新公司，之后丽人公司以其持有的房地产作价 90 000 万元（含增值税价格）对华新公司进行投资并入股，再以 90 000 万元的价格将股权转让给华泰公司。请问：各方应如何进行税务处理？

【解析】

1. 丽人公司的税务处理

丽人公司以房地产进行投资入股需要缴纳的增值税、城建税、教育费附加和印花税与销售房地产的税金相同，以房地产进行投资入股与销售房地产最主要的差别体现在土地增值税和企业所得税上。由于投资方与被投资方都不是从事房地产开发的企业，因此该项投资行为可以暂不缴纳土地增值税，对于形成的所得，企业可以在 5 年内递延缴纳企业所得税。

应纳企业所得税 =（90 000 − 4285.71 − 10 000 − 514.29 − 45）× 25% = 18 788.75（万元）

税后利润 = 90 000 − 4285.71 − 10 000 − 514.29 − 45 − 18 788.75 = 56 366.25（万元）

丽人公司应纳税款合计 = 4285.71+514.29+45+18 788.75 = 23 633.75（万元）

与销售房地产相比，丽人公司节省的税额为 = 51 831.69 − 23 633.75 = 28 197.94（万元）。

2. 华新公司的税务处理

（1）接受丽人公司投资时的账务处理。

应纳契税 = 90 000 ÷ 1.05 × 3% = 2571.43（万元）

应纳印花税 = 90 000 × 0.5‰ = 45（万元）

华新公司应纳税款合计 = 2571.43+45 = 2616.43（万元）

无论是采取接受投资的方式还是购进房地产的方式，对华新公司而言，其在获得房地产阶段的税收负担是相同的。

（2）丽人公司将其持有的华新公司的股权转让给华泰公司时，华新公司的账务处理如下。

借：实收资本——丽人公司　　　　　　　　　　　　900 000 000

　　贷：实收资本——华泰公司　　　　　　　　　　　　900 000 000

此时读者需要注意，在该项股权转让行为中，转让方丽人公司与受让方华泰公司的资金往来与被投资方华新公司无关，对华新公司而言，其只需要办理变更工商登记和变更税务登记，并在账务处理上记下股东的变化即可。

3. 华新公司的股东——华泰公司的税务处理

当丽人公司将其持有的华新公司的股权转让给华泰公司时，丽人公司和华泰公司需要按照产权转移书据缴纳45万元的印花税。

从方案的设计看，在股权转让方式下，丽人公司可以节约 28 152.95（即 28 197.95 − 45）万元的税金支出，而且可以享受企业所得税递延缴纳带来的资金时间价值，华泰公司则增加了 45 万元的印花税支出，那么对华新公司来说是否有不利影响呢？对华新公司而言，如果不处置该房地产，该项操作不会产生不利影响，一旦未来华新公司要转让该房地产，由于其在接受投资阶段取得房地产时未缴纳土地增值税，那么在未来销售时，公司的土地增值税的扣除项目金额将受到影响，这个问题我们在第 4 章分析过，此处不再赘述。

2. 以房地产投资入股时需要注意的问题

设计纳税筹划方案后，要想达到预期的合规纳税目标，纳税人在实际操作中，需要注意以下问题。

（1）投资合同的签订。税务处理相关规定对"投资"的含义有一个严格的界定，投资是指参与接受投资方的利润分配、共同承担投资风险的行为。也就是说，要想享受不征收土地增值税的税收优惠政策，投资各方必须共同承担投资风险，否则将无法达到上述效果。

（2）操作时间间隔。企业要想达到上述效果，必须注意以房地产投资入股的时间与转让股权的时间间隔问题，二者的时间间隔最好在一年以上，否则税务机关可能会以实质课税原则为由，对上述行为征税，从而使企业无法实现预期的节税目标。

（3）正确认识和处理纳税筹划对不同税种的影响。从上面的筹划方案我们可以看出，投资入股方式可以享受土地增值税的税收优惠政策，但是当土地增值税的税收负担减少时，企业的利润增加，这便相应增加了企业所得税的税收负担。也就是说，企业在获得所得后，必须及时缴纳企业所得税。

（4）加强双方的沟通与合作，实现双赢。从上述方案我们可以看到，丽人公司在筹划之后，合规纳税效果十分明显。但是对华泰公司及华新公司而言，该方案并没有使它们的税负降低，而且将增加华新公司潜在的税负——今后华新公司在转让其以接受投资入股方式获得的房地产时，需要缴纳的土地增值税可能有所增加。丽人公司在进行税收筹划时，需要注意加强与华泰公司、华新公司的沟通，在投资入股及股权转让的价格方面做出适当让步，以此获得华泰公司及华新公司的支持和配合，从而实现双赢。

5.1.3　以股权转让方式转让房地产

【**案例 5-3**】如果在案例 5-1 中，丽人公司的资产账面价值共计 20 000 万元，其中货币资金为 10 000 万元，厂房及土地账面净值为 10 000 万元，厂房及土地的公允价值为 90 000 万元；负债的账面价值、计税基础和公允价值均为 10 000 万元；实收资本为 8000 万元，盈余公积和未分配利润为 2000 万元，即丽人公司净资产公允价值为 90 000 万元。华美公司将其所持有的丽人公司股权以 90 000 万元的价格转让给华泰公司，使得华泰公司持有丽人公司 100% 的股权，之后华泰公司再将丽人公司更名为华新公司，并变更华新公司的经营范围——从事商贸活动，通过这种方式获得丽人公司名下的房地产，股权转让方式架构图如图 5-1 所示。此时各方应该如何进行税务处理？

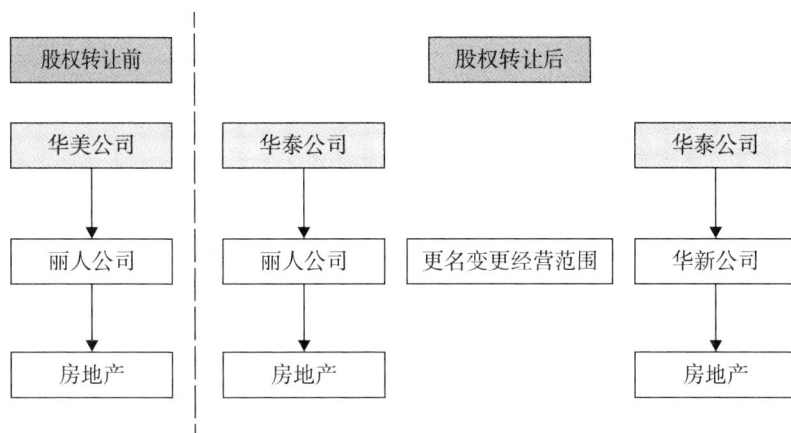

图 5-1　股权转让方式架构图

1. 以股权转让方式转让房地产的税务处理

在转让房地产的过程中，很多企业为了规避房地产转让过程中的增值税、土地增值税等税收，往往采取明修栈道，暗度陈仓的方式转让房地产，即利用股权转让方式转让房地产。在这种方式中，纳税人一定要注意：此时，房地产的产权仍归原公司所有，产权并未发生变化，因此纳税人无须缴纳与房地产转让相关的各种税费，此时只不过是公司的股东发生了变化，公司需要变更工商登记、变更税务登记，并在账务处理上体现股东的变化。

但纳税人在利用股权转让、收购方式转让房地产时，需要注意实质课税原则的影响。实质课税原则，是指对于某种情况，税收机关不能仅根据纳税人的外表和形式确定是否应予课税，而应该根据实际情况，尤其应当根据其经济目的和经济生活的实质，判断是否符合课税的要素，以求公平、合理、有效地课税。对于企业利用股权转让方式转让房地产的情形，《国家税务总局关于以转让股权名义转让房地产行为征收土地增值税问题的批复》（国税函〔2000〕687号）规定，当以股权形式表现的资产主要是土地使用权、地上建筑物及附着物时，应按土地增值税的规定征税，但是各地税务机关对国税函〔2000〕687号文件的执行力度不一致，很多地方执行得不到位。

【案例 5-3 解析】

1. 华美公司的税务处理

华美公司转让丽人公司股权，需要按照产权转移书据，缴纳 45 万元的印花税。

股权转让所得 $= 90\,000 - 8000 - 90\,000 \times 0.5‰^{①} = 81\,955$（万元）

应纳企业所得税 $= 81\,955 \times 25\% = 20\,488.75$（万元）

---

① 产权转移书据的印花税 $= 90\,000 \times 0.5‰ = 45$（万元）

2.丽人公司的税务处理

丽人公司无须纳税，而且华美公司与华新公司之间股权转让的资金往来与丽人公司无关。丽人公司只需要办理变更工商登记和税务登记，并做如下账务处理以反映股东发生的变化即可。

借：实收资本——华美公司　　　　　　　　　　　　80 000 000

　　贷：实收资本——华泰公司　　　　　　　　　　　80 000 000

对丽人公司而言，其注册资本、土地使用权及房屋的账面价值未发生变化，只是股东和公司经营范围发生了变化而已，其无须缴纳土地增值税。而且丽人公司若仍旧按照房地产的原账面价值计算房产税的计税余值，不会增加公司未来运营中的房产税负担。

3.华泰公司

华泰公司持有丽人公司（后更名为华新公司）股权的成本为90 000万元，其账务处理如下。

借：长期股权投资　　　　　　　　　　　　　　　900 000 000

　　贷：银行存款　　　　　　　　　　　　　　　900 000 000

2.以股权转让方式转让房地产时需要注意的问题

通过上述分析我们可以看到，以股权转让方式转让房地产的目的是减轻纳税人的税收负担，那么在这种方式下，需要注意哪些问题？

（1）税务机关可能按照实质课税原则对转让方征收土地增值税。我们在上文介绍过国税函〔2000〕687号文件的规定，此处应注意，需要转让股权的企业所持有的房地产所占比重越高，企业被税务机关征收土地增值税的风险就越大，因此转让方在转让股权之前，需要和当地税务机关做好沟通，并做好需要缴纳和无须缴纳土地增值税这两种情况下实际获得收益的测算与对比工作，针对不同的测算结果做出不同的股权转让价格定价方案。

（2）资产的账面价值与公允价值不同对税负的影响。对华新公司而言，公司如果以 9 亿元的价格购入房地产，则应该以 9 亿元作为计税基础，据此计提折旧并在企业所得税税前扣除。但如果公司是以股权转让方式获得的房地产，则房地产的所有者一直未发生变化，更名后的华新公司仍旧只能按照原账面价值计提折旧并在企业所得税税前扣除，这会增加华新公司未来经营过程中的企业税收负担，当然这种方式也降低了华新公司契税和房产税的税收负担。因此华新公司要综合测算对其未来经营的税收影响，测算对华美集团和原丽人公司的税收影响，与交易方协商出相对合理的股权转让价格。

（3）股权转让过程中的信息不对称问题。股权转让是根据标的公司的公允价值确定股权转让价格，原有股东对标的公司的经营情况较为熟悉，但是接受方并不完全了解标的公司的实际经营情况，一旦原股东信息披露得不充分，双方就会由于信息不对称而产生协商出的交易价格不合理、不公允等情况，因此接手方应该多方了解信息，通过专业公司或事务所进行尽职调查，并在股权转让协议中约定，若由于信息披露不充分而导致出现问题，双方应如何处理等条款。

（4）标的公司经营的潜在风险问题。以股权转让方式转让房地产，公司只是股东发生了变动，公司仍旧存续，在股权转让时，公司原有经营中的一些潜在风险，比如原有经营过程中存在税收违法违规行为等并未暴露出来，双方在股权转让协议中应该约定对原有经营中风险的处理措施。

5.1.4　以增资方式获得对房地产的控制权

【案例 5–4】如果在案例 5-3 中，华泰公司对丽人公司增资 11 亿元，占有丽人公司 55% 的股权，之后其再通过变更工商登记，变更丽人公司的名称，变更经营范围——从事商贸活动，增资方式架构图如图 5-2 所示。此时应如何进行税务处理？

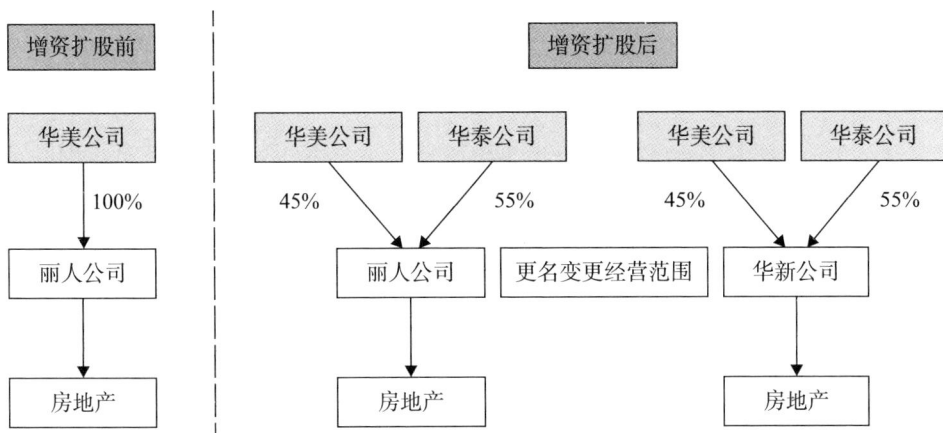

图 5-2　增资方式架构图

1. 以增资方式获得对房地产的控制权的税务处理

企业通过增资方式获得对房地产的控制权，由于房地产的产权并未发生转移，因此企业无须缴纳与转让房地产有关的税金，而且其取得房地产的成本也不会发生变化。

【案例 5-4　解析】

1.华泰公司的税务处理与账务处理

对于华泰公司以货币资金对丽人公司进行投资的行为，华泰公司的账务处理如下。

借：长期股权投资　　　　　　　　　　　　　　　　1 100 000 000

　　贷：银行存款　　　　　　　　　　　　　　　　　1 100 000 000

2.丽人公司的税务处理与账务处理

由于华美公司投资了 8000 万元，占有丽人公司 45% 的股权，所以丽人公司接受新投资后，应将 97 777 777.78（8000÷45%×55%）元记入"实收资本"，剩余部分记入"资本公积"。丽人公司的账务处理如下。

借：银行存款   1 100 000 000

  贷：实收资本   97 777 777.78

     资本公积   1 002 222 222.22

丽人公司的实收资本与资本公积增加了，因此公司需要缴纳 55 万元的印花税。丽人公司需要办理增资，变更经营范围，进行股东变化的变更税务登记和变更工商登记。

从上述账务处理中我们可以看到，增资与股权转让方式不同的是，当企业以增资方式获得对房地产的控制权时，其所支付的资金与被投资的企业直接相关；而当企业以股权转让方式获得对房地产的控制权时，所支付的资金与被投资的企业无关，其仅为转让方与接受方之间的资金往来。

2. 以增资方式获得对房地产的控制权需要注意的问题

此种方式与上面的股权转让方式相比，需要注意的问题类似，二者都包括资产的账面价值与公允价值不同对税负的影响、信息不对称问题、标的公司经营的潜在风险问题等；不同之处在于，在增资方式下，原有股东仍旧存续，不存在缴纳土地增值税的可能性。

5.1.5 以合并方式获得房地产

【案例 5-5】如果在案例 5-3 中，华泰公司先设立华新公司，华新公司再吸收合并丽人公司，吸收合并方式构架图如图 5-3 所示，此时应该如何进行税务处理？

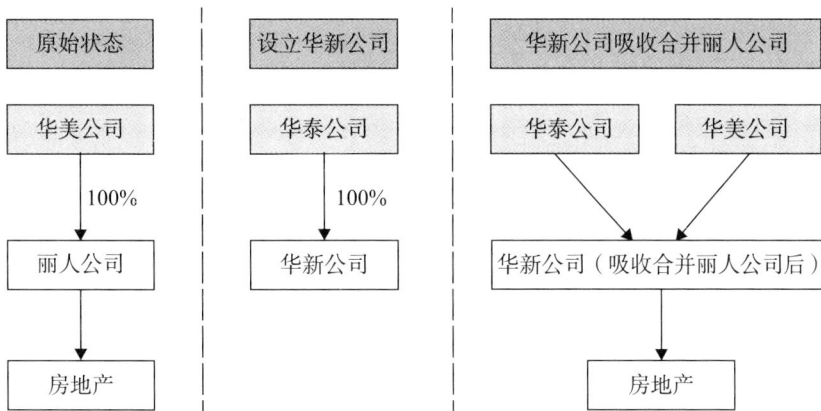

图 5-3 吸收合并方式架构图

1. 以合并方式获得房地产的税务处理

（1）增值税。合并属于增值税中的资产重组方式。在资产重组过程中，企业通过合并、分立、出售、置换等方式，将全部或者部分实物资产以及与其相关联的债权、负债和劳动力一并转让给其他单位和个人，其中涉及的货物、不动产、土地使用权转让行为不征收增值税。此时被合并企业应该向合并企业开具"6.未发生销售行为的不征税"项目中的"资产重组涉及的货物""资产重组涉及的不动产""资产重组涉及的土地使用权"发票，从而实现资产的转移。

（2）土地增值税。按照法律规定或合同约定，两个或两个以上企业合并为一个企业，且原企业投资主体存续的，对原企业将房地产转移、变更到合并后的企业，暂不征土地增值税。投资主体存续，是指原企业出资人必须存在于改制重组后的企业，出资人的出资比例可以发生变动。

（3）契税。两个或两个以上的公司，依照法律规定或合同约定，合并为一个公司，且原投资主体存续的，对合并后公司承受原合并各方土地、房屋权属，免征契税。投资主体存续，是指原改制重组企业、事业单位的出资人必须存在于改制重组后的企业，出资人的出资比例可以发生变动。

（4）企业所得税。企业合并时，当事各方应按下列规定处理：①合并企业应按公允价值确定接受被合并企业各项资产和负债的计税基础；②被合并企业及其股东都应按清算进行所得税处理；③被合并企业的亏损不得在合并企业结转弥补。也就是说，在一般性税务处理中，体现的是"公允价值"。

企业重组同时符合下列条件的，适用特殊性税务处理规定：①具有合理的商业目的，且不以减少、免除或者推迟缴纳税款为主要目的；②企业重组后的连续12个月内不改变重组资产原来的实质性经营活动；③企业股东在该企业合并发生时取得的股权支付金额不低于其交易支付总额的85%，以及同一控制下且不需要支付对价的企业合并；④企业重组中取得股权支付的原主要股东，在重组后连续12个月内，不得转让所取得的股权。

在符合上述条件的基础上，企业合并可以选择采用特殊性税务处理：①合并企业接受被合并企业资产和负债的计税基础，以被合并企业的原有计税基础确定；②被合并企业合并前的相关所得税事项由合并企业承继；③可由合并企业弥补的被合并企业亏损的限额等于被合并企业净资产公允价值乘以截至合并业务发生当年年末国家发行的最长期限的国债利率；④被合并企业股东取得合并企业股权的计税基础，以其原持有的被合并企业股权的计税基础确定。也就是说，在特殊性税务处理中，强调的是"原有计税基础"，从而使企业达到暂不缴纳企业所得税的目的。

【案例5-5　解析】当华新公司合并丽人公司时，如果丽人公司的原股东华美公司仍旧存在，华新公司以合并后的公司股权作为对价支付，则其无须缴纳增值税、土地增值税、契税；如果华美公司在12个月内不转让对华新公司的股权，其企业所得税可以适用特殊性税务处理方式，即华美公司可以暂不缴纳企业所得税，华新公司取得房地产的计税基础按照原账面净值1亿元确定；如果不符合特殊性税务处理条件，华美公司在合并时需要按照公允价值9亿元和账面价值 1 亿元的差额 8 亿元计算所得，缴纳企业所得税；华新公司应按照 9 亿元确定相应资产的计税基础。

2. 以合并方式获得房地产时需要注意的问题

以合并方式获得房地产时需要注意的是：①税务机关可能按照国税函〔2000〕687 号文件的规定，要求企业计算缴纳土地增值税，对这一问题上文我们已经做过相应介绍，此处不再赘述；②合并前，丽人公司一旦有未缴清的税款，合并后的华新公司应继续履行未履行的纳税义务。

5.1.6 以先分立再转股的方式转让房地产

【案例 5-6】如果在案例 5-1 中，该房地产资产仅是丽人公司众多资产中的一部分，现在华美公司和华泰公司协商的结果是，先将丽人公司分立为丽人公司和华新公司，之后华美集团将华新公司的股权以 9 亿元的价格转让给华泰公司，先分立再转股方式架构图如图 5-4 所示，此时应如何进行税务处理？

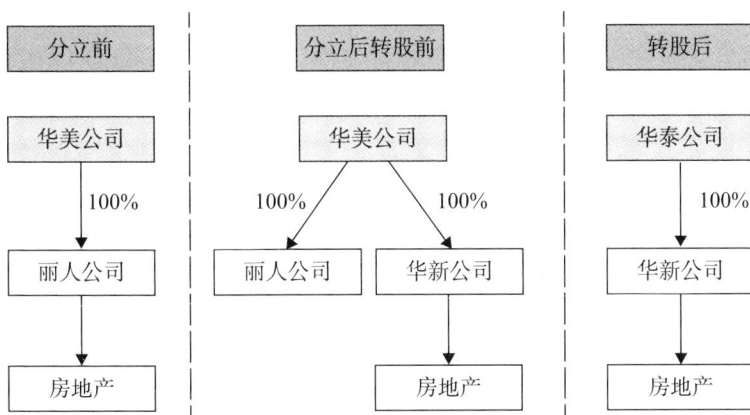

图 5-4 先分立再转股方式架构图

1. 以先分立再转股的方式转让房地产的税务处理

（1）分立的税务处理。分立是被分立企业将部分或全部资产分离转让给分立企业，被分立企业股东换取分立企业的股权或非股权支付，实现企业的依法分立。

① 增值税。在增值税中，分立属于资产重组的一种方式。其增值税的税务处理和我们前文介绍的企业合并的税务处理方式相同，此处不再赘述。

② 土地增值税。按照法律规定或合同约定，企业分设为两个或两个以上与原企业投资主体相同的企业，对原企业将房地产转移、变更到分立后的企业，暂不征土地增值税。投资主体相同，是指企业改制重组前后出资人不发生变动，出资人的出资比例可以发生变动。也就是说，在分立过程中，如果分立企业和被分立企业的投资主体相同，则将房地产由被分立企业转移至分立企业的行为暂且无须缴纳土地增值税，如果投资主体不同，则纳税人需要缴纳土地增值税。

③ 契税。公司依照法律规定、合同约定分立为两个或两个以上与原公司投资主体相同的公司，对分立后公司承受原公司土地、房屋权属，免征契税。投资主体相同，是指公司分立前后出资人不发生变动，出资人的出资比例可以发生变动。

④ 企业所得税。企业分立，当事各方应按下列规定处理：a. 被分立企业对分立出去资产应按公允价值确认资产转让所得或损失；b. 分立企业应按公允价值确认接受资产的计税基础；c. 被分立企业继续存在时，其股东取得的对价应视同被分立企业分配进行处理；d. 被分立企业不再继续存在时，被分立企业及其股东都应按清算进行所得税处理；e. 企业分立相关企业的亏损不得相互结转弥补。也就是说，在一般性税务处理中，体现的是"公允价值"。

企业重组同时符合下列条件的，适用特殊性税务处理规定：a. 具有合理的商业目的，且不以减少、免除或者推迟缴纳税款为主要目的；b. 企业重组后的连续 12 个月内不改变重组资产原来的实质性经营活动，即分立企业和被分立企业均不改变原来的实质经营活动；c. 被分立企业所有股东按原持股比例取得分立企业的股权，且被分立企业股东在该企业分立发生时取得的股权支付金额不低于其交易支付总额的 85%；d. 企业重组中取得股权支付的原主要股东，在重组后连续 12 个月内，不得转让所取得的股权。

在符合上述条件的基础上，企业分立可以选择采用特殊性税务处理：a. 分立企业接受被分立企业资产和负债的计税基础，以被分立企业的原有计税基础确定；b. 被分立企业已分立出去资产相应的所得税事项由分立企业承继；c. 被分立企业未超过法定弥补期限的亏损额可按分立资产占全部资产的比例进行分配，由分立企业继续弥补。也就是说，在特殊性税务处理中，强调的是"原有计税基础"，从而使企业达到暂不缴纳企业所得税的目的。

【案例 5-6　解析 1】在丽人公司分立为丽人公司和华新公司时，由于两家公司的股东仍旧为华美公司，所以丽人公司无须缴纳增值税、土地增值税、契税，如果华美公司在 12 个月内不转让持有的华新公司的股权，则其企业所得税可以适用特殊性税务处理方式，丽人公司可以暂不缴纳企业所得税，华新公司取得房地产的计税基础按照原账面净值 1 亿元确定。如果不符合特殊性税务处理条件，分立时丽人公司需要按照公允价值 9 亿元和资产计税基础 1 亿元的差额计算应纳税所得额，缴纳企业所得税；华新公司则应按照 9 亿元确定相应资产的计税基础。由于被分立企业丽人公司继续存在，其股东华美公司取得的对价，即对华新公司的股权，应视同丽人公司进行了股息红利分配、资产分配进行税务处理，华美公司无须缴纳企业所得税。

（2）股权转让的税务处理。有关股权转让部分的内容我们在 5.1.3 小节中已经介绍过，此处不再赘述。

【案例5-6　解析2】华美公司在将手中持有的华新公司的股权转让给华泰公司时，应注意以下几点。

（1）无须缴纳增值税，因为非上市公司的股权转让不属于增值税的征税范围。

（2）除非按照实质课税原则，如依据国税函〔2000〕687号文件，该股权转让行为应视同房地产转让，缴纳土地增值税，否则企业无须缴纳土地增值税。而国税函〔2000〕687号文件在各地被执行的力度是不同的。

（3）由于未涉及房地产产权转移事项，因此无须缴纳契税。

（4）如果企业在上一环节的企业所得税采用的是特殊性税务处理方式，则股权转让时企业需要确认80 000（即90 000−10 000[①]）万元的所得，由华美公司缴纳20 000万元的企业所得税，华新公司相应资产的计税基础仍旧为1亿元；如果在上一环节丽人公司已经按照公允价值缴纳过企业所得税，则此时华美公司平价转让股权的行为，仅需要缴纳印花税，没有发生所得，无须缴纳企业所得税，华新公司相应资产的计税基础仍为9亿元。

2. 以先分立再转股的方式转让房地产时需要注意的问题

一般来说，以分立、合并、股权转让等方式转让房地产，税收负担相对较轻，但企业也需要注意以下几点。

（1）操作的难易程度和耗时。购销方式的税收负担虽然重，但是它的操作相对简单，历时较短，出现变化的可能性相对较小。改制重组、股权转让、分立等方式的操作难度相对较大，尤其是分立，对被分立企业而言，相当于发生了减资，企业需要经过税务检查等程序才能分立，整体操作难度大、历时长，在操作的过程中，房地产市场可能发生较大变化，引发各方争议。

---

① 计算过程中暂且忽略印花税。

（2）风险因素。购销方式的税收负担虽然重，但是双方的交易仅限于对该项资产的交易，需要考虑的其他因素较少；而一旦采用分立、转股等方式，则双方需要考虑各种各样的影响因素，还需要考虑已经发生的和潜在的各种风险，在交易过程中，交易双方容易出现各种分歧，导致交易难以继续。

在进行有关房地产的交易时，纳税人需要仔细研究各种方式，判断各种方式对税费、经营、操作难度的影响，选择更为有利的方式。

5.1.7　房地产开发企业在获得土地使用权时需要考虑的因素

在我们上面介绍的6种房地产转让方式中，如果交易双方中有一方是房地产开发企业，则税务处理方式将发生变化，不同之处在于土地增值税，改制重组不征收土地增值税的政策不适用于房地产转移的任意一方为房地产开发企业的情形。

此外，对非房地产开发企业而言，其购置土地使用权的主要目的是将其作为企业的固定资产或无形资产，用于建造经营场所，所以非房地产开发企业在购置土地使用权时，最关心的是哪种获取方式的价格最低、成本最低、风险最小。房地产开发企业购置土地使用权的主要目的则是将其用于建造开发产品，房地产开发企业不仅要考虑取得土地使用权时支付的价款，而且要考虑以下两个方面。

第一，土地使用权的用途，如果该土地原来为工业用地、商贸用地、研发用地，现在要被改为房地产开发用途，涉及改变土地用途、性质的问题，需要走收储、招拍挂等手续，并且涉及补缴改变土地性质的土地出让金等问题，所以原有的工业用地、商贸用地、研发用地难以通过购置、接受投资等方式被改为房地产开发用地。开发用地往往通过招拍挂方式获得，通过接受投资等方式取得土地使用权的，往往原来本身就是房地产开发用地。

第二，不同方式对今后销售开发产品时计算纳税的影响，尤其是对土地增值税中扣除项目的影响，应追求整体利益最大化。

获得土地使用权的方式对房地产开发企业土地增值税扣除项目金额的影响如表 5-2 所示。

表 5-2 获得土地使用权的方式对房地产开发企业土地增值税扣除项目金额的影响

获得土地使用权的方式	对土地增值税扣除项目金额的影响
以购销方式取得土地使用权	以纳税人为取得土地使用权所支付的地价款及其按国家统一规定缴纳的有关费用，包括契税，作为取得土地使用权所支付的金额
以接受投资入股方式、合并分立等重组方式获得土地使用权	由于涉及房地产开发企业，其在接受投资、合并、分立等过程中已经缴纳了土地增值税，因此在后续开发过程中，纳税人应以公允价值和按国家统一规定缴纳的有关费用，包括契税，作为取得土地使用权所支付的金额
通过股权转让方式获得土地使用权	由于土地使用权并未转移，如果在股权转让过程中，税务机关未按照国税函〔2000〕687 号文件的规定征收土地增值税，则股权转让后，纳税人在将土地使用权用于房地产开发时，应该以拥有土地使用权的企业取得土地使用权支付的地价款和按国家统一规定缴纳的有关费用，包括契税，作为取得土地使用权所支付的金额，而不应该以股权转让价作为取得土地使用权所支付的金额
通过增资方式获得土地使用权	由于土地使用权并未转移，因此纳税人在将土地使用权用于房地产开发时，应该以拥有土地使用权的企业取得土地使用权支付的地价款和按国家统一规定缴纳的有关费用，包括契税，作为取得土地使用权所支付的金额，而不应该以增资时土地使用权的公允价值作为取得土地使用权所支付的金额

5.2 房地产开发企业销售房地产的纳税筹划

5.2.1 核算方式的纳税筹划

我国土地增值税采用的是四级超率累进税率，纳税人的增值额占扣除项目金额的比重（以下简称"增值率"）不同，其适用的税率也不同。当房地产开发企业同时从事不同项目的开发时，可以通过综合计算增值率达到降低整体增值率、进而降低税率的目的。

【案例5-7】新华房地产开发公司在市区开发的一期、二期商品房销售收入为 30 000 万元，其中一期销售额为 20 000 万元；二期销售额为 10 000 万元。一期、二期的城建及附加分别为 120 万元和 60 万元，除与转让房地产有关的税金外，税法规定的可扣除项目金额为 21 000 万元，其中一期可扣除项目金额为 16 000 万元，二期可扣除项目金额为 5000 万元。假设该公司有以下三个方案可供选择。

方案一：对一期、二期住宅统一作为一个项目进行开发，不分开核算，统一计算缴纳土地增值税。

方案二：对一期、二期住宅分期进行开发、分别立项、分开核算，分别计算缴纳土地增值税。

方案三：对一期、二期住宅分期进行开发、分别立项、分开核算，同时一期住宅专门被用作普通标准住宅，为吸引人气，公司可以降低销售单价，使得销售额降为 19 200 万元，由于销售额下降，城建及附加降为 115.2 万元。

假设上述收入是不含增值税的收入，请问新华房地产开发公司应该选择哪个方案？

【案例5-7　解析1】

方案一：对一期、二期住宅统一作为一个项目进行开发，不分开核算，则企业应缴纳的土地增值税如下。

扣除项目金额 = 21 000+（120+60）= 21 180（万元）

增值额 = 30 000－21 180 = 8820（万元）

增值率 = 8820÷21 180 ≈ 41.64%，适用 30% 的税率。

应纳土地增值税税额 = 8820×30% = 2646（万元）

方案二：对一期、二期住宅分期进行开发、分别立项、分开核算，则企业应缴纳的土地增值税如下。

（1）一期住宅

扣除项目金额 = 16 000+120 = 16 120（万元）

增值额 = 20 000－16 120 = 3880（万元）

增值率 = 3880÷16 120 = 24.07%，适用 30% 的税率。

应纳土地增值税税额 = 3880×30% = 1164（万元）

（2）二期住宅

扣除项目金额 = 5000+60 = 5060（万元）

增值额 = 10 000－5060 = 4940（万元）

增值率 = 4940÷5060 = 97.63%，适用 40% 的税率和 5% 的速算扣除系数。

应纳土地增值税税额 = 4940×40%－5060×5% = 1723（万元）

一期、二期住宅应纳税额合计为 2887 万元，分开核算比不分开核算多支出税金 241 万元，因此企业应该选择方案一，不分开核算。

之所以会出现这种差异，原因在于在未分开核算的情况下，企业可以通过综合计算增值率达到降低整体增值率，进而降低税率的目的。

5.2.2 普通标准住宅销售价格的纳税筹划

按照《中华人民共和国土地增值税暂行条例》的规定，纳税人建造普通住宅出售，增值额未超过扣除项目金额的 20% 的，免征土地增值税；超过 20% 的，就全部增值额计算征收土地增值税。根据该规定，纳税人可以考虑降低增值率以达到免税的目的。纳税人在建造普通住宅出售时，应该充分考虑增值额增加带来的效益和放弃 20% 的起征点免税优惠而增加的税收负担之间的关系，以避免因增值率略高于起征点的增值率而得不偿失。同时，纳税人在利用普通住宅的税收优惠进行纳税筹划时，应该注意税法的有关规定：纳税人既建造普通住宅又从事其他房地产开发的，应分别核算增值额；不分别核算增值额或不能准确核算增值额的，其建造的普通住宅不得享受免税优惠政策。

【案例 5-7　解析 2】

方案三：对一期、二期住宅分期进行开发、分别立项、分开核算，同时一期住宅专门被用作普通住宅，为吸引人气，公司可以降低销售单价，使得销售额降为 19 200 万元。

（1）一期住宅

扣除项目金额 = 16 000+115.2 = 16 115.2（万元）

增值额 = 19 200 − 16 115.2 = 3084.8（万元）

增值率 = 3084.8 ÷ 16 115.2 = 19.14%

由于普通住宅的增值率未超过 20%，所以其无须缴纳土地增值税。

（2）豪华住宅

豪华住宅的应纳税额仍旧为 1723 万元。

在方案三中，一期住宅和二期住宅的应纳税额合计为 1723 万元。与方案一相比，方案三的销售收入虽然降低了 800 万元，但是它比方案一少缴纳土地增值税 923 万元，少缴纳城建及附加 4.8 万元，少缴纳印花税 0.4 万元，因此企业的利润不但没有下降，反而上升了 128.2 万元。

从三个方案的比较来看，方案三最优，方案一次之，方案二最差。方案一之所以优于方案二，关键在于方案一降低了综合增值率和企业适用的税率（方案一中适用的税率为 30%，方案二中适用的税率分别为 30%、40%）。方案三之所以最优，关键在于方案三享受了普通住宅的税收优惠，而且由于享受税收优惠获得的税收利益大于降低销售价格所减少的销售收入，因此企业的实际利润水平最高。同时,企业由于降低了房屋的销售价格,其可以在竞争中取得优势。

增值额 = 收入额 − 扣除项目金额，增值率 = 增值额 ÷ 扣除项目金额。企业在为享受普通标准住宅的税收优惠而降低增值率时有两种途径：一是降低房价；二是通过提高房屋质量、改善房屋配套设施等增加扣除项目金额。房地产开发企业在确定售价时，应该根据扣除项目的金额，测算如何定价才能做到使企业的税后利润最大化。

【案例 5-8[①]】甲房地产开发公司在市区开发普通住宅用于销售，取得土地使用权的金额和房地产开发成本是固定不变的，我们将二者假设为 A；假设除印花税外的管理费用、财务费用、销售费用等期间费用为 B；企业的借款利息支出无法按照房地产开发项目分摊或者无法取得金融机构的证明，当地规定的房地产开发费用的扣除比例为 10%。

1. 假设房地产的不含增值税销售收入为 C，城建及附加为 $0.36\%C$[②]，此时增值额占扣除项目金额的比例为 20%，我们可以得到 C 与 A 之间的关系。

（1）扣除项目金额：130%[③]$A+0.36\%C$

（2）销售收入：C

（3）增值额占扣除项目金额的比例为 20%。

$C - 130\%A - 0.36\%C = 20\% \times (130\%A+0.36\%C)$

得到：$C = 156.68\%A$

当城建及附加为不含增值税销售收入的 0.36%，房地产开发费用的扣除率

---

① 全面营改增后，增值税的税务处理会影响土地增值税的收入和扣除，为了简化分析，我们暂且忽略增值税的影响，单纯提供分析思路。

② 在全面营改增之后，对于采用一般计税方法的开发项目，每个项目的增值税负担率是有所不同的，因此我们只能按照预缴增值税的 12% 预估城建及附加，其占收入的比例为 3%（预缴增值税）×12% = 0.36%，计算过程中仍存在一点小问题，土地增值税的不含增值税收入和账务处理与增值税中的不含增值税的金额不同，但我们如果不这样假设，便难以测算出大致区间，因为我们只能忽略一些差异，按照不含增值税收入的 0.36% 估算城建及附加的费用。

③ 100%A 为取得土地使用权支付的金额和房地产开发成本；10%A 为房地产开发费用；20%A 为加计扣除，这四者之和为 130%A。

为 10%，并且房地产销售收入小于等于企业取得土地使用权的金额、房地产开发成本二者之和的 156.68% 时，增值额占扣除项目金额的比例小于等于 20%，此时企业无须缴纳土地增值税。

（4）增值率为 20% 时，$C = 156.68\%A$。

利润 $= C - A - B - 0.36\%C - 0.05\%C^① = 99.59\%C - A - B = 99.59\% \times 156.68\%A - A - B = 56.04\%A - B$

2. 假设房地产的销售收入为 D，此时增值额占扣除项目金额的比例超过 20%，但低于 50%，企业适用的土地增值税税率为 30%。

（1）扣除项目金额：$130\%A + 0.36\%D$

（2）销售收入：D

（3）需要缴纳的土地增值税：$30\% \times (99.64\%D - 130\%A)$

（4）利润 $= D - A - B - 0.36\%D - 0.05\%D - 30\% \times (99.64\%D - 130\%A) = 69.70\%D - 61\%A - B$

3. 房地产开发企业建造普通住宅销售的，一旦要通过提高房屋售价的方式增加利润，就需要注意当企业的增值额占扣除项目金额的比例超过 20% 时，无法享受免征土地增值税的税收优惠政策与提高售价增加的收入之间的关系。企业要想通过提高房屋售价增加利润，需要做到：使企业提高售价后的利润大于等于增值率为 20% 时的利润。

$69.70\%D - 61\%A - B \geqslant 56.04\%A - B$

$D \geqslant 167.92\%A$

房地产的销售价格 D 不应该处于 156.68%A~167.92%A 之间，即普通标准住宅的销售收入或者低于取得土地使用权的金额和房地产开发成本二者之和的 156.68%，或者高于其 167.92%。

在全面营改增之后，各个项目的增值税税负不同，加上一般计税方式下增

---

① 0.05%C 代表的是销售房屋的印花税。

值税的差额计税也会影响土地增值税的应税收入计税，存在很多不确定因素，因此上述计算过程仅提供计算思路，供各位参考。在实际工作中纳税人需要根据实际情况进行测算，但有一点是肯定的：企业不能以售价高低作为选择方案的依据，而应该将利润最大化作为选择的依据。

5.2.3 房地产开发方案的纳税筹划

1.通过精装修降低土地增值税税负，增加利润

房地产开发企业在建造商品房并进行销售的过程中，有两种可供选择的开发方案：①毛坯房方案；②精装修方案。如果房地产开发企业将房屋精装修后销售，尽管精装修房屋会同步提高房屋的销售单价，增加销售房产环节的增值税、城建及附加，但是在计算土地增值税时，装修成本可被计入房地产开发成本，不但可以全额在税前扣除，而且可以享受加计扣除 20% 的优惠政策，并能够被作为房地产开发费用计算扣除的基础，相当于增加了 130% 的扣除项目金额。因此精装修将大幅度增加扣除项目金额，降低增值额，降低增值额占扣除项目金额的比例，降低土地增值税税率，从而达到降低土地增值税、增加企业利润的效果。通过采用精装修方案降低土地增值税税负、增加企业利润的做法在高档住房的开发建设中尤为常见。

【案例 5-9[①]】恒远房地产开发公司专门建造高档住宅用于出售。现有一个高档住宅项目，其基本情况为：公司为取得土地使用权支付的金额为 9600 万元，准备开发面积约 24 000 平方米的住宅。现有两种开发方案可供选择(见表 5-3)。

---

① 同案例 5-8，忽略增值税的影响。

表 5-3　毛坯房方案与精装修方案对比表

	方案一：毛坯房方案	方案二：精装修方案
房地产开发成本	12 000 万元	12 000 万元 +3900 万元的精装修费用
销售价格	25 800 元 /m²	27 800 元 /m²

假设仍旧按照售价的 0.36% 计算城建及附加，印花税税率为 0.05%，当地省级人民政府规定允许扣除的房地产开发费用的扣除比例为 10%。

问题：

1. 分别计算两种方案下该公司应纳的土地增值税金额。

2. 比较分析哪个方案对房地产开发公司更为有利。

【解析】

1. 分别计算两种方案下该公司应缴纳的土地增值税金额

（1）方案一的土地增值税

① 销售收入：$25\,800 \times 24\,000 = 61\,920$（万元）

② 扣除项目金额

取得土地使用权支付的金额：9600 万元

房地产开发成本：12 000 万元

房地产开发费用：$(9600+12\,000) \times 10\% = 2160$（万元）

与转让房地产相关的税金：$61\,920 \times 0.36\% = 222.912$（万元）

加计扣除：$(9600+12\,000) \times 20\% = 4320$（万元）

扣除项目金额合计 $= 9600+12\,000+2160+222.912+4320 = 28\,302.912$（万元）

③ 增值额 $= 61\,920 - 28\,302.912 = 33\,617.088$（万元）

④ 增值额占扣除项目金额的比例 $= 33\,617.088 \div 28\,302.912 \approx 118.78\%$

⑤ 由于增值额占扣除项目金额的比例为 118.78%，因此其适用税率为 50%，速算扣除系数为 15%。

⑥ 应纳土地增值税 $= 33\,617.088 \times 50\% - 28\,302.912 \times 15\% \approx 12\,563.11$（万元）

（2）方案二的土地增值税

① 销售收入：27 800×24 000 = 66 720（万元）

② 扣除项目金额：

取得土地使用权支付的金额：9600 万元

房地产开发成本：15 900 万元

房地产开发费用：（9600+15 900）×10% = 2550（万元）

与转让房地产相关的税金：66 720×0.36% = 240.192（万元）

加计扣除：（9600+15 900）×20% = 5100（万元）

扣除项目金额合计 = 9600+15 900+2550+240.192+5100 = 33 390.192（万元）

③ 增值额 = 66 720−33 390.192 = 33 329.808（万元）

④ 增值额占扣除项目金额的比例 = 33 329.808÷33 390.192 ≈ 99.82%

⑤ 由于增值额占扣除项目金额的比例为 99.82%，因此其适用的税率为 40%，速算扣除系数为 5%。

⑥ 应纳土地增值税 = 33 329.808×40%−33 390.192×5% ≈ 11 662.42（万元）

从上述计算我们可以看到，虽然方案二的售价比方案一高，但是由于装修成本和与转让房地产相关的税金增加了扣除项目金额，使得方案二的增值额占扣除项目金额的比例低于 100%，适用税率降低了，从而使得方案二比方案一少缴纳了约 900.69（12 563.11−11 662.42）万元的土地增值税。

2. 比较分析哪个方案对房地产开发公司更为有利

（1）方案一的税前利润

税前利润 = 61 920−9600−12 000−61 920×（0.36%+0.05%）−12 563.11

= 27 503.02（万元）

（2）方案二的税前利润

税前利润 = 66 720−9600−15 900−66 720×（0.36%+0.05%）−11 662.42

= 29 284.03（万元）

（3）结论

通过上面的计算，我们可以看到方案二的税前利润比方案一增加了1781.01（29 284.03 - 27 503.02）万元，因此恒远房地产开发公司应该选择精装修方案。

2. 考虑由建筑企业垫资进行房地产开发，增加扣除项目金额

房地产项目往往历时较长，房地产开发企业一般会通过融资方式获得项目资金，企业因对外借款支付的利息如果能够按照项目分摊，并且企业能提供金融机构证明的条件，其可以按照实际发生额计入开发费用扣除，如果无法满足上述条件，则利息支出和其他房地产开发费用一并按照企业取得土地使用权的金额和房地产开发成本二者金额之和的一定比例扣除。如果此时房地产开发企业转变思路，和建筑企业合作，由建筑企业垫资进行房地产开发，房地产开发企业将本来应该支付的利息改为支付工程款，则企业不仅可以增加房地产开发成本，而且可以增加房地产开发费用和其他扣除项目金额（即20%的加计扣除金额），从而达到降低土地增值税税负的目的。

【本章合规要点】

1. 企业在转让房地产过程中，可以采用的方式有：购销、投资入股、增资、股权转让、合并、分立再转股等。企业的转让方式不同，对各方的影响不同，企业需要根据获得房地产的用途，合理选择相应方式。

2. 房地产开发企业在销售房地产产品的过程中，可以通过合理选择核算方式、合理确定普通住宅销售价格、选择合适的房地产开发方案等方式降低企业的税收负担。

第 6 章

购销价格有技巧
合同条款防风险——有形动产购销的纳税筹划

【引言】在运营过程中，企业需要采购房地产、机器设备、原材料、办公用品以及各种服务和劳务，企业需要将生产的产品、提供的服务和劳务销售出去。采购状况关系到企业的成本，销售状况关系到企业的销售收入。作为生产经营必不可少的一环，企业在购销过程中，应该如何进行纳税筹划？

在本章中我们将讨论下列问题。

1. 企业在购买资产、服务与劳务过程中，应如何比较不同供应商的价格？

2. 企业在采购过程中应如何进行纳税筹划？

3. 企业在销售资产、服务与劳务过程中应如何进行纳税筹划？

6.1 购销资产、服务与劳务价格的纳税筹划

自 2016 年 5 月 1 日起，我国在全国范围内全面推开营业税改增值税试点，这次税制改革不仅对国家整体税制设计产生了重大影响，而且对企业的经营决策产生了重大影响。对货物、劳务、服务、不动产、无形资产的购买者而言，主要面临的是如何比较不同供应商的价格，选择供应商的问题；对销售方而言，则是如何确定具有竞争力的价格的问题，二者实际上是一个问题的两个方面。下面我们从购买者角度入手，全面分析增值税一般纳税人应如何选择供应商。

6.1.1 企业选择供应商的标准

不同部门在对供应商进行管理的过程中，对供应商有着不同的分类标准，比如采购部门可能按照行业、地区、供应商的大小对供应商进行分类管理。从税收角度看，货物、劳务、服务、不动产、无形资产的供应商主要有三类：①能够开具增值税专用发票的一般纳税人；②能够由税务机关代开或者自行开具增值税专用发票的小规模纳税人；③只能开具普通发票的纳税人。小规模纳税人发生应税行为只能开具普通发票或者征收率为 3%、5% 的增值税专用发票。因此，除采购农产品外，企业选择从小规模纳税人处进行采购时，往往难以抵扣进项税额或者只能抵扣较少的进项税额，许多企业在选择供应商时出现一边倒的现象：总是选择增值税一般纳税人或者报价低的企业作为其供应商，这其实是一种错误的做法。企业在选择供应商时不能只看价格和允许抵扣的进项税额，而应该全面考虑实际经济效益，即应该以企业利润最大化作为选择供应商的标准。

【案例 6-1】某增值税一般纳税人 A 公司位于市区，当地城建税税率为 7%，教育费附加征收率为 3%，地方教育附加征收率为 2%。2022 年 1 月，A 公司计划外购一批货物，假设该批货物当月全部被用于销售，不含税售价为 50 万元。

A 公司在购进货物时有下列三种方案可供选择。

方案一：从增值税一般纳税人处购入，该货物的不含税价为 40 万元，增值税款为 5.2 万元，为购进该批货物企业实际支付 45.2 万元，销售方开具增值税专用发票。

方案二：从小规模纳税人处购入，销售方按 3% 的征收率自行开具增值税专用发票，货物不含税价格为 39 万元，增值税款为 1.17 万元，A 公司为购进该批货物企业实际支付了 40.17 万元。

方案三：从其他纳税人处购入，取得普通发票，货物价格为 38.9 万元，A 公司为购进该批货物企业实际支付了 38.9 万元。

此时该企业应该选择哪个方案？

【解析】

在选择的过程中，我们首先计算在该项采购业务中，企业应缴纳的各种税及税后实际收益。

1. 方案一

（1）增值税 = 500 000×13%－52 000 = 13 000（元）

（2）城建及附加 = 13 000×（7%+3%+2%）= 1560（元）

（3）应纳企业所得税 =（500 000－400 000－1560）×25% = 24 610（元）

（4）税后实际收益 = 500 000－400 000－1560－24 610 = 73 830（元）

2. 方案二

（1）增值税 = 500 000×13%－11 700 = 53 300（元）

（2）城建及附加 = 53 300×（7%+3%+2%）= 6396（元）

（3）应纳企业所得税 =（500 000－390 000－6396）×25% = 25 901（元）

（4）税后实际收益 = 500 000－390 000－6396－25 901 = 77 703（元）

3. 方案三

（1）增值税 = 500 000×13% = 65 000（元）

（2）城建及附加 = 65 000 ×（7%+3%+2%）= 7800（元）

（3）应纳企业所得税 =（500 000 - 389 000 - 7800）×25% = 25 800（元）

（4）税后实际收益 = 500 000 - 389 000 - 7800 - 25 800 = 77 400（元）

三个方案的对比情况如表 6-1 所示。

表 6-1　三个方案的对比情况

单位：元

	含增值税采购价格	增值税	城建及附加	企业所得税	应纳税额合计	税后实际收益
方案一	452 000	13 000	1560	24 610	39 170	73 830
方案二	401 700	53 300	6396	25 901	85 597	77 703
方案三	389 000	65 000	7800	25 800	98 600	77 400

从上面的分析我们可以看到，A 公司如果以应纳税额最小为选择标准，则应该选择方案一；如果以采购过程中支付的款项最少为选择标准，则应该选择方案三；如果以利润最大化为选择标准，则应该选择方案二。对企业的投资者而言，投资于企业，目的不是纳最少的税，也不是花最少的钱，而是赚最多的钱，即利润最大化。因此，企业在选择供应商时，应该看企业的实际收益，而不能只看价格和允许抵扣的进项税额。根据这一标准，该企业的首选为方案二，方案三次之，方案一最次。

6.1.2　拟定成交价的计算及应用

通过上面的分析，我们可以看到，企业在选择供应商的过程中，应该以利润最大化作为选择的标准。为此我们需要分析哪些因素会影响企业的利润。假设其他因素不变，我们单纯考虑采购价格和应纳税额对企业税后利润的影响，有如下公式。

企业的税后利润＝（销售价格－采购价格－城建及附加）×（1－企业所
得税税率）

对同一个企业而言，其企业所得税税率是相同的，因此在分析过程中，我
们可以剔除企业所得税的影响，如果企业的税前利润最大，在不考虑纳税调整
因素的情况下，其税后利润一般也是最大的。

税前利润＝不含增值税销售价格－不含增值税采购价格－城建及附加

　　　　＝不含增值税销售价格－（含增值税采购价格－允许抵扣的进项
税额）－（不含增值税销售价格×增值税税率－允许抵扣的进
项税额）×（城建税税率＋教育费附加征收率①）

　　　　＝不含增值税销售价格－含增值税采购价格＋允许抵扣的进项税
额－不含增值税销售价格×增值税税率×（城建税税率＋教育
费附加征收率）＋允许抵扣的进项税额×（城建税税率＋教育
费附加征收率）

　　　　＝［不含增值税销售价格－不含增值税销售价格×增值税税率×
（城建税税率＋教育费附加征收率）］－［含增值税采购价格－
允许抵扣的进项税额×（1＋城建税税率＋教育费附加征收率）］

在选择供应商的过程中，我们假定产品的销售价格不变，即不同方案下上
述公式的前半部分是相同的，为保证企业利润最大化，我们需要令"含增值税
采购价格－允许抵扣的进项税额×（1＋城建税税率＋教育费附加征收率）"最
小。换言之，在供应商的选择中，真正影响企业利润的因素主要包括含增值税
采购价格、允许抵扣的进项税额、城建税税率及教育费附加征收率。

企业在选择供应商时，首先可以选定一家货物的质量、价格较为理想，而
且销售方为开具增值税专用发票的一般纳税人的公司，以其供货价作为标准成
交价，将其他供应商的价格与该公司进行比较。在比较的过程中，企业首先要

---

① 教育费附加征收率中含地方教育附加征收率。

计算不同供应商的拟定成交价，拟定成交价的计算公式如下。

拟定成交价－可以抵扣的进项税额 ×（1+ 城建税税率 + 教育附加费率）

＝ 标准成交价－可以抵扣的进项税额 ×（1+ 城建税税率 + 教育附加费率）

其中"标准成交价"和"拟定成交价"都是含增值税价格。

根据这个公式我们能够计算出，在保证利润水平不降低的条件下，企业可以从不同类型的供应商处获得采购的拟定成交价，企业再将拟定成交价与供货商的实际报价进行比较，就可以做出正确决策。如果小规模纳税人供应商或其他纳税人供应商的实际报价低于拟定成交价，企业就可以考虑从该供应商处进行采购；反之，则应该从一般纳税人处进行采购。当然，比较的前提是不同采购渠道的商品质量基本相同，能够满足企业生产经营所需。下面我们以案例来说明拟定成交价的计算及应用。

【案例 6-2】某大型商场位于市区，为增值税一般纳税人，其城建税税率为 7%，教育费附加征收率为 5%。现在该商场需要采购某种商品，该商品增值税税率为 13%。同样质量的商品，如果商场从一般纳税人处采购，其含增值税的标准成交价格为 1 元 / 件。现在某小规模纳税人的含增值税报价为 0.88 元 / 件，请问该商场是否可以从小规模纳税人处采购该商品？

【解析】

对于该案例，我们需要分两种情况分析。

（1）如果该商场从小规模纳税人处采购，对方可以开具 3% 的增值税专用发票。

拟 定 成 交 价 － 拟 定 成 交 价 ÷（1+3%）×3%×（1+7%+5%）＝ 1 － 1 ÷（1+13%）×13%×（1+7%+5%）

拟定成交价 = 0.9005 元 / 件

如果商场从小规模纳税人处采购，对方能够提供 3% 的增值税专用发票，则当含增值税的报价不超过 0.9005 元 / 件时，商场可以考虑从该渠道购入。本案例中，该供应商的报价为 0.88 元 / 件，低于拟定成交价，因此可以选择该供应商。

（2）如果该商场从小规模纳税人处采购，对方只能开具普通发票。

拟定成交价 = 1 − 1 ÷ （1+13%）× 13% × （1+7%+5%）

拟定成交价 = 0.8711 元 / 件

如果商场从小规模纳税人处采购，对方只能开普通发票时，则当其含增值税的报价不超过 0.8711 元 / 件时，商场可以考虑从该渠道购入。本案例中，该供应商的报价为 0.88 元 / 件，超过了拟定成交价，因此不建议选择该供应商。

6.1.3 不同供应商之间报价的比例关系

企业在日常的采购过程中，需要面对大量供应商，为了简化供应商选择的工作流程，我们需要计算不同供应商之间报价的比例关系。

通过案例 6-2，我们可以总结出拟定成交价与标准成交价之间的比例关系的计算公式。

$$\frac{拟定成交价}{标准成交价} = \frac{1 - 1/（1+ 税率）× 税率 × （1+ 城建税税率 + 教育费附加征收率）}{1 - 1/（1+征收率或零）× 征收率或零 × （1+城建税税率+教育费附加征收率）}$$

根据该公式，结合企业采购货物等的税率、购买方的城建税税率与教育费附加征收率，我们可以计算出在为购买方带来相同利润的前提下，不同供应商之间的报价之比。假设某公司为增值税一般纳税人，其城建税税率7%，教育费附加征收率5%，则其不同供应商之间报价的比例关系如表6-2所示。

表 6-2 不同供应商之间报价的比例关系

	能开具增值税专用发票的一般纳税人	能开具增值税专用发票的小规模纳税人	只能开具普通发票的纳税人
税率为 13%，征收率为 3% 的货物；有形动产租赁服务	1	0.9005	0.8711

（续表）

	能开具增值税专用发票的一般纳税人	能开具增值税专用发票的小规模纳税人	只能开具普通发票的纳税人
税率为9%，征收率为3%的货物；服务	1	0.9381	0.9075
税率为9%，征收率为5%的服务；不动产、土地使用权	1	0.9587	0.9075
税率为6%，征收率为3%的服务；无形资产	1	0.9682	0.9366

如果购买方的城建税税率、教育费附加征收率有所不同，上述比例关系将会发生变化。对购买方而言，可以根据本企业的实际情况，计算不同供应商之间报价的比例关系，之后直接运用该比例关系进行选择。

【案例6-3】某汽车制造企业位于北京市，城建税税率为7%，教育费附加征收率为5%，企业需要做年度所得税汇算清缴的鉴证，现在有3家税务师事务所给出报价：①北京市A税务师事务所为一般纳税人，提出含增值税的鉴证费用为85 000元，能够开具增值税专用发票；②北京市B税务师事务所为小规模纳税人，提出含增值税的鉴证费用为82 000元，能够开具3%的增值税专用发票；③北京市C税务师事务所为小规模纳税人，提出鉴证费用为79 000元，只同意开具普通发票。假设3家税务师事务所提供的服务相同，此时该汽车制造企业应该选择哪一家？

【解析】

鉴证咨询服务的增值税税率为6%，小规模纳税人的征收率为3%。因此我们可以直接用表6-2中的"税率为6%，征收率为3%的服务；无形资产"一行的数字进行套算，计算结果如表6-3所示。

表 6-3　3 家税务师事务所的报价比较

	报价	换算过程	换算的含增值税标准成交价
A 税务师事务所	85 000.00	85 000 ÷ 1	85 000.00
B 税务师事务所	82 000.00	82 000 ÷ 0.968 2	84 693.25
C 税务师事务所	79 000.00	79 000 ÷ 0.936 6	84 347.64

　　根据表 6-3 的分析过程可见，对该汽车制造企业而言，从利润最大化的角度出发，该企业应该首先选择 C 税务师事务所，其次应该选择 B 税务师事务所，最后选择 A 税务师事务所。

　　当然在选择过程中，还存在很多特殊情况，比如企业在采购农产品时有特殊的抵扣规定，如核定扣除、加计扣除、小规模纳税人开具的增值税专用发票可以按照不含税金额的 9% 或者 10% 抵扣进项税额等。假设某公司为增值税一般纳税人，其凭借采购农产品所取得的原始凭证来计算抵扣进项税额，公司的城建税税率为 7%，教育费附加征收率为 5%，按照上文讲的拟定成交价与标准成交价之间的比例关系的计算公式，可以得出不同农产品供应商之间报价的比例关系，如表 6-4 所示。

表 6-4　不同农产品供应商之间报价的比例关系

	开具增值税专用发票的一般纳税人	开具税率为 3% 的增值税专用发票的小规模纳税人[1]	开具农产品销售发票的纳税人或者购买方能够开出农产品收购发票的情形[2]	开具普通发票的纳税人
农产品被用于生产税率为 13% 的货物，符合规定的可以按照 10% 抵扣进项税额	1	1.0067	1.0104	0.8972

（续表）

	开具增值税专用发票的一般纳税人	开具税率为3%的增值税专用发票的小规模纳税人[1]	开具农产品销售发票的纳税人或者购买方能够开出农产品收购发票的情形[2]	开具普通发票的纳税人
农产品被用于其他用途，符合规定的可以按照9%抵扣进项税额	1	1.0060	1.0093	0.9075

1 企业从小规模纳税人手中购进农产品时，其取得的增值税专用发票可以按照不含税金额的9%或者10%抵扣进项税额。

2 企业取得农产品收购或者销售的发票时，可以按照买价的9%或者10%抵扣进项税额。

6.1.4 选择供应商需要注意的问题

企业在应用上面介绍的方法选择供应商的过程中，需要注意以下问题。

1. 该选择过程只适用于增值税一般纳税人

只有一般纳税人需要抵扣进项税额，而且不同供应商之间报价的比例关系不受该供应商本身产品或服务等税率的影响，只与采购的应税货物或应税服务的税率、购买方的城建税税率和教育费附加征收率有关。

2. 选择供应商的标准是利润最大化，而非纳税最少或者支出最少

之所以建议企业采用这一标准进行决策，是因为企业要使利润最大化，不仅要考虑采购过程中的实际支出，还需要考虑企业可以抵扣的进项税额及其对城建及附加的影响。该选择标准是在综合考虑各项因素基础上的一个广为企业股东所接受的标准。

3. 不能直接比较不同供应商之间的报价

企业不能直接比较不同供应商之间的报价，因为其抵扣的进项税额不同，

对城建及附加的影响也不同。企业在选择时，需要将不同的供应商按照开具发票的情况进行分类，将不同供应商的价格按照上文介绍的公式，计算出一个比例并进行价格转换，再按照转换之后的价格进行比较，从而确定能够给企业带来最大利润的供应商。

对购买方而言，上述分析过程是一个选择供应商的过程；对供应商而言，上述分析过程则是一个学习如何报价才能使得企业在价格竞争中占有优势地位的过程。在全面营改增之后，上述分析过程对市场中的交易双方都具有重要的指导作用。

6.2 购置资产、劳务、服务的纳税筹划

企业在购置资产、劳务、服务的过程中，不仅要从供应商的报价中对供应商进行选择和比较，还需要从以下方面做好采购的纳税筹划工作。

6.2.1 采购资产类型的选择

企业在购置资产时，需要注意相关的税收优惠政策。按照税法规定，企业自 2008 年 1 月 1 日起购置并实际使用《环境保护专用设备企业所得税优惠目录》《节能节水专用设备企业所得税优惠目录》和《安全生产专用设备企业所得税优惠目录》（以下简称《目录》）规定的环境保护、节能节水、安全生产等专用设备的，该专用设备的投资额的 10% 可以从企业当年的应纳税额中抵免；当年不足抵免的，可以在以后 5 个纳税年度结转抵免。目前，《目录》是按照《财政部 税务总局 应急管理部关于印发〈安全生产专用设备企业所得税优惠目录（2018 年版）〉的通知》（财税〔2018〕84 号）、《财政部 税务总局 国家发展改革委工业和信息化部 环境保护部关于印发节能节水和环境保护专用设备企业所得税优惠目录（2017 年版）》（财税〔2017〕71 号）的标准确定的。企业在

购置资产时应考虑上述优惠政策，在可选择的采购范围内，通过比较可以享受投资抵免优惠的设备与不可以享受该优惠的设备为企业带来的税后利益的差异，选择合适的设备，以实现利润最大化。需要注意的是，享受上述企业所得税优惠的企业，应当实际购置并自身实际投入使用前款规定的专用设备；企业购置上述专用设备在 5 年内转让、出租的，应当停止享受企业所得税优惠，并补缴已经抵免的企业所得税税款。

【案例 6-4】某水泥生产企业需要采购水污染治理设备，其中有两类设备可供选择：符合税收投资抵免优惠条件的 A 设备和不符合税收投资抵免优惠的 B 设备。A 设备不含增值税报价为 100 万元，增值税为 13 万元，B 设备不含增值税报价为 98 万元，增值税为 12.74 万元，假设两类设备的效率基本相同，请问该水泥生产企业应该采购哪类设备？

【解析】

虽然 A 设备的价格比 B 设备的价格高 2 万元，但是由于水泥生产企业购入 A 设备后可以按设备投资额的 10% 即 10 万元抵免企业的应纳企业所得税额，因此水泥生产企业购入 A 设备的税后收益要高于购入 B 设备的税后收益，企业应该选择 A 设备。

那么应该如何确定两类设备的价格比值呢？

假设企业的收入为一个固定的数字 C，A 设备的不含增值税价格为 X，B 设备的不含增值税价格为 Y，企业的城建税税率为 7%，教育费附加征收率为 3%，地方教育附加征收率为 2%，当两类设备给企业带来的税后利润相等时，其关系式如下。

$$（C-X+1.56\%X^{①}）×（1-25\%）+10\%X^{②}=（C-Y+1.56\%Y）×（1-25\%）$$

$$75\%C-63.83\%X=75\%C-73.83\%Y$$

$$X=115.67\%Y$$

即当可以享受抵免优惠的设备价格为不得享受抵免优惠的设备价格的115.67% 时，二者给企业带来的税后利润相等。

企业在享受投资抵免优惠时，需要进行抵免资格备案和抵免税额备案。

6.2.2　获得技术方式的选择

企业在决定获取某项技术的过程中，可以采用的方式主要有：①从外部直接购买某项技术；②在企业自身人力、物力、财力、技术允许的情况下自行研发；③与其他企业共同合作开发某项技术；④委托外部研发机构或个人为企业研发某项技术。相关税收政策如下。

1. 从外部直接购买某项技术

（1）技术转让的含义。技术转让是指居民企业转让其拥有的技术所有权或5 年以上（含 5 年）非独占许可使用权的行为。

（2）技术转让的范围。技术转让的范围包括居民企业转让专利技术、计算机软件著作权、集成电路布图设计权、植物新品种、生物医药新品种以及财政部、国家税务总局确定的其他技术。

（3）技术转让的税收政策。

① 增值税。技术转让免征增值税，如果销售方享受免征增值税的待遇，则购买方不得抵扣进项税额；如果销售方放弃免税待遇，缴纳增值税，技术购买

---

① 1.56%X 表示购置 A 设备后可以少纳的城市维护建设税和教育费附加，即 12%X(7%+3%+2%)，由于少缴纳了城市维护建设税和教育费附加，企业的利润得以增加。

② 由于可以按设备投资额的 10% 抵免企业所得税额，因此企业纳税减少，税后利润增加。

方可按规定抵扣进项税额。

② 企业所得税。为了鼓励技术成果的开发、转让与应用，税法规定：一个纳税年度内，居民企业转让技术所有权所得不超过 500 万元的部分，免征企业所得税；超过 500 万元的部分，减半征收企业所得税。

但是居民企业从直接或间接持有股权之和达到 100% 的关联方取得的技术转让所得，不享受技术转让减免企业所得税优惠政策。

2. 在企业自身人力、物力、财力、技术允许的情况下自行研发某项技术

如果企业具备相应的人力、物力、财力，可以考虑自行研发某项技术，这种方式的优势在于可以在一定程度上保证企业对技术的独占性，但劣势在于自行研发可能消耗较长的时间。

为了鼓励企业从事研发，企业所得税法及其实施条例规定：企业为开发新技术、新产品、新工艺发生的研究开发费用，未形成无形资产计入当期损益的，在按照规定据实扣除的基础上，按照研究开发费用的 75% 加计扣除；形成无形资产的，按照无形资产成本的 175% 摊销。目前，制造业企业和科技型中小企业按照研究开发费用的 100% 加计扣除；形成无形资产的，按照无形资产成本的 200% 摊销。

（1）属于研发费用的项目。

① 可以申请享受加计扣除优惠的研究开发活动是企业为获得科学与技术（不包括人文、社会科学）新知识，创造性运用科学技术新知识或实质性改进技术、工艺、产品（服务）而持续进行的具有明确目标的研究开发活动，不包括企业产品（服务）的常规性升级或对公开的科研成果直接应用等活动。

② 可以申请享受加计扣除优惠的研究开发项目应在《国家重点支持的高新技术领域》和发展改革委等部门公布的《当前优先发展的高技术产业化重点领域指南（2011 年度）》两个目录规定的项目之列。

（2）可加计扣除的费用范围。

① 人员人工费用。它是指直接从事研发活动人员的工资薪金、基本养老保险费、基本医疗保险费、失业保险费、工伤保险费、生育保险费和住房公积金，以及外聘研发人员的劳务费用。

② 直接投入费用。它是指研发活动直接消耗的材料、燃料和动力费用；用于中间试验和产品试制的模具、工艺装备开发及制造费，不构成固定资产的样品、样机及一般测试手段购置费，试制产品的检验费；用于研发活动的仪器、设备的运行维护、调整、检验、维修等费用，以及通过经营租赁方式租入的用于研发活动的仪器、设备租赁费。

③ 折旧费用。它是指用于研发活动的仪器、设备的折旧费。

④ 无形资产摊销费用。它是指用于研发活动的软件、专利权、非专利技术（包括许可证、专有技术、设计和计算方法等）的摊销费用。

⑤ 新产品设计费、新工艺规程制定费、新药研制的临床试验费、勘探开发技术的现场试验费。它是指企业在新产品设计、新工艺规程制定、新药研制的临床试验、勘探开发技术的现场试验过程中发生的与开展该项活动有关的各类费用。

⑥ 其他相关费用。它是指与研发活动直接相关的其他费用，如技术图书资料费、资料翻译费、专家咨询费、高新科技研发保险费，研发成果的检索、分析、评议、论证、鉴定、评审、评估、验收费用，知识产权的申请费、注册费、代理费，差旅费、会议费，职工福利费、补充养老保险费、补充医疗保险费。

此类费用总额不得超过可加计扣除研发费用总额的 10%。

⑦ 财政部、国家税务总局规定的其他费用。

3. 与其他企业共同合作开发某项技术

为了加快技术的研发，企业可以考虑与其他企业共同合作开发某项技术。这种方式的优势在于合作各方可以发挥其技术专长，取长补短，促进技术研发工作的顺利开展。对企业共同合作开发的项目，企业所得税法及其实施条例规定，符合加计扣除条件的，由合作各方就自身承担的研发费用分别按照规定计算加计扣除。

4. 委托外部研发机构或个人为企业研发某项技术

企业委托外部机构或个人进行研发活动所发生的费用，按照费用实际发生额的 80% 计入委托方研发费用并计算加计扣除，受托方不得再进行加计扣除。委托外部研究开发费用实际发生额应按照独立交易原则确定。

委托境外进行研发活动所发生的费用，按照费用实际发生额的 80% 计入委托方的委托境外研发费用。委托境外研发费用不超过境内符合条件的研发费用 2/3 的部分，可以按规定在企业所得税税前加计扣除。也就是说，税法鼓励企业以境内研发为主。

企业可以在综合比较上述四种方式的优劣及相关税收政策对企业带来的影响后，进行合理的选择。

6.2.3　结算方式的纳税筹划

企业在采购时采取的结算方式不同，接受的税收待遇也不同。采购中最为基础的一点便是企业应尽量延迟付款时间，从而赢得一笔无息贷款。对增值税一般纳税人而言，企业在购进货物时只要取得了增值税专用发票，无论货物是否入库，服务或劳务是否已经完成，款项是否已经全部付清，企业都可以先行抵扣进项税额。因此企业在采购时，应从以下方面进行筹划：未付出货款时，先取得对方开具的增值税专用发票；使销售方接受托收承付、委托收款、赊销、分期收款等结算方式，尽量推迟货款的支付时间，尽可能减少现金支付。当然，企业在进行类似筹划时应注意限度，不能损害自身商誉，丧失销售方对自己的信任。

6.2.4 采购合同的筹划

企业要想获得采购过程中的税收利益，必须将采购货物的名称、规格、价格、采购单位、采购时间、结算方式等反映在采购合同上。采购合同的筹划是企业采购筹划的落脚点。合同一旦订立，就意味着企业其他筹划活动的结束。为此，企业在签订合同时，必须做好签约前的准备工作，明确合同条款；在拟定合同文本时，要注意做到文字规范，用词准确。这样企业不仅可以获得税收利益，还可以加强对销售方的监督。

鉴于对采购合同的筹划十分重要，企业在签订采购合同前应就合同内容咨询有关方面的专家。比如一般企业在进行采购时，总喜欢在合同上使用这样的条款"付完全款，对方开出发票"。但在实际经济业务中，由于销售方产品质量、型号等方面可能存在问题，购买方在最后往往不能付完全款，而是根据实际情况扣除部分款项，但根据合同，这种情况下企业是无权要求销售方开具发票的，因而只能哑巴吃黄连——有苦说不出。实际上，企业在购货时，只须将条款改为"根据实际付款金额由对方开具发票"，问题便可迎刃而解。

企业在签订合同之后，要加强履约管理，实时监测销售方的生产经营状况，做到对销售方的情况了如指掌，确保其能按期交货。

6.3 销售环节的纳税筹划

销售环节的工作好坏直接关系到企业的工作成果能否转化为经济收益，也直接关系到企业的利润水平。在销售中做好纳税筹划工作，不仅可以使纳税人获得税收利益，而且可以使纳税人更好地保护自身的经济利益。

6.3.1 促销方式的纳税筹划

企业在销售活动中，为了达到促销的目的，往往采取不同的销售方式，如折扣方式和销售折让等。在不同的销售方式下，销售方取得的销售额有所不同，企业用于计税的销售额也有所不同。下面我们主要分析对折扣和销售折让等促销方式的纳税筹划。

1. 折扣方式

折扣方式包括折扣销售、销售折扣和实物折扣等。

（1）折扣销售（商业折扣）。折扣销售是指销售方在销售货物或应税劳务时，因购买方采购数量较大等原因，给予购买方的价格优惠，折扣销售也叫商业折扣、价格折扣，如销售方在购买方购买10件该产品时，给予其10%的价格折扣，购买20件该产品时，给予其20%的价格折扣。由于折扣是在销售实现的同时发生的，因此税法规定，如果销售额和折扣额被注明在同一张发票上，企业可按折扣后的余额作为销售额计算增值税和企业所得税；如果卖方将折扣额另开发票，则无论其在财务上如何处理，均不得从销售额中减除折扣额。

对于折扣销售，税法有严格的界定。我国增值税暂行条例中规定，只有满足以下条件的折扣销售，纳税人才能以折扣余额作为销售额计算缴纳增值税。

① 销售额和折扣额在同一张发票上分别注明的，可按折扣后的余额作为销售额计算增值税；如果将折扣额另开发票，则无论企业在财务上如何处理，均不得从销售额中减除折扣额，应以其全额计算缴纳增值税。

② 折扣销售仅限于货物价格的折扣，如果销售方将自产、委托加工和购买的货物用于实物折扣的，该实物款项不能从货物销售额中减除，且该实物应按规定的"视同销售货物"中的"赠送他人"一项计算缴纳增值税。

③ 折扣销售不同于销售折扣。销售折扣也叫现金折扣，是指销售方在销售货物或应税劳务后，为了鼓励购买方及早偿还货款，缩短企业的平均收款期，而协议许诺给予企业的一种折扣优惠。另外，这种现金折扣也能招揽一些视折

扣为减价出售的顾客前来采购，借此扩大企业销售量。现金折扣的表示常采用如 "5/10、3/20、N/30" 这样的符号形式。5/10 表示若购买方在 10 天内付款，则可以享受 5% 的价格优惠，即只须支付原价的 95%，如原价为 10 000 元，其只需要支付 9500 元；3/20 表示在 20 天内付款，可以享受 3% 的价格优惠，即只需要支付原价的 97%，若原价为 10 000 元，则买方需支付 9700 元；N/30 表示付款的最后期限为 30 天，此时付款无优惠。销售折扣发生在销货之后，是一种融资性质的理财费用，销售折扣不得被从销售额中减除，销售方应该将现金折扣额计入财务费用。企业在确定销售额时，应该严格区分折扣销售和销售折扣。

综上所述，企业在采用折扣销售方式时，一定要将销售额和折扣额分别注明在同一张发票上，如果未在同一张发票上注明，企业的税收负担将增加。

（2）实物折扣。企业在促销的过程中，可以采用价格折扣的促销方式，也可以采用 "买赠" 的促销方式，即我们所说的实物折扣销售方式，比如牛奶买五赠一，服装销售中买服装赠丝巾等。对于实物折扣，增值税的处理和企业所得税的处理是不同的。

① 增值税。在增值税暂行条例中所说的折扣销售仅限于货物价格的折扣，如果销售方将自产、委托加工和购买的货物用于实物折扣，也就是采取 "买赠" 方式，各地税务机关的处理方式有所不同。一些地区认为买赠是有偿赠送，对于赠送部分，企业无须视同销售缴纳增值税；而有的地区则认为，对于 "买赠" 中的赠送部分，企业也要按照视同销售政策缴纳增值税。

为了避免争议，我们应对实物折扣进行纳税筹划。例如企业为鼓励买主购买更多的商品而规定：每买 10 件送 1 件；购买 50 件以上时，每 10 件送 2 件等。企业可以考虑将实物折扣 "转化" 为价格折扣，比如某客户购买 10 件商品，企业应给客户 1 件的优惠额。在开具发票时，企业应按销售 1 件货物开具销售数量和金额，然后在同一张发票上开具 1 件货物的折扣金额。采用这种处理方法，折扣的部分在计税时就可以被从销售额中扣减。如此一来，企业无须另行计算缴纳增值税，大大节约了纳税支出。

② 企业所得税的处理。按照税法规定，企业以买一赠一等方式组合销售本企业商品的，不属于捐赠，其应将总的销售金额按各项商品的公允价值比例分摊、确认各项商品的销售收入。

【案例6-5】北京市佳慧公司目前正在组织产品的促销活动，按照促销活动安排，客户购买一件价值980元的上衣，可以获赠一条价值198元的丝巾。现在该公司有以下两种操作方式。

（1）方案一：将赠送的丝巾写在发票的备注栏。

（2）方案二：将赠送丝巾的价值与上衣的价值都开在发票栏，之后将198元的丝巾价值作为折扣额，开在发票的金额栏内。

请问在这两种方式下，企业应如何进行税务处理和账务处理？企业应该选择哪种方案？

【解析】

1.方案一

当企业采用实物折扣方式销售商品，并且仅仅将赠送的丝巾写在备注栏时，对赠送的丝巾，其需按照视同销售相关规定计算缴纳增值税。

增值税销项税额 ＝（980+198）÷1.13×13% ＝ 135.52（元）

上衣应确认的销售收入 ＝ 980÷1.13×［980÷（980+198）］＝ 721.49（元）

丝巾应确认的销售收入 ＝ 980÷1.13×［198÷（980+198）］≈ 145.77（元）

账务处理如下。

借：银行存款   980

    销售费用   22.78[①]

      贷：主营业务收入——上衣   721.49

        主营业务收入——丝巾   145.77

        应交税费——应交增值税（销项税额）   135.52

2. 方案二

在方案二中，企业通过发票的开具将实物折扣转为价格折扣，税法规定，企业采用折扣销售方式，将折扣额和销售额开在同一张发票上的，可以按照折扣后的金额计算纳税。

增值税销项税额 $= 980 \div 1.13 \times 13\% = 112.74$（元）

上衣应确认的销售收入 $= 980 \div 1.13 \times [980 \div (980+198)] = 721.49$（元）

丝巾应确认的销售收入 $= 980 \div 1.13 \times [198 \times 980 \div (980+198)] = 145.77$（元）

账务处理如下。

借：银行存款   980

      贷：主营业务收入——上衣   721.49

        主营业务收入——丝巾   145.77

        应交税费——应交增值税（销项税额）   112.74

从上述税务处理和账务处理中我们可以看出，在企业收入相同的情况，将实物折扣转为价格折扣可以降低企业的税收负担，从而增加企业的税后收益，因此佳慧公司应该选择方案二。

（3）销售折扣（现金折扣）。销售方为了鼓励购买方在规定的期限内付款而向购买方提供的应付款项的扣除属于销售折扣，也叫现金折扣。现金折扣发

---

① 赠送丝巾属于视同销售，多缴纳的增值税 $= 198 \div 1.13 \times 13\% = 22.78$（元），其应被计入销售费用。

生在销货之后，是一种融资性质的理财费用，因此企业应该按扣除现金折扣前的金额确认销售商品收入金额，现金折扣在实际发生时被作为财务费用扣除。对现金折扣而言，企业可以通过变更销售策略进行纳税筹划。

【案例6-6】新世界百货商场位于市区，其最近正在积极筹划开展部分商品的促销活动。商场目前有以下三种方案可以选择。

（1）方案一：商品打八折。

（2）方案二：对购物满1000元者，赠送价值200元的商品（购进价为150元），并将赠送的商品价值开在发票上，同时将其金额作为价格折扣从销售额中扣除。

（3）方案三：对购物满1000元者，商场返还现金200元。

以上销售价格及购进价格均为增值税专用发票上注明的价税合计数。商品销售利润率为25%，即销售1000元的商品时，其购进价为750元。假如消费者购买了一件价值1000元的商品，在其他条件不变的情况下，请就目前可以选择的三种方案，分别计算新世界百货商场的应纳增值税额及税前利润，并从税前利润角度，指出百货商场可以选择的最好方案。

【解析】

1. 方案一

销项税额 = $1000 \times 80\% \div 1.13 \times 13\% = 92.04$（元）

进项税额 = $750 \div 1.13 \times 13\% = 86.28$（元）

应纳增值税 = $92.04 - 86.28 = 5.76$（元）

城建及附加 = $5.76 \times (7\%+3\%+2\%) = 0.69$（元）

税前利润 = $(800 - 750) \div (1+13\%) - 0.69 = 43.56$（元）

2. 方案二

销项税额 = $1000 \div 1.13 \times 13\% = 115.04$（元）

进项税额 = $(750+150) \div 1.13 \times 13\% = 103.54$（元）

应纳增值税 = 115.04 − 103.54 = 11.5（元）

城建及附加 = 11.5 ×（7%+3%+2%）= 1.38（元）

税前利润 =（1000 − 750 − 150）÷（1+13%）− 1.38 = 87.12（元）

3. 方案三

销项税额 = 1000 ÷ 1.13 × 13% = 115.04（元）

进项税额 = 750 ÷ 1.13 × 13% = 86.28（元）

应纳增值税 = 115.04 − 86.28 = 28.76（元）

城建及附加 = 28.76 ×（7%+3%+2%）= 3.45（元）

税前利润 =（1000 − 750）÷（1+13%）− 200 − 3.45 = 17.79（元）

由于方案二的税前利润最高，因此百货商场应该选择方案二。

2. 销售折让

销售折让是指在货物售出后，由于其品种、质量、性能等方面的原因，购买方虽未退货，但销售方需要给予购买方的一种价格折让。销售折让与销售折扣都是在货物销售后发生的行为，但是销售折让的实质是原销售额的减少，因而税法规定，对于销售折让，纳税人可以以折让后的货款作为销售额缴纳增值税。

由于销售折让这种方式是事后进行的，往往造成企业在折让前已经按全额缴纳了增值税，这样就形成了税款的垫付。在发生折让后，企业可以通过开具红字增值税专用发票或由购买方退回原增值税专用发票的方式在发生折让的当期扣减销项税额，从而弥补税款的损失，但是企业还需要退还相关的价款，这样一来，企业的经济利益实际上减少了。因此企业必须严把产品质量关，严格遵守合同规定，避免出现销售折让。如果出现销售折让，企业必须按照税法规定的程序进行操作，由购货方及时退回增值税专用发票，或者按照规定开具红字增值税专用发票，从而减少税收上的损失。

6.3.2　结算方式的筹划

【**案例 6-7**】万家煤气化公司位于山西省某市，负责全市十多万户家庭的生活用煤气供应工作。该公司的主要产品有煤气、焦炭和焦油，生产原料主要为原煤。在产品销售过程中，该公司主要采取直接收款的结算方式，但由于购买方的现金流量、信誉等各方面原因，截至 2022 年 2 月，该公司的应收账款超过 1.6 亿元。在清理债权债务的过程中，该公司想尽办法，但是效果并不理想，其曾通过中介公司收回了部分债权，但公司在债务重组的过程中损失仍比较大。

2019 年 6 月，万家煤气化公司向承德某钢厂销售了价值 500 万元的焦炭，并采取了直接收款方式。万家煤气化公司在对方提取货物时开具了增值税专用发票，上面注明价款 500 万元，增值税税款 65 万元。同时万家煤气化公司将该销售额并入 2019 年 6 月的销售额，申报缴纳了增值税，可是购买方迟迟不付款。直到 2022 年 1 月，万家煤气化公司进行清欠时，才收回了 350 万元的价款和货款，损失了 215 万元的货物价款和税款。

在这个案例中，从税收角度而言，企业应该吸取哪些教训呢？企业在销售过程中应该采取哪种结算方式呢？

1. 增值税纳税义务发生时间的规定

企业结算的方式不同，增值税纳税义务的发生时间也不同。

（1）增值税纳税义务发生时间为纳税人发生应税行为并收讫销售款项或者取得索取销售款项凭据的当天；先开具发票的，为开具发票的当天。

收讫销售款项，是指纳税人发生应税行为过程中或者完成后收到款项。

取得索取销售款项凭据的当天，是指书面合同确定的付款日期；未签订书面合同或者书面合同未确定付款日期的，为货物发出当天，服务、无形资产转让完成的当天或者不动产权属变更的当天。

针对具体的结算方式的不同，有关纳税义务发生时间的具体规定如下。

① 采取直接收款方式销售货物，无论货物是否发出，均为收到销售款或者取得索取销售款凭据的当天。

② 采取托收承付和委托银行收款方式销售货物，为发出货物并办妥托收手续的当天。

③ 采取赊销和分期收款方式销售货物，为书面合同约定的收款日期的当天，无书面合同的或者书面合同没有约定收款日期的，为货物发出的当天。

④ 采取预收货款方式销售货物，为货物发出的当天，但生产销售生产工期超过 12 个月的大型机械设备、船舶、飞机等货物，为收到预收款或者书面合同约定的收款日期的当天。

⑤ 委托其他纳税人代销货物，为收到代销单位的代销清单或者收到全部或者部分货款的当天。未收到代销清单及货款的，为发出代销货物满 180 天的当天。

（2）截至 2022 年 8 月，在收到预收款时增值税纳税义务发生的情形包括以下两种。

① 生产销售生产工期超过 12 个月的大型机械设备、船舶、飞机等货物。

② 提供租赁服务。

根据这些规定，我们可以看出：企业选择合理的结算方式不仅可以推迟入账时间，达到延缓税款缴纳、获得货币时间价值的目的，而且可以避免不必要的税收损失。在现实生活中，企业应该根据自己的实际情况，确定相对方便、能尽量避免垫付税款的方式，进行交易及结算。

如果企业采用直接收款的方式销售货物，无论货物是否发出，其纳税义务发生时间均为收到销售款或取得索取销售款凭据并将提货单交给买方的当天。在这种情况下，无论购货方是否收到货款，企业只要将提货单交给对方并开具发票，就必须替购货方承担销项税额，容易出现"税款缴纳在前，货款回收在后"

的现象。

【案例6-7　解析】万家煤气化公司在2019年6月向承德某钢厂销售价值500万元的焦炭时，采取了直接收款方式，获得索取销售款的凭证，但企业在当月没有收到任何款项，只是应收账款增加了，可是税法规定，企业的纳税义务发生在当天。在这种情况下，如果企业的销售合同能够切实履行，销售方损失的便只是销项税款的时间价值，这点损失与企业所获得的购买方能够及时付款的利益相比，可谓微乎其微；一旦合同履行出现问题，销售方损失的不仅是税款的时间价值，而且是无法收回账款部分的税款。如果企业在签订销售合同时采用赊销和分期收款方式，其应该在合同约定的收款日期的当天开具增值税专用发票，并履行相应的纳税义务，这样，企业不但可以获得该货币的时间价值，还可以避免税款的损失；此外，与原来的直接收款方式相比，在这种方式下，由于购买方没有在收到货物的同时取得增值税专用发票，其将无法抵扣进项税额，也会加快付款的进度。

2. 选择结算方式时需要考虑的因素

那么企业应该采用何种结算方式呢？在这里我们需要强调的是：企业在实际的税收筹划过程中，必须综合考虑各种结算方式的利弊，选择适合的结算方式，不能单纯从税收利益角度考虑，忽视企业的整体利益。以托收承付与委托收款的结算方式为例，二者虽然存在垫付税款的问题，但它们是通过银行进行结算，风险较小，能够很好地保护销售方的利益。如果购买方的现金流比较顺畅，则可以考虑采用这种方式。企业在选择结算方式时，应该考虑购买方的具体情况、产品的市场整体走势、企业自身的实际情况等因素，选择适宜的结算方式。

（1）购买方的具体情况。企业在分析购买方的具体情况时，主要应分析以下几点。企业与购买方是否有长期合作关系、购买方所在的行业、购买方企业的产品销售去向、购买方对以往合同的履行情况和付款情况、购买方今后的发展态势、购买方的现金流转情况、购买方所购买的产品数量、该笔金额在本企业产品销售中所占的地位等。企业可以根据以往在生产经营过程中所签订的合同的内容、履约情况以及财务中应收账款的明细账情况，构建客户关系数据库。客户关系数据库中应包括合同编号、签订日期、签订地点、订货单位、订货数量、单价、规格、质量标准、总价款、交货时间、发货方式及到站、运费负担、结算方式（或付款方式）、实际履行情况等内容。与此同时，企业应根据生产经营情况的变化，逐步完善、丰富客户关系数据库。建立客户关系数据库不仅为企业进行税收筹划提供了方便，而且可以提高企业的营销管理水平。这里需要强调的是，企业在建立客户关系数据库时，不仅要着眼于现有的客户关系，更要关注潜在的客户，为开拓新的市场做准备。

通过建立客户关系数据库，企业可以根据不同客户的情况，采取不同的收款方式。如果购买方资信状况、现金流转情况、以往合同履约情况比较好，企业就可以采用现款方式或银行托收的方式销售货物；如果购买方资信状况、以往合同履约情况比较好，只是近期现金流转存在一定的问题，则企业可以采用分期收款方式销售货物；如果购买方以往合同履约情况较差，资信状况不佳，则企业在销售过程中可以考虑采用降低销售价格，预收货款或及时清结的方式销售货物。

（2）产品的市场整体走势。产品的市场整体走势不同，企业所面临的销售压力也不同，其结算方式也应该有所不同。当产品市场行情火爆时，企业可以采取预收货款的结算方式，这对于企业而言是最为有利的，其不但可以完全避免其他结算方式下潜在的税收损失，而且可以确保货款的回收，同时企业可以占用购买方货款、获得资金的时间价值。但这里需要强调的是，企业必须预测产品市场的整体走势，根据预测结果提前采取相应的收款策略。产品现在的市场价格仅仅反映了已经形成的供求关系，未能反映正在形成和变化的供求关系。

如果企业仅仅根据目前的市场价格做决策，就会造成决策上的滞后性，企业要根据正在形成和变动的供求关系预测产品价格，根据预测结果采取相应的收款策略。

在预测产品市场的整体走势时，从宏观角度而言，企业应该关注整个国民经济的走势、国际市场的变化；从中观角度而言，企业应该关注本行业、相关行业（如原材料行业、以本企业产品作为生产投入物的行业）以及替代品行业的走势；从微观角度而言，企业应该关注本企业产品的供求关系变动情况、主要购买方生产经营的变动情况等。

（3）企业自身的实际情况。企业在制定战略时，应该综合考虑内外部的情况，在确定收款策略时，企业不仅要考虑外部情况，也要考虑自身的实际情况，自身的生产情况、原料供应情况、供销情况、现金流情况、企业自身的融资能力与融资利率（即分期收款或购买方拖欠货款的机会成本）、今后的发展计划等。

3. 针对结算应做好的工作

（1）合同管理情况。企业要想获得结算方式上的税收利益，必须将结算方式体现在合同中。例如税法规定，纳税人在采用赊销和分期收款结算方式销售货物时，纳税义务的发生时间是合同约定的收款日期的当天。为此，在签订合同时，企业要做好签约前的准备工作，明确合同条款，尤其是要明确结算方式和准确的收款时间，这样其不仅可以获得税收利益，还可以加强对购买方的监督。在签约的过程中，企业应组织具有经验且与销售活动有关（如财务部门）的人员参与合同谈判。在谈判的过程中，企业应强调销售方风险的存在，争取得到购买方的配合与谅解。在签订合同之后，企业要加强履约管理，实时监测购买方的生产经营状况及现金流转情况，做到对购买方的情况了如指掌，避免陷入被动的催收货款状态。如果对方的生产经营出现问题，企业应及时利用代位权或请求人民法院行使撤销权等方式保护自己的利益。在履行合同后，企业应加强后续管理工作，如与购买方建立长期联系等。

在加强合同管理时，企业如果具有相应的资源，应该成立公司法律专业委员会（或小组），逐条审议合同条款，如将预收的一部分货款改为支付定金方式，这样可以提高购买方违约成本，从而有利于货款的回收；在求得购买方谅解的基础上，企业应采用先收款后开票的方式；在购销合同中，注明按付款额开具销售额，余额作为借款等条款；在销售合同中订立"所有权保留条款"，以保障企业的利益，当企业无法按合同收回货款时，订立"所有权保留条款"不仅可以帮助其避免税款上的损失，而且可以保护企业作为销售方的利益。

（2）适当改革企业的绩效考核系统。企业通过销售结算方式进行税收筹划将在一定程度上影响企业的会计账面利润。如在直接收款方式下，企业在收到销售额或者取得索取销售额的凭证，并将提货单交给购买方时就可以确认销售收入，从而可以确认与此相关的会计利润。而在采用赊销和分期收款方式下，企业只能在合同约定的收款日期的当天才能确认销售收入，并确认与此相关的会计利润。企业采用不同的销售方式会影响销售收入的确认时间，影响企业的账面利润。现在很多企业在进行考核时，以利润额作为主要的考核指标，这在一定程度上阻碍了有关结算方式的税收筹划工作进程。企业要想利用结算方式进行税收筹划，其必须先改革绩效考核系统——将以账面利润为主改为以现金流量为主，在整个企业范围内建立现金流量至上的观念。

在对销售的纳税筹划中，企业还可以对销售地点进行筹划。由于各个国家、各个地区的税率不同，在低税区和国际避税地设立销售公司或控股公司是当今跨国公司进行税收筹划的重要手段。在我国，企业组建销售公司除了可以获得与转移定价有关的利益，还可以实现合规纳税的目的。

6.3.3　以分拆方式进行纳税筹划

无论缴纳的是增值税还是消费税，兼营不同税率的货物（或应税消费品）的企业，都应按照规定分别核算不同税率产品的销售额（或销售数量），分别按适用税率计算缴纳相应的税款，对于未分别核算的，则从高适用税率。为降低税收负担，企业需要分开核算不同税率产品的销售额和销售数量。此外，企业在经营过程中，可以通过分拆的方式进行纳税筹划，将一项销售行为分解为多项销售行为，使得其中一部分销售额适用较低的税率，降低企业整体的税收负担。

【案例6-8】福美日化公司为增值税一般纳税人，主要从事高档化妆品、护肤护发品的生产与销售活动。该公司将本企业生产的高档化妆品中的口红、香水、胭脂与护肤护发品中的洗面奶、润肤乳、滋养液等产品组成成套化妆品销售。整个化妆套盒的不含增值税单价为2788元，其中口红的价格为588元，香水的价格为988元，胭脂的价格为398元，洗面奶的价格为218元，润肤乳的价格为258元，滋养液的价格为258元，包装盒价格为70元。请问对于该项销售行为，公司应该如何进行纳税筹划呢？

【解析】

在进行纳税筹划前，我们首先需要明晰消费税的征税范围，消费税对15大类消费品征收消费税。其中，高档化妆品属于消费税的征税范围。福美日化公司生产的口红、香水、胭脂属于消费税的征税范围，而洗面奶、润肤乳、滋养液、包装盒不属于消费税的征税范围。纳税人兼营不同税率的应税消费品，应当分别核算不同税率应税消费品的销售额、销售数量。未分别核算销售额、销售数量，或者将不同税率的应税消费品组成成套消费品销售的，从高适用税率。

对福美日化公司而言，如果它将口红、香水、胭脂、洗面奶、润肤乳、滋养液等产品组成成套化妆品销售，即使公司最后将它们分开核算，也需要按照成套化妆品从高适用30%的消费税税率。

每套化妆品应纳消费税 = 2788×15% = 418.2（元）

如果福美日化公司未将上述产品组成成套消费品销售，而是由销售公司进行产品的组装，则福美公司需要缴纳的消费税 =（588+988+398）×15% = 296.1（元），需要缴纳的消费税大幅下降，企业的利润也会随之增加。

【案例6-9】某大型医疗器械公司为增值税一般纳税人，主要业务是从国外采购医疗器械（比如超声设备等），并将其销售给医院。该公司每年不含增值税设备采购金额为20亿元，进项税额为2.6亿元，含增值税销售价格为60亿元，不含增值税销售额为5 309 734 500元，销项税额为690 265 500元，不考虑其他因素，公司每年应纳增值税430 265 500元，增值税税负率为8%左右，税负率相对较高。公司经深入调研，发现自己的业务模式为：不仅向客户销售医疗器械，而且为客户提供后台的诊疗服务——不少客户为乡镇医院，遇到疑难杂症时缺少专家团队为它们提供专业意见，该大型医疗器械公司利用自身医疗资源优势，组建了由三甲医院医生组成的咨询专家团队，为购买其产品的客户提供专业诊疗服务。其销售医疗器械的收费不仅包括设备费用，还包括为期三年的医疗咨询服务费，但是其在销售合同中都按照销售设备签订的合同，且均按照13%计算的增值税销项税额。请问该公司应该如何进行纳税筹划？

【解析】

1.该公司的客户为医院，医疗机构提供的医疗服务无须缴纳增值税，也就是说，该公司的客户无须抵扣进项税额，所以该公司缴纳增值税的情况不会对客户的进项税额抵扣造成不利影响。

2.该公司可以考虑将销售医疗器械的合同拆分为两份合同，一份是医疗器械销售合同，含增值税销售收入为25亿元；另一份是医疗服务合同，含增值税销售收入为35亿元。此时医疗器械销售合同适用13%的增值税税率，医疗服务合同则适用6%的增值税税率。

3.增值税税负比较

（1）在修订合同前，该公司需要缴纳增值税430 265 500元，客户无须抵扣进项税额。

（2）修订合同后，该公司需要缴纳增值税 = 250 000 ÷ 1.13 × 13%+350 000 ÷ 1.06 × 6% − 26 000 ≈ 22 572.38（万元），客户无须抵扣进项税额。

通过上述分析我们可以看到，分拆后，该公司需要缴纳的增值税减少了 20 454.17 万元，而且没有影响客户利益。对于该方案还需要注意：①该公司需要有"诊疗服务"的经营范围；②该公司需要与客户协商并达成一致。

6.3.4　放弃免税权的纳税筹划

我国现行的各个税种都有如减免税费等给予税收优惠的条款，纳税人符合减免税条件的，可以通过备案或审批的方式享受税收优惠政策，从而降低企业的税收负担。对于税收优惠政策，存在这样一个问题：如果企业符合享受免税政策的条件，那么享受免税优惠是企业最好的选择吗？为什么在众多税种中只有增值税有放弃免税权（免税）的规定？

1. 增值税放弃免税权的规定

纳税人发生应税行为适用免税规定的，可以放弃免税，依照《增值税暂行条例》的规定缴纳增值税，放弃免税后，纳税人在 36 个月内不得再申请免税。

（1）生产和销售免征增值税货物或劳务等的纳税人要求放弃免税权的，应当以书面形式提交放弃免税权声明，报主管税务机关备案。纳税人自提交备案资料的次月起，按照现行有关规定计算缴纳增值税。

（2）放弃免税权的纳税人符合一般纳税人登记条件尚未登记为增值税一般纳税人的，应当按照现行规定登记为一般纳税人，其销售的货物或劳务等可以开具增值税专用发票。

（3）纳税人一经放弃免税权，其生产销售的全部增值税应税货物或劳务等均应按照适用税率征税，不得选择某一免税项目放弃免税权，也不得根据不同的销售对象选择部分货物或劳务等放弃免税权。

2. 放弃免税权的纳税筹划

为什么在众多税种中只有增值税有放弃免税权的规定？我们以案例6-10来解释这一问题。

【案例6-10】福旺公司是一家从事蔬菜流通的企业，其业务主要为从农场、农业合作社、农民手中收购蔬菜，之后将其批发给具有一般纳税人资格的食品生产企业、大型餐饮企业以及部分从事蔬菜流通的小规模纳税人。假定福旺公司在收购过程中能够取得农产品销售发票或收购发票，销售给食品生产企业、大型餐饮企业、从事蔬菜流通的小规模纳税人的比例为6：3：1。假设该企业目前享受蔬菜流通环节免征增值税的待遇，每年蔬菜销售额为100亿元，相应的购进价格为70亿元；除购进蔬菜的成本外，其他含增值税支出为20亿元，如果公司放弃免税待遇，其部分支出还可以取得增值税专用发票，公司能够抵扣的进项税额为1亿元。

最近该公司的财务部门向企业董事会提交了一份建议，建议企业放弃享受增值税免税优惠。董事会拟就该问题进行探讨，为此需要财务部门回答下列问题：放弃免税优惠和享受免税待遇相比，对公司和客户会产生怎样不同的影响？放弃免税优惠会给企业带来什么样的好处？要取得放弃免税权的利益，企业需要考虑哪些因素？

【解析】

1.放弃免税优惠和享受免税待遇相比，对公司和客户会产生怎样不同的影响？

（1）对公司的影响。

公司享受免税优惠时，无须缴纳增值税，但其为生产产品所采购的原材料的进项税额不得抵扣，如果已经抵扣，需要做进项税额转出处理，这将增加企业的生产成本。

如果企业放弃免税优惠，且企业符合增值税一般纳税人条件，其可以申请登记为增值税一般纳税人。登记为一般纳税人后，企业的产品销售额需要按照9%[①]的税率计算销项税额，企业在销售产品时可以向购买方开具增值税专用发票；购进货物的进项税额可以抵扣，企业从农业生产者手中收购农产品时，可以根据取得的农产品收购发票或销售发票上注明的买价，以9%的扣除率抵扣进项税额。

（2）对客户的影响。

福旺公司享受免税待遇时不得开具增值税专用发票，只能开具普通发票，其客户即使是一般纳税人也无法抵扣进项税额；而一旦福旺公司放弃免税待遇，登记为一般纳税人，它销售时便可以开具增值税专用发票，其客户可以按照规定抵扣进项税额，即为一般纳税人资格的食品生产企业、大型餐饮企业等都可以抵扣进项税额。

2. 放弃免税优惠会给企业带来什么样的好处？

福旺公司放弃免税待遇并登记为增值税一般纳税人后，可以向一般纳税人客户开具增值税专用发票，一般纳税人客户可以抵扣进项税额。放弃免税待遇后，福旺公司可以适当提高售价，增加企业的利润。

如果福旺公司能给客户开具增值税专用发票，对大型食品生产企业、大型餐饮企业的含增值税销售价格提高5%，对从事蔬菜流通的小规模纳税人的批发价格保持不变[②]，则公司享受免税待遇与放弃免税待遇的利润对比如表6-5所示。

[①]　此处需要注意，农产品的增值税税率为9%，而非13%。

[②]　原本福旺公司对大型客户和小规模纳税人的价格就存在差异，因此此次调整不影响其销售给小规模纳税人的价格。

表 6-5 享受免税待遇与放弃免税待遇的利润对比 [1]

单位：万元

	享受免税待遇	放弃免税待遇
1. 销售情况		
（1）销售给一般纳税人资格的食品生产企业		
含税售价	600 000.00	630 000.00
不含税售价	600 000.00	577 981.65
销项税额	0.00	52 018.35
（2）销售给一般纳税人资格的餐饮企业		
含税售价	300 000.00	315 000.00
不含税售价	300 000.00	288 990.83
销项税额	0.00	26 009.17
（3）销售给小规模纳税人的蔬菜流通企业		
含税售价	100 000.00	100 000.00
不含税售价	100 000.00	91 743.12
销项税额	0.00	8256.88
（4）合计		
不含税销售收入合计	1 000 000.00	958 715.60
增值税销项税额合计	0.00	86 284.40
2. 支出情况		
（1）蔬菜		
含增值税采购价格	700 000.00	700 000.00
可以抵扣的进项税额	0.00	63 000.00
蔬菜销售成本	700 000.00	637 000.00
（2）其他支出		
含增值税支出	200 000.00	200 000.00
可以抵扣的进项税额	0.00	10 000.00
其他成本费用	200 000.00	190 000.00
（3）合计		
可以抵扣的进项税额合计	0.00	73 000.00

（续表）

	享受免税待遇	放弃免税待遇
成本费用合计	900 000.00	827 000.00
3. 应纳增值税	0.00	13 284.40
4. 应纳城建及附加	0.00	1594.13
5. 利润	100 000.00	130 121.47

1　按照 12% 的税率计算城建及附加。

从上述分析我们可以看到，放弃免税待遇后，企业的利润上升了，因此企业可以考虑弃免税待遇。

3. 要取得放弃免税权的利益，企业需要考虑哪些因素？

要取得放弃免税权的利益，企业需要注意以下因素。

（1）客户的构成。

一般纳税人在符合享受免税待遇的条件下，可能放弃免税待遇，原因就在于：如果企业享受免税待遇，便无法给客户开具增值税专用发票，客户也无法抵扣采购货物的进项税额，为了增加客户抵扣，企业可以考虑放弃免税待遇。企业放弃免税待遇的前提是其客户以一般纳税人为主，本企业放弃免税待遇后可以增加客户的进项税额，降低客户的经营成本，为客户带来相应的利益；如果客户为小规模纳税人、消费者、政府机关、事业单位等非增值税一般纳税人，不涉及进项税额抵扣问题，则本企业无须考虑放弃免税权的问题。一般纳税人占客户构成的比例越高，企业放弃免税待遇这一选择便越有利。

（2）放弃免税待遇后，对增值税一般纳税人客户的销售价格。

企业在放弃免税权后，需要缴纳增值税、城建及附加，所以其对客户的售价要有所提高才能保证自身的利润不下降；但企业同时也要考虑放弃免税权对购买方经济利益的影响，只有双方的利益都有所上升，纳税筹划才会实现双赢。

以福旺公司为例，如果公司维持现有销售比例，它对一般纳税人的含增值税售价上涨多少时，放弃免税权是有利的？

假设福旺公司对一般纳税人的含增值税售价上涨 X，则：

放弃免税权时的利润 $= 900\,000 \times (1+X) \div 1.09 + 100\,000 \div 1.09 - 827\,000 - [900\,000(1+X) \div 1.09 \times 9\% + 100\,000 \div 1.09 \times 9\% - 73\,000] \times 12\% = 100\,000$

计算得出：$X = 1.31\%$

即福旺公司在对一般纳税人的含增值税售价上涨超过 1.31% 时，放弃免税权是有利的。

对于身为一般纳税人的购买方而言，虽然在福旺公司放弃免税权后，购买方购入蔬菜的支出上涨，但其实际成本却是下降的，因为它们可以获得增值税专用发票，可以抵扣进项税额。那么从购买方的角度看，在利润不变的情况下，它们可以接受的涨价幅度是多少呢？食品生产企业和餐饮企业的情况有所不同，食品生产企业在购进农产品后将其用于生产 13% 税率的货物，可以按照 10% 抵扣进项税额，而餐饮企业只能按照 9% 抵扣进项税额，因此二者可以接受的涨价幅度是有所不同的。

假设各方可以接受的涨价幅度是 X [①]。

1. 食品生产企业

$600\,000 \times (1+X)/1.09 - 600\,000 \times (1+X)/1.09 \times 10\% \times 12\% = 600\,000$

$X = 10.32\%$

2. 餐饮企业

$300\,000 \times (1+X)/1.09 - 600\,000 \times (1+X)/1.09 \times 9\% \times 12\% = 300\,000$

$X = 10.19\%$

也就是说，福旺公司与食品生产企业（按 10% 抵扣农产品进项税额）在价格上涨幅度方面的谈判空间为 1.31%～10.32%，福旺公司与餐饮企业（按 9% 抵扣农产品进项税额）的价格上涨幅度的谈判空间为 1.31%～10.19%。在此区间被确定的价格，对交易双方都是有利的。

---

① 下列分析均按照 12% 的税率计算城建及附加。

从上述分析中我们可以看到，众多的税种中之所以只有增值税有放弃免税权的规定，原因在于增值税是前后承接的，销售方的销项税额是购买方的进项税额；如果销售方享受免税待遇，除农业生产者销售免税农产品外，购买方不得抵扣进项税额；销售方一旦放弃免税待遇，并且登记为增值税一般纳税人，购买方就可以抵扣进项税额。此时，销售方的客户全部为增值税一般纳税人，销售方缴纳的增值税＝销项税额－进项税额＜购买方可以抵扣的进项税额（销售方的销项税额等于购买方可以抵扣的进项税额），而销售方可以抵扣的进项税额即为二者节约的增值税的总和，因此，交易双方都可以获得放弃免税权的好处。

【本章合规要点】

1. 增值税一般纳税人在采购的过程中，不能仅以可抵扣进项税额最大或者购进价格最低作为选择供应商的标准，而应该以利润最大化作为选择供应商的标准。在此过程中其可以通过计算拟定成交价的方式确定不同类型供应商之间的报价比例关系，达到简化选择过程的目的。

2. 企业在采购过程中，可以从采购资产类型、获得技术的方式、结算方式、采购合同等方面进行筹划。

3. 企业在销售过程中，可以从促销方式、结算方式、分拆方式、放弃免税权等方面进行筹划。

第 7 章

应税项目慎选择
个人所得巧筹划——雇用人员的纳税筹划

【引言】企业在运营过程中，不仅需要购买房地产、机器设备、原材料、办公用品等，还需要雇用人员。本章我们将介绍以下问题。

1. 企业在雇用人员的过程中，应该以哪种方式签订合同？

2. 如何对职工的工资薪金进行纳税筹划？如何设计职工的工资、薪金和全年奖方案？

3. 是否可以考虑将工资、薪金所得转化为经营所得或利息股息红利所得？

7.1 应税项目的纳税筹划

【**案例 7-1**】恩吉眼科医院是一家民营医院，为了提高医院的医疗水平，该医院聘请了一些退休的眼科专家作为本医院的咨询专家、坐诊专家。拟聘请的专家主要有 4 人，他们要求的月薪如表 7-1 所示。

表 7-1 拟聘请专家要求的月薪收入

单位：元

姓名	月薪
倪欣	15 000
赵彤	20 000
孟丽	40 000
李晔	80 000

请问恩吉眼科医院应该与这些专家签订何种类型的合同，是返聘协议①还是劳务合同？在签订合同时需要注意哪些问题？

企业要从事生产经营，不仅要购买房地产、机器、设备、原材料等，还需要雇用人员。企业在雇用人员的过程中，涉及的主要问题是与所雇用的人员签订劳动合同还是劳务合同，以及在签订合同时需要注意哪些问题。

7.1.1 工资、薪金所得与劳务报酬所得的界定

在计算缴纳个人所得税的过程中，最容易混淆的两个税目是工资、薪金所得与劳务报酬所得。二者都是单位对劳动者支付的劳动报酬，有不少相似之处，

---

① 退休人员已经达到退休年龄，签订的不再是劳动合同，而是返聘协议或劳务合同。根据个人所得税的规定，退休人员再任职，应按照"工资、薪金所得"缴纳个人所得税。

实际上它们属于个人所得税的不同应税项目，在计算个人所得税时，正确区分工资、薪金所得与劳务报酬所得很重要。

工资、薪金所得是指个人因任职或受雇而取得的工资、薪金、奖金、年终加薪、劳动分红、津贴、补贴以及与任职或受雇有关的其他所得。退休人员再任职所取得的收入在减除按税法规定的费用扣除标准后，按照"工资、薪金所得"税目缴纳个人所得税。劳务报酬所得是指个人从事劳务取得的所得，包括从事设计、装潢、安装、制图、化验、测试、医疗、法律、会计、咨询、讲学、翻译、审稿、书画、雕刻、影视、录音、录像、演出、表演、广告、展览、技术服务、介绍服务、经纪服务、代办服务以及其他劳务取得的所得。

在实际工作中，纳税人一般可以从以下几个方面正确区分工资、薪金所得与劳务报酬所得。

1. 单位与劳动者是否签订劳动合同

工资、薪金所得与劳务报酬所得的主要区别是劳动者与单位之间是否存在雇佣与被雇佣关系。对于工资、薪金所得而言，劳动者与单位之间存在雇佣与被雇佣关系（即劳动关系），个人所得为非独立个人劳动所得；对于劳务报酬所得而言，劳动者与单位之间不存在雇佣与被雇佣关系，二者是劳务关系，个人所得为独立个人劳动所得。

从法律角度看，劳动者与单位之间确定劳动关系需要按照《中华人民共和国劳动合同法》（以下简称《劳动合同法》）的规定签订书面劳动合同。签订劳动合同的职工享有《劳动合同法》规定的权利与义务，和用人单位存在雇佣与被雇佣的关系，单位需要按照国家规定为劳动者缴纳基本养老保险、基本医疗保险、失业保险、工伤保险、生育保险等，同时要从职工工资中代扣职工个人需要缴纳的基本养老保险、基本医疗保险、失业保险等。签订劳动合同的劳动者从任职或受雇单位取得的所得需要按照工资、薪金所得缴纳个人所得税。由于离退休人员已经办理了离退休手续，从法律上已经退出了劳动法规定的劳动关系，所以离退休人员再任职不再签订劳动合同，而是签订返聘协议，离退休人员再任职无须缴纳社会保险，其取得的收入应按照工资、薪金所得缴纳个人所得税。

劳务报酬所得一般是根据《劳动合同法》中有关承揽合同、技术合同等签订的合同取得的所得，劳动者和用人单位没有签订劳动合同，不存在雇佣与被雇佣关系，其劳务所得受《劳动合同法》的调整。单位在支付劳务报酬时无须为劳务人员缴纳基本养老保险、基本医疗保险、失业保险、工伤保险、生育保险等。

2. 单位是否对劳动者实施日常管理，是否形成稳定、连续的劳动人事关系

单位是否与劳动者签订劳动合同不是确定劳动者的所得是不是工资、薪金所得的唯一标准，在实际工作中，一些企业即使长期雇用职工，也未与职工签订书面劳动合同。此时我们就需要根据单位是否对劳动者实施日常管理，是否形成稳定、连续的劳动人事关系等进行实质性判断。

如果劳动者的姓名被记载在企业的职工名册中，企业日常对其进行考勤管理，则劳动者取得的所得应该按照工资、薪金所得缴纳个人所得税。如果企业对劳动者没有日常考勤要求，劳动者与企业之间是短期合作关系，劳动者提供合同规定的劳务所发生的各项费用由其个人负责，则劳动者取得的所得并非工资、薪金所得，而是劳务报酬所得。比如企业短期内雇请的临时工，企业一般与之没有连续的劳动关系，也不签订正式的劳动合同，因此对其支付的报酬按照劳务报酬所得计算缴纳个人所得税。

3. 个人劳务是否相对"独立"

工资、薪金所得和劳务报酬所得的主要区别还在于其是否为个人"独立"从事劳务活动所取得的收入。工资、薪金所得是个人从事依附于人、受制于人的劳动活动所得的报酬，即个人要服从单位的安排进行工作，个人与单位之间存在领导与被领导的关系。劳务报酬所得则是个人依靠独立从事各种技艺、提

供各种劳务获得的报酬。当然在具体判断时，我们需要结合实际情况进行判断。

【案例 7-1 解析 1】恩吉眼科医院与 4 位专家之间究竟应该签订何种合同，取决于恩吉眼科医院的经营需要。如果恩吉眼科医院仅仅需要专家进行短期咨询、指导，无须对专家进行日常管理、考勤管理，则双方可以考虑签订劳务合同；如果恩吉眼科医院需要专家进行长期指导、咨询，且需要专家定时出诊，按照医院安排工作，医院对其进行日常管理等，则双方需要签订返聘协议。

《国家税务总局关于离退休人员再任职界定问题的批复》（国税函〔2006〕526 号）规定，退休人员再任职应同时符合下列条件。

（1）受雇人员与用人单位签订一年以上（含一年）劳动合同（协议），存在长期或连续的雇佣与被雇佣关系。

（2）受雇人员因事假、病假、休假等原因不能正常出勤时，仍享受固定或基本工资收入。

（3）受雇人员与单位其他正式职工享受同等福利、培训及其他待遇。

（4）受雇人员的职务晋升、职称评定等工作由用人单位负责组织。

7.1.2 工资、薪金所得与劳务报酬所得计算纳税的差别与选择

1. 工资、薪金所得与劳务报酬所得计算纳税的差别

2019 年 1 月 1 日，我国实施第七次修订的个人所得税法，规定工资、薪金所得与劳务报酬所得均属于综合所得的范畴，符合规定条件的纳税人在取得综合所得时，需要按年进行汇算清缴，但二者也存在很多不同之处。

（1）二者预扣预缴税款的计算不同。支付方在支付纳税人工资、薪金所得时，需要按照累计预扣法预扣预缴个人所得税，其预扣预缴的应纳税所得额按照"收入额－基本费用扣除－专项扣除－专项附加扣除－依法确定的其他扣除"计算，

适用的预扣率为七级超额累进预扣率。

支付方在支付纳税人劳务报酬所得时，除另有规定外，应该按次预扣预缴个人所得税：收入在4000元以下的，允许减除800元的费用，收入在4000元以上的，允许减除20%的费用，在预扣预缴个人所得税时，纳税人适用三级超额累进预扣率。

（2）二者计入汇算清缴收入额的规定不同。年度终了时，虽然两项所得均要计入综合所得，按适用的七级超额累进税率计算缴纳个人所得税，但二者计入综合所得的应纳税所得额存在不同之处：①除另有规定外，工资、薪金所得按照100%计入综合所得的收入额；②劳务报酬按照80%计入综合所得的收入。从汇算清缴的角度看，劳务报酬所得的整体税负略低于工资、薪金所得。

（3）社会保险和住房公积金的待遇不同。除返聘离退休人员外，企业要为签订劳动合同的员工缴纳社会保险费和住房公积金等，但它们对劳务人员则没有这些责任。

（4）二者记账的原始凭证不同。根据增值税暂行条例及营改增的有关规定，单位或个体工商户聘用的员工为本单位或雇主提供增值税劳务，不属于增值税的征税范围，因此不属于发票的开具范围，所以单位在向职工支付工资时，应该以工资单作为入账的原始凭证；而个人提供的劳务所得属于增值税的征税范围，个人需要到税务机关代开发票，单位在向个人支付劳务所得时，应以发票或劳务报酬支付单 [1] 作为记账的原始凭证。

（5）二者的账务处理不同。工资、薪金所得一般通过"应付职工薪酬"科目核算，劳务报酬所得则不通过"应付职工薪酬"科目核算。企业在支付劳务报酬所得时，常常借记"生产成本""管理费用""销售费用"等，贷记"银行存款"或"库存现金"。

---

[1]　如果单次支付的劳务报酬不超过500元，单位可以将劳务报酬支付单作为记账凭证和企业所得税税前扣除凭证。

【**案例 7-1　解析 2**】假设专家们只有上述所得，无其他综合所得。综合所得的年度费用扣除标准均为 60 000 元，则他们在分别按照"工资、薪金所得"和"劳务报酬所得"纳税时，会有什么不同？

如果所聘请专家长期在恩吉眼科医院工作，双方签订了返聘协议，则返聘专家应该按工资、薪金所得缴纳个人所得税，其年度汇算清缴应纳税额计算表，如表 7-2 所示。

表 7-2　返聘专家的年度汇算清缴应纳税额计算表

（按工资、薪金所得缴纳个人所得税）

姓名	月薪（元）	年度应纳税所得额（元）	适用税率（%）	速算扣除数（元）	应纳税额（元）
倪欣	15 000	120 000	10	2520	9480
赵彤	20 000	180 000	20	16 920	19 080
孟丽	40 000	420 000	25	31 920	73 080
李晔	80 000	900 000	35	85 920	229 080

如果所聘请专家与恩吉眼科医院签订的是劳务合同，则拟聘专家应按照劳务报酬所得缴纳个人所得税，其年度汇算清缴应纳税额计算表，如表 7-3 所示。

表 7-3　拟聘专家的年度汇算清缴应纳税额计算表

（按劳务报酬所得缴纳个人所得税）

姓名	每月收入（元）	年度应纳税所得额（元）	适用税率（%）	速算扣除数（元）	应纳税额（元）
倪欣	15 000	84 000	10	2520	5880
赵彤	20 000	132 000	10	2520	10 680
孟丽	40 000	324 000	25	31 920	49 080
李晔	80 000	708 000	35	85 920	161 880

根据表 7-2 和表 7-3 的结果，我们可以得出工资、薪金所得与劳务报酬所得的个人所得税税额计算结果对比表。

表 7-4　工资、薪金所得与劳务报酬所得的个人所得税税额计算结果对比表

姓名	工资、薪金所得年应纳税额（元）	劳务报酬所得年应纳税额（元）	差额
倪欣	9480	5880	3600
赵彤	19 080	10 680	8400
孟丽	73 080	49 080	24 000
李晔	229 080	161 880	67 200

2. 雇用人员的纳税筹划

从上述分析我们可以看到，劳务报酬所得在计入年收入额时按 80% 计算，因此对居民纳税人而言，劳务报酬所得的税收负担整体上低于工资薪金所得的税收负担。但是我们需要注意，工资、薪金所得与劳务报酬所得之间不能"自由转换"，企业只有在面对少数特殊人群，比如一些离退休人员、专家、咨询人员时，才可以考虑在工资、薪金所得与劳务报酬所得之间进行选择。企业在选择时，不仅要考虑个人所得税的税收负担，还要考虑社会保险、住房公积金的缴纳，《劳动合同法》的保护，劳务费用发票开具的难度，员工队伍的稳定等多方面因素，切不可因小失大。

7.1.3　税后收入的税务处理

在实际工作中，有些雇主（单位或个人）为劳动者负担税款，即他们支付给劳动者的报酬（包括工资、薪金，劳务报酬等所得）是不含税的净所得或税后收入，劳动者的应纳税额由雇主承担。在这种情况下，我们需要注意哪些问题呢？

2019 年，在个人所得税进行混合征收制改革后，无论是工资、薪金所得还是劳务报酬所得，在缴纳个人所得税时都涉及预扣预缴和汇算清缴，此时关于劳动合同中所说的税后收入指的是预扣预缴税后还是汇算清缴税后这一问题产

生了争议；而且每个人的专项扣除、专项附加扣除、依法确定的其他扣除都不同，我们很难确切地将税后收入转为税前收入计算纳税。因此，建议企业尽量减少对税后收入合同的签订，如果必须签订税后收入合同，其需要明确税后收入指的是预扣预缴税后收入，且减除费用仅以支付方在个人所得税扣缴申报系统中能够查询到的费用为准，以减少日后纠纷。

1. 工资薪金所得税后收入的税务处理

对于劳动者取得的税后工资、薪金收入，我们在计算企业为其负担的个人所得税时，需要先将劳动者的不含税收入换算为应纳税所得额，然后计算应纳税额，具体步骤如下。

第一步：将不含税收入换算成应纳税所得额。

应纳税所得额 =（不含税收入额 − 费用扣除标准 − 速算扣除数）÷（1 − 预扣率）

公式中的预扣率和速算扣除数，是指工资、薪金的不含税应纳税所得额对应的预扣率及速算扣除数，具体如表 7-5 所示。

表 7-5　工资、薪金的不含税应纳税所得额对应的预扣率及速算扣除数表

级数	全年不含税应纳税所得额级距	预扣率（%）	速算扣除数（元）
1	不超过 34 920 元的	3	
2	超过 34 920 元至 132 120 元的部分	10	2520
3	超过 132 120 元至 256 920 元的部分	20	16 920
4	超过 256 920 元至 346 920 元的部分	25	31 920
5	超过 346 920 元至 514 920 元的部分	30	52 920
6	超过 514 920 元至 709 920 元的部分	35	85 920
7	超过 709 920 元的部分	45	181 920

第二步：计算应缴纳的税额。

预扣预缴税额 = 应纳税所得额 × 预扣率 − 速算扣除数

此公式中的预扣率及速算扣除数对应的便是表 7-5 中的数值。

企业应该在上述计算的基础上，确定向个人支付的税前工资、薪金数额。

【案例 7-2】某研发公司聘请了一位资深研发专家董岩，双方商谈的合同为，董岩全年实际取得的工资、薪金所得为 108 万元，其中已经扣除了由单位代扣缴的三险一金、企业年金和补充医疗保险。假设董岩的专项附加扣除为 3.6 万元，每个月单位需要从其工资中扣缴的三险一金为 7800 元，企业年金为 1080 元（符合个人所得税扣除标准），请问单位为其支付的税前工资是多少？

【解析】

1. 将不含税收入换算成应纳税所得额

董岩的费用扣除标准 = 基本费用扣除 + 专项扣除 + 专项附加扣除 + 依法确定的其他扣除 = 60 000+7800×12+36 000+1080×12 = 202 560（元）

全年税后应纳税所得额 = 1 080 000−96 000[①] = 984 000（元）

在表 7-5 中找到，该收入对应的预扣率为 45%，速算扣除数为 181 920 元

应纳税所得额 = （984 000−181 920）÷（1−45%）≈ 1 458 327.27（元）

2. 应纳税额 = 应纳税所得额 × 预扣率 − 速算扣除数 = 1 458 327.27×45%−181 920 ≈ 474 327.27（元）

3. 研发机构全年应该向董岩支付的税前工资 = 1 080 000+7800×12+1080×12+474 327.27 = 1 660 887.27（元）

2. 劳务报酬所得税后收入的税务处理

对于劳动者取得的税后劳务报酬所得，企业在计算为其负担的个人所得税时，需要先将劳动者的不含税收入换算为含税收入，然后计算预扣预缴税额，

[①] 之所以用"1 080 000−96 000"，而不用"1 080 000−202 560"计算税后应纳税所得额，是因为 1 080 000 中不包括"7800×12+1080×12"，公司支付董岩的 1 080 000 元为扣除三险一金、企业年金后的个人实际所得金额。

具体步骤如下。

第一步：确定不含税劳务报酬所得的分界点，其计算过程如表 7-6 所示。

表 7-6　不含税劳务报酬所得分界点的计算

单位：元

含税劳务报酬收入（元）	应纳税所得额（元）	应纳税额（元）	不含税劳务报酬收入（元）
4000	3200	640	3360
25 000	20 000	4000	21 000
62 500	50 000	13 000	49 500

第二步：确定不含税劳务报酬所得的预扣率和换算系数，如表 7-7 所示。

表 7-7　不含税劳务报酬所得预扣率表

级数	不含税劳务报酬收入额	预扣率（%）	速算扣除数（元）	换算系数（%）
1	超过 800 元至 3360 元的部分	20	0	无
2	超过 3360 元至 21 000 元的部分	20	0	84[1]
3	超过 21 000 元至 49 500 元的部分	30	2000	76[2]
4	超过 49 500 元的部分	40	7000	68[3]

1　84% = 1 −（1−20%）×20%，前一个 20% 为费用扣除系数，后一个 20% 为本级个人所得税税率。

2　76% = 1 −（1−20%）×30%，20% 为费用扣除系数，30% 为本级个人所得税税率。

3　68% = 1 −（1−20%）×40%，20% 为费用扣除系数，40% 为本级个人所得税税率。

第三步：将不含税收入换算为应纳税所得额，如表 7-8 所示。

表 7-8　不含税劳务报酬所得应纳税所得额计算表

级数	不含税劳务报酬收入额	预扣率（%）	速算扣除数（元）	应纳税所得额
1	未超过 3360 元的部分	20	0	（不含税收入额−800）÷（1−预扣率）

（续表）

级数	不含税劳务报酬收入额	预扣率（%）	速算扣除数（元）	应纳税所得额
2	超过 3360 元至 21 000 元的部分	20	0	不含税收入额 ×（1−20%）÷ 84%
3	超过 21 000 元至 49 500 元的部分	30	2000	（不含税收入额−2000）×（1−20%）÷76%
4	超过 49 500 元的部分	40	7000	（不含税收入额−7000）×（1−20%）÷68%

第四步：计算预扣预缴税额。

预扣预缴税额 = 应纳税所得额 × 预扣率 − 速算扣除数

【案例 7-3】某知名心脏专家黄康退休后和北京市的 5 家医院签订了劳务合同，他每周在每家医院坐诊一天，每家医院每月支付给他的预扣预缴税款后的劳务费为 100 000 元，全年共计 1 200 000 元，该专家全年的税后收入共计 6 000 000 元。请问每家医院应该为该专家负担多少个人所得税？如果该专家只有 60 000 元的基本费用扣除，年度终了，该专家在汇算清缴时需要补缴多少个人所得税？

【解析】

每月每家医院支付给黄康的不含税劳务报酬收入额超过 49 500 元，因此：

应纳税所得额 =（不含税收入额−7000）×（1−20%）÷68%

　　　　　　 =（100 000−7000）×（1−20%）÷68%

　　　　　　 = 109 411.76（元）

每家医院每月应预扣预缴税额 = 109 411.76×40%−7000 = 36 764.70（元）

即每家医院每个月支付的税前劳务报酬 = 100 000+36 764.70 = 136 764.70（元）

5 家医院全年共计支付的税前劳务报酬 = 136 764.70×12×5 = 8 205 882（元）

5 家医院全年共计预扣预缴的个人所得税 = 36 764.70×12×5 = 2 205 882（元）

年度终了，黄康在汇算清缴时应该补缴的个人所得税 ＝（8 205 882 ×
80% − 60 000）× 45% − 181 920 − 2 205 882 = 539 315.52（元）

3. 税后收入合同的涉税风险防范

（1）尽量减少税后收入合同的签订。

我们从前面的分析可以看到，在个人所得税改革后，工资、薪金与劳务报
酬所得涉及预扣预缴和汇算清缴等问题，因此税后收入在界定上仍存在分歧，
加上收入来源趋于多样化，每个人的扣除项目和扣除金额都不同，纳税人很难
计算汇算清缴后的实际收入，因此企业应该尽量减少税后收入合同的签订。如
果必须签订税后收入合同，企业一定要写明其为预扣预缴税后收入，否则将来
企业和劳动者之间可能产生争议。以案例 7-3 为例，专家黄康于年度终了汇算
清缴时，需要补缴个人所得税 539 315.74 元，这个税款应该由谁来补缴，是专
家个人还是医院？如果医院在合同中未注明税后收入为预扣预缴税后所得，就
会产生争议。

（2）在扣缴税款和汇算清缴时，一定要将税后收入转为税前收入计算纳税。

个人所得税的计税依据是应纳税所得额，应纳税所得额以纳税人的税前所
得为标准确定。因此，对于税后收入合同，我们一定要先将其转化为税前收入
合同，再计算纳税，避免由于计算错误而造成少纳个人所得税的情况。

（3）在合同表述和账务处理中，尽量避免使用"由企业负担个人所得税"
的说法。

根据企业所得税法及相关规定，企业发生与取得收入无关的支出，不得在
企业所得税税前扣除。对于个人取得的税后收入中"由企业负担个人所得税"
的情况，各地的处理方式不同，有的地区认为该项支出属于工资、薪金或劳务
报酬支出的一部分，允许扣除；有的地区认为个人所得税应该由取得所得的个
人负担，企业代个人负担的个人所得税属于与企业取得收入无关的支出，在企

业所得税税前不得被扣除，否则会使企业利益受损。因此，企业最好的做法是尽量减少税后收入合同的签订，如果一定要签订税后收入合同，应提前计算出税前收入以及需要支付方预扣预缴的个人所得税，并在合同条款中加以明确，企业在进行账务处理时，将以税前金额作为记账依据。

此外，企业在雇用员工时，要善于利用税法的优惠政策。例如，企业所得税对于企业支付给残疾职工的工资采用加计100%扣除的方法，该项政策旨在鼓励企业雇用残疾职工，当企业有一些适宜残疾职工工作的岗位时，其可以考虑雇用残疾职工。

7.2　工资、薪金所得的纳税筹划

对企业的职工而言，他们最主要的收入为工资、薪金所得。对工资、薪金所得征收个人所得税关系工薪阶层的切身利益，企业应当做好对工资薪金所得的纳税筹划，使得职工在收入既定的情况下，个人所得税的税收负担最轻。

7.2.1　工资、薪金福利化筹划

工资薪金所得适用七级超额累进税率，随着工资薪金水平的提高，新增工资、薪金给纳税人带来的可支配现金将逐步减少，如果企业把向纳税人支付的现金性工资转为提供福利，便可以减少纳税人（职工）的个人所得税负担。

在进行纳税筹划时，企业对于发给个人的福利，需要注意征税与免税范围的界限。按照规定，无论是现金还是实物福利，均需要缴纳个人所得税，但是目前我国对于集体享受的、不可分割的、非现金方式的福利，原则上不征收个人所得税。企业在对工资薪金进行福利化筹划时，需要注意操作方式，应以集体享受的、不可分割的、非现金方式为职工提供福利。

1. 企业为职工提供住所

对于在工作所在地没有住房的职工而言，房租支出是一笔不菲的费用。如果职工在与企业签订劳动合同时与雇主协商，约定由雇主提供住所，薪金可以在原有基础上适当降低，那么雇主为雇用职工所支付的报酬总额不会增加，其为职工租赁住房花费的金额还可以被计入职工福利费，于企业所得税税前扣除。这样雇主的负担不会增加，职工个人所得税的税收负担也会下降。

【案例7-4】软件工程师黎明就职于北京方达科技公司，每月工资薪金所得为28 000元，每月租房支出为4500元，全年各项扣除为128 800元，其中包括住房租金专项附加扣除18 000元。

应纳个人所得税 =（28 000×12－128 800）×20%－16 920 = 24 520（元）

如果公司为黎明提供免费住房，同时黎明每月的工资被下调为23 500元，全年各项扣除为110 800元（去掉住房租金专项附加扣除18 000元）。

应纳个人所得税 =（23 500×12－110 800）×20%－16 920 = 17 320（元）

上述方案中，黎明的个人所得税减少了7200（24 520－17 320）元，可支配收入增加了7200元。

2. 企业提供职工福利设施

企业在向职工提供各种福利设施时，只要该项福利设施属于集体享受的、不可分割的、非现金方式的福利，则不会被视为工资、薪金所得，职工无须计算缴纳个人所得税。这样一来，企业完善了职工福利，职工的税收负担也减轻了。

企业可以提供的职工福利设施具体有以下3种。

（1）企业提供免费膳食或者由企业支付职工食堂经费补贴，由食堂免费或低价向职工提供膳食。企业提供的膳食必须具有不可变现性，即不可转让，不能兑换现金，否则将被视为工资、薪金所得，职工需要缴纳个人所得税。

（2）提供交通便利。例如开通班车、免费接送职工上下班。

（3）企业提供办公用品和设施。某些岗位需要企业为职工配备专用设备，如广告设计人员需要高档计算机等。如果职工自己购买这些设备，他们会提出加薪的要求，加薪就要缴纳个人所得税；若由企业购买后再配给职工使用，职工的个人所得税负担将降低。

7.2.2 利用不予征税项目和税收优惠政策进行纳税筹划

1. 不予征税项目

工资、薪金所得是指个人因任职或者受雇而取得的工资、薪金、奖金、年终加薪、劳动分红、津贴、补贴以及与任职或者受雇有关的其他所得。根据我国目前个人收入的构成情况，税法规定，对于一些不属于工资、薪金性质的补贴、津贴或者不属于纳税人本人工资、薪金所得项目的收入，不予征税，不预征税项目具体有以下4种。

（1）独生子女补贴。

（2）执行公务员工资制度未纳入基本工资总额的补贴、津贴差额和家属成员的副食品补贴。

（3）托儿补助费。

（4）差旅费津贴、误餐补助。

其中误餐补助是指按照财政部规定，个人因公在城区、郊区工作，不能在工作单位或返回就餐的，根据实际误餐顿数，按规定的标准领取的误餐费。误餐补助的扣除限额按当地财政局的标准执行。单位以误餐补助名义发给职工的补贴、津贴，应当并入职工当月的工资、薪金所得，参与计算缴纳个人所得税。

个人因公务用车和通信制度改革而取得的公务用车、通信补助收入，在扣除一定标准的公务费用后，按照"工资、薪金所得"项目计算缴纳个人所得税。按月发放的，并入当月"工资、薪金所得"计算缴纳个人所得税；不按月发放的，分解到所属月份并与该月份"工资、薪金所得"合并计算缴纳个人所得税。公务费用的扣除标准，由省级地方税务局根据纳税人公务交通、通信费用实际发生情况调查测算，报经省级人民政府批准后确定，并报国家税务总局备案。

2. 针对工资、薪金所得的主要税收优惠政策

下列各项所得，属于个人所得税中的免税项目。

（1）按照《中华人民共和国个人所得税法》第四条第一款的规定，省级人民政府、国务院部委和中国人民解放军军以上单位，以及外国组织颁发的科学、教育、技术、文化、卫生、体育、环境保护等方面的奖金。

（2）按照国家统一规定发给的补贴、津贴。这里所说的按照国家统一规定发给的补贴、津贴，是指按照国务院规定发给的政府特殊津贴、院士津贴、资深院士津贴以及国务院规定免纳个人所得税的补贴、津贴。

发给中国科学院资深院士和中国工程院资深院士每人每年 1 万元的资深院士津贴免予征收个人所得税。

（3）福利费、抚恤金、救济金。这里所说的福利费，是指根据国家有关规定，从企业、事业单位、国家机关、社会团体提留的福利费或者工会经费中支付给个人的生活补助费；所说的救济金，是指国家民政部门支付给个人的生活困难补助费。

下列收入不属于免税的福利费范围。

① 从超出国家规定的比例或基数计提的福利费、工会经费中支付给个人的各种补贴、补助。

② 从福利费和工会经费中支付给单位职工的人人有份的补贴、补助。

③ 单位为个人购买汽车、住房、电子计算机等不属于临时性生活困难补助性质的支出。

（4）按照国家统一规定发给干部、职工的安家费、退职费、退休工资、离休工资、离休生活补助费。

（5）企业和个人按照省级以上人民政府规定的比例提取并缴付的住房公积金、医疗保险金、基本养老保险金、失业保险金，不计入个人当期的工资、薪金收入，免予征收个人所得税；超过规定的比例缴付的部分，征收个人所得税。个人领取原提存的住房公积金、医疗保险金、基本养老保险金时，免予征收个人所得税。

（6）对按《国务院关于高级专家离休退休若干问题的暂行规定》和《国务院办公厅关于杰出高级专家暂缓离休审批问题的通知》精神，达到离休、退休年龄，但确因工作需要，适当延长离休退休年龄的高级专家（指享受国家发放的政府特殊津贴的专家、学者），其在延长离休退休期间的工资、薪金所得，视同退休工资、离休工资免征个人所得税。

对高级专家从其劳动人事关系所在单位之外的其他地方取得的培训费、讲课费、顾问费、稿酬等各种收入，依法计征个人所得税。

延长离休退休年龄的高级专家是指：①享受国家发放的政府特殊津贴的专家、学者；②中国科学院、中国工程院院士。

3. 利用不予征税项目和税收优惠政策进行纳税筹划

上述不予征税项目和减免税项目，可以在一定程度上降低个人工资薪金的税收负担，企业应尽量利用上述规定降低职工的应纳税额。

（1）按照国家规定标准向职工发放独生子女补贴、托儿补助费。

（2）参照政府机关的差旅费管理办法，适当提高差旅费津贴、误餐补助标准。因为税务机关对于按照财政部门有关差旅费规定执行的国家机关和事业单位的出差人员，按规定取得的伙食补助费、公杂费等有关出差补助费用，免征个人所得税。

（3）企业在设计职工薪酬时，应该在国家规定标准内尽量提高职工的住房公积金水平。

【案例 7-5】赵志每月应税工资为 25 200 元，公司尚未为职工办理住房公积金的缴纳手续，赵志全年综合所得费用的扣除标准为 118 000 元。

赵志全年应纳税所得额 = 25 200×12 - 118 000 = 184 400（元）

应纳税额 = 184 400×20% - 16 920 = 19 960（元）

为了降低个人所得税税负，公司为职工办理了住房公积金的缴纳手续。公司每月支付赵志 22 500 元的工资，并每月从赵志的工资中代扣由其个人缴纳的住房公积金 2700 元，同时企业每月为赵志缴纳住房公积金 2700 元。

赵志全年应纳税所得额 = 22 500×12 - 118 000 - 2700×12[①] = 119 600（元）

应纳税额 = 119 600×10% - 2520 = 9440（元）

不考虑其他因素，公司每个月的实际经济负担 = 22 500+2700 = 25 200 元

赵志每个月的实际收入 = 22 500+2700 = 25 200（元）

住房公积金无论由企业还是个人缴纳，都归个人所有，但是在第二种情况下，赵志全年的个人所得税税收负担下降了 10 520（即 19 960 - 9440）元。

由此我们可以看到，企业提高职工的住房公积金水平的做法，使得企业在负担不增加、职工收入不下降的情况下，降低了职工的税收负担。

在进行纳税筹划时，企业中人力资源部门、财务部门的相关人员要通晓税法，掌握税收优惠政策，关注税法的最新变化，以便最大限度地利用相关税收优惠政策，帮助员工减轻税收负担。

7.2.3 合理设计全年一次性奖金的发放数额、计税方式

1. 全年一次性奖金应纳税额的计算

全年一次性奖金（以下简称"全年奖"）是指行政机关、企事业单位等扣

---

① 个人缴纳的符合规定的住房公积金属于专项扣除项目。

缴义务人根据其全年经济效益和对雇员全年工作业绩的综合考核情况，向雇员发放的一次性奖金。全年奖也包括年终加薪、实行年薪制和绩效工资办法的单位根据考核情况兑现的年薪和绩效工资。

在 2023 年 12 月 31 日之前，居民个人取得全年奖，不并入当年综合所得，以全年奖收入除以 12 个月得到的数额，根据按月换算后的综合所得税率表（见表 7-9），确定适用税率和速算扣除数，单独计算纳税，计算公式如下。

应纳税额 = 全年奖 × 适用税率 − 速算扣除数

居民个人取得全年奖，也可以选择并入当年综合所得计算纳税。

表 7-9　按月换算后的综合所得税率表

级数	全月应纳税所得额	税率（%）	速算扣除数（元）
1	不超过 3000 元的	3	0
2	超过 3000 元至 12 000 元的部分	10	210
3	超过 12 000 元至 25 000 元的部分	20	1410
4	超过 25 000 元至 35 000 元的部分	25	2660
5	超过 35 000 元至 55 000 元的部分	30	4410
6	超过 55 000 元至 80 000 元的部分	35	7160
7	超过 80 000 元的部分	45	15 160

在一个纳税年度内，对每一个纳税人，该计税办法只允许被采用一次。雇员取得除全年奖以外的其他各种名目奖金，如半年奖、季度奖、加班奖、先进奖、考勤奖等，一律与当月工资、薪金收入合并，按税法规定缴纳个人所得税。

【案例 7-6】夏雨晴、李涛为上海某公司的雇员，二人综合所得情况如表 7-10 所示。

表 7-10　夏雨晴、李涛的综合所得情况

姓名	工资薪金所得（元）	全年奖（元）	费用扣除标准（元）
夏雨晴	380 000	85 000	136 500
李涛	87 000	20 000	115 000

如果二人均选择全年奖应单独计算缴纳个人所得税，请计算二人应该缴纳的个人所得税。

【解析】

二人的个人所得税计算过程如表 7-11 所示。

表 7-11　夏雨晴、李涛的个人所得税计算过程

	夏雨晴	李　涛
1. 综合所得		
（1）综合所得收入额（元）	380 000	87 000
（2）综合所得费用扣除额（元）	136 500	115 000
（3）应纳税所得额（元）	243 500	0
（4）适用税率（%）	20	—
（5）速算扣除数（元）	16 920	—
（6）综合所得应纳个人所得税（元）	31 780	0
2. 全年奖		
（1）全年奖数额（元）	85 000	20 000
（2）商数（元）	7083.33	1666.67
（3）适用税率（%）	10	3
（4）速算扣除数（元）	210	0
（5）应纳个人所得税（元）	8290	390
应纳个人所得税合计（元）	40 070	390

2. 全年奖的纳税筹划

（1）合理选择全年奖的计税方式。在 2023 年 12 月 31 日之前，居民个人

取得全年奖，可以单独计算纳税，也可以并入综合所得计算纳税。纳税人在选择时需要注意以下三点。

第一，选择权在纳税人手中，而非支付所得方手中，为了确保纳税人拥有选择权，支付所得方在支付全年奖扣缴个人所得税时，应该将全年奖单独申报纳税，而不能直接将其并入工资、薪金所得申报纳税。

第二，纳税人在选择时应该根据全部综合所得，而不能仅根据本单位的工资、薪金情况进行选择。

第三，纳税人应该根据全年奖单独计税、全年奖并入综合所得计税的结果进行选择。每年纳税人在进行汇算清缴时，个人所得税 App 上都会显示全年奖的计税方式，纳税人应该将每种计税方式的计税结果都确认一遍，再进行最终选择。

【案例 7-6　续】假设夏雨晴、李涛的收入、扣除情况不变，请问二人的全年奖应该选择单独计税纳税还是并入综合所得计算纳税？

【解析】

前面我们计算了二人全年奖单独计算纳税的结果，下面我们首先计算二人将全年奖并入综合所得计算纳税的结果，再进行比较，全年奖计税方式的比较如表 7-12 所示。

表 7-12　全年奖计税方式的比较

	夏雨晴	李　涛
1. 全年奖并入综合所得		
（1）综合所得收入额（元）	465 000	107 000
（2）综合所得费用扣除额（元）	136 500	115 000
（3）应纳税所得额（元）	328 500	0
（4）适用税率（%）	25	—
（5）速算扣除数（元）	31 920	—

（续表）

	夏雨晴	李　涛
（6）应纳个人所得税（元）	50 205	0
2. 全年奖单独计算纳税		
全年应纳个人所得税合计¹（元）	40 070	390
3. 两种方式下个人所得税的税额差（元）	10 135	−390

1　该数字来自表 7-11。

从表 7-12 我们可以看到，对夏雨晴来说，她应该选择全年奖单独计算纳税更为合适，可以少缴纳个人所得税 10 135 元；而对李涛来说，则应该选择全年奖并入综合所得计算纳税,他可以少缴纳个人所得税 390 元。纳税人的收入越低，尤其是对于全年奖并入综合所得后，收入额低于全部费用扣除额的纳税人而言，选择全年奖并入综合所得计算纳税的方法越合适。

【案例 7-7】如果在案例 7-6 中，李涛不仅在该公司有工资薪金收入，而且在其他单位有兼职，一年兼职所得为 123 800 元，支付所得方按照劳务报酬所得扣缴个人所得税，请问李涛应该选择哪种纳税方式？

【解析】

如果李涛将全年奖并入综合所得，则他全年应纳个人所得税 =（87 000+20 000+123 800×80%[①] −115 000）×10%−2520 = 6584（元）。

如果他选择全年奖单独计算纳税，全年应纳个人所得税 =（87 000+123 800×80%−115 000）×10%−2520+20 000×3% = 5184（元）。

选择将全年奖单独计算纳税，李涛可以少缴纳个人所得税 1400（6584−5184）元。

---

①　因为兼职所得为劳务报酬所得，在计入收入额时需要按照 80% 计入。

从案例7-7中我们可以看到，到底应该选择将全年奖并入综合所得计税还是单独计税，不仅取决于纳税人在本单位的收入情况和扣除情况，还取决于纳税人综合所得的整体情况，因此由纳税人选择纳税方法更为正确。但是有些纳税人本身不懂税法，收入也确实不高，除了单位收入无其他综合所得，在这种情况下，单位根据其具体情况协助其做选择不失为一种更好的方法。

（2）合理设计全年奖的发放数额，避免落入"奖金发放陷阱"。

【案例7-8】安德馨公司职工董丽霞于2021年12月获得全年奖36 000元，李鑫达获得全年奖37 000元，假设二人均选择全年奖单独计算缴纳个人所得税，请分析奖金发放过程中存在的问题。

【解析】

董丽霞和李鑫达全年奖的应纳税额及税后收入如表7-13所示。

表7-13 董丽霞和李鑫达全年奖的应纳税额及税后收入

	全年奖（元）	税率（%）	速算扣除数（元）	应纳税额（元）	税后收入（元）
董丽霞	36 000	3	0	1080	34 920
李鑫达	37 000	10	210	3490	33 510
二者差额	1000	—	—	2410	−1410

从表7-13我们可以看到，李鑫达比董丽霞的全年一次性奖金多1000元，税收负担却增加了2410元，税后收入也不增反降。之所以出现这种情况，并不是适用税率提高所致，全年奖是按照奖金总额除以12个月后的商数，按照综合所得的月度税率表确定适用税率和速算扣除数而得，但是它又按照全年奖的数额计算应纳税额，少扣除了11个月的速算扣除数，因此造成各级距分界点附近税负大幅度增加的局面。

企事业单位给职工发放的全年奖的数额，不应该处于以下区间：

① 36 000（不含 36 000）~38 566.67 元；

② 144 000（不含 144 000）~160 500 元；

③ 300 000（不含 300 000）~318 333.33 元；

④ 420 000（不含 420 000）~447 500 元；

⑤ 660 000（不含 660 000）~706 538.46 元；

⑥ 960 000（不含 960 000）~1 120 000 元。

在上述区间内，将出现税负增长超过所得增长的不合理现象，我们将其称为"奖金发放陷阱"。其中 36 000 元、144 000 元、300 000 元、420 000 元、660 000 元、960 000 元为最优奖金发放点，也是适用较低税率的最高奖金发放点。企业在发放全年奖时，一定要避开"奖金发放陷阱"，免得职工辛辛苦苦获得的收入付诸东流，企业也可以考虑将处于奖金发放陷阱的那部分奖金并入职工当月的工资、薪金所得，计算纳税。

【案例 7-9】在案例 7-7 中，假设李鑫达全年综合所得的应纳税所得额为 58 000 元，企业应如何解决李鑫达的"奖金发放陷阱"问题？

【解析】

如果按照原有方案计算缴纳个人所得税，李鑫达的应纳个人所得税如下。

全年应纳个人所得税 = 58 000×10%−2520+3490 = 6770（元）

如果企业将超过最优奖金发放点 36 000 元的 1000 元奖金，作为李鑫达 12 月的月度奖金，则李鑫达全年综合所得的应纳税所得额被调整为 59 000 元，全年奖被调整为 36 000 元，李鑫达的应纳个人所得税如下。

全年应纳个人所得税 = 59 000×10%−2520+1080 = 4460（元）

通过将超出部分并入综合所得纳税，李鑫达在收入不变的情况下，应纳税额下降了 2310（6770−4460）元。

（3）合理设计职工薪酬和全年奖的数额，降低职工个人所得税税负。

企业可以通过合理设计职工薪酬和全年奖，降低职工的税收负担。具体步骤如下。

① 职工预估全年综合所得情况和全年奖。

需要注意的是，全年综合所得不仅包括工资薪金所得，还包括劳务报酬所得、稿酬所得、特许权使用费所得。职工可以根据以往历年情况和当年预计情况进行合理估计，由于该数字是预估的，可能与实际收入存在偏差，这是难以避免的。职工在预估时，可以设计相应的表格，如表 7-14 所示。

表 7-14　用于预估全年综合所得和全年奖情况的表格

项目	金额	填表说明
工资总额		按照应发工资，而非实发工资填写
全年奖		按照税前全年奖填写
劳务报酬所得		按照税前收入填写，不能填写税后实际取得数字
稿酬所得		按照税前收入填写，不能填写税后实际取得数字
特许权使用费所得		按照税前收入填写，不能填写税后实际取得数字
年收入总额		该数字等于 = 工资总额 +（劳务报酬所得 + 特许权使用费所得）×80%+ 稿酬所得 ×80%×70%
基本费用扣除		该数字应填写 60 000 元
专项扣除		该数字填写单位从个人工资中扣缴的三险一金
专项附加扣除		该数字按照个人于个人所得税 App 中填写的 3 岁以下婴幼儿子女照护支出、子女教育支出、继续教育支出、首套住房贷款利息支出、住房租金支出、大病医疗支出、赡养老人支出 7 项专项附加扣除数额填写
依法确定的其他扣除		该数字按照单位从个人工资中扣缴的企业年金、商业健康保险（税收优惠码）等数字填写
综合所得年度应纳税所得额		该数字 = 年收入总额 − 基本费用扣除 − 专项扣除 − 专项附加扣除 − 依法确定的其他扣除

② 职工设计综合所得和全年奖的不同方案，并计算不同方案的个人所得

税税款，进行选择。

　　整体方案的设计思路是：在每个方案下，职工先将全年奖设计为全年奖的最优发放金额，即 36 000 元、144 000 元、300 000 元、420 000 元、660 000 元或者 960 000 元，将剩余部分放入综合所得。然后计算每个方案应纳的个人所得税数额，比较不同方案的个人所得税税额，择优选取。全年奖和综合所得方案设计表如表 7-15 所示。

表 7-15　全年奖和综合所得方案设计表

单位：元

综合所得年度应纳税所得额（含全年奖）		
方案一		应纳税额
全年奖应发金额	0	
综合所得应纳税所得额		
合计		
方案二		应纳税额
全年奖应发金额	36 000	
综合所得应纳税所得额		
合计		
方案三		应纳税额
全年奖应发金额	144 000	
综合所得应纳税所得额		
合计		
方案四		应纳税额
全年奖应发金额	300 000	
综合所得应纳税所得额		
合计		
方案五		应纳税额
全年奖应发金额	420 000	
综合所得纳税基数		

（续表）

综合所得年度应纳税所得额（含全年奖）		
合计		
方案六		应纳税额
全年奖应发金额	660 000	
综合所得应纳税所得额		
合计		
方案七		应纳税额
全年奖应发金额	960 000	
综合所得应纳税所得额		
合计		
选择与比较		

③ 确定综合所得应纳税所得额和全年奖的浮动范围。

纳税人根据自身情况，在确定最优方案后，可以确定最优方案中的综合所得和全年奖的适用税率，如果二者适用的税率不同，则综合所得应纳税所得额和全年奖不能浮动；如果二者税率相同，则在该税率适用范围内，应纳税所得额和全年奖金额有一定的浮动空间。

【案例 7-10】洪伟公司技术总监马琳娜，根据自己以往年度的收入和对 2022 年收入的预期，预估自己 2022 年全年的工资、薪金收入为 880 000 元，全年奖为 250 000 元，全年的稿酬所得为 38 000 元，劳务报酬所得为 150 000 元，基本费用扣除为 60 000 元，专项扣除为 78 000 元，专项附加扣除为 36 000 元，无依法确定的其他扣除。由于稿酬所得和劳务报酬所得无法变更，请你为马琳娜设计一个合理的全年奖与工资、薪金的纳税方案。

【解析】

1. 马琳娜的综合所得预估情况如表 7-16 所示。

表 7-16　马琳娜的综合所得预估情况

单位：元

项目	金额
工资总额	880 000
全年奖	250 000
劳务报酬所得	150 000
稿酬所得	38 000
特许权使用费所得	0
年收入总额	1 271 280
基本费用扣除	60 000
专项扣除	78 000
专项附加扣除	36 000
依法确定的其他扣除	0
综合所得年度应纳税所得额	1 097 280

1　年收入总额 = 工资总额 880 000+ 全年奖 250 000+ 劳务报酬所得 150 000×80%+ 稿酬所得 38 000×80%×（1−30%）

2　马琳娜的个人所得税纳税方案设计表如表 7-17 所示。

表 7-17　马琳娜的个人所得税纳税方案设计表

单位：元

综合所得年度应纳税所得额（含全年奖）	1 097 280	
方案一		应纳税额
全年奖应发金额	0	0
综合所得应纳税所得额	1 097 280	311 856
	合计	311 856
方案二		应纳税额
全年奖应发金额	36 000	1080
综合所得应纳税所得额	1 061 280	295 656
	合计	296 736

（续表）

综合所得年度应纳税所得额（含全年奖）	1 097 280	
方案三		应纳税额
全年奖应发金额	144 000	14 190
综合所得应纳税所得额	953 280	247 728
	合计	261 918
方案四		应纳税额
全年奖应发金额	300 000	58 590
综合所得应纳税所得额	797 280	193 128
	合计	251 718
方案五		应纳税额
全年奖应发金额	420 000	102 340
综合所得纳税基数	677 280	151 128
	合计	253 468
方案六		应纳税额
全年奖应发金额	660 000	193 590
综合所得应纳税所得额	437 280	78 264
	合计	271 854
方案七		应纳税额
全年奖应发金额	960 000	328 840
综合所得应纳税所得额	137 280	11 208
	合计	340 048
选择与比较		251 718

从上面的计算结果看，方案四为最优方案，也就是全年奖为 300 000 元，综合所得应纳税所得额为 797 280 元，由于稿酬所得和劳务报酬所得无法变更，纳税人只能在全年奖和工资薪金所得中进行变更，将全年奖提高到 300 000 元（即提高 300 000 − 250 000 = 50 000 元），将年工资薪金收入从 880 000 元降低至 830 000 元。

2.确定工资薪金和全年奖的浮动范围

由于全年奖的适用税率为20%，综合所得适用税率为35%，二者适用的税率不同，因此二者的数字不能浮动。

【案例7-11】如果在案例7-9中，马琳娜预计2022年自己的工资、薪金收入为360 000元，全年奖为30 000元，各项扣除合计为140 000元。请你为马琳娜设计一个合理的个人所得税的纳税方案？

【解析】

1.马琳娜的综合所得（含全年奖）的应纳税所得额 = 360 000+30 000－140 000 = 250 000（元）。

2.马琳娜的个人所得税纳税方案设计表如表7-18所示。

表7-18　马琳娜的个人所得税纳税方案设计表

单位：元

综合所得年度应纳税所得额（含全年奖）	250 000	
方案一		应纳税额
全年奖应发金额	0	0
综合所得应纳税所得额	250 000	33 080
	合计	33 080
方案二		应纳税额
全年奖应发金额	36 000	1080
综合所得应纳税所得额	214 000	25 880
	合计	26 960
方案三		应纳税额
全年奖应发金额	144 000	14 190
综合所得应纳税所得额	106 000	8080
	合计	22 270
选择与比较		22 270

从上面的计算结果看，方案三为最优方案，也就是全年奖为 144 000 元，综合所得应纳税所得额为 106 000 元，即纳税人应将全年奖提高至 144 000 元(即提高 144 000 − 30 000 = 114 000 元)，将年工资、薪金收入由 360 000 元降低为 246 000 元。

3. 确定工资、薪金和全年奖的浮动范围

由于全年奖适用的税率为 10%，综合所得适用的税率为 10%，二者适用的税率相同，因此二者的数字可以浮动——在 10% 的税率范围内浮动。也就是说，在纳税人的总收入（390 000 元）不变的情况下，全年奖和综合所得应纳税所得额的浮动范围在 106 000 ~ 144 000 元，即全年奖的下限为 106 000 元，则年工资、薪金所得的上限为 284 000 元[①]；全年奖的上限为 144 000 元，则年工资、薪金所得的下限为 246 000 元[②]。

7.2.4 工资、薪金所得转换为经营所得或股息红利所得

经营所得有以下 4 种。

（1）个体工商户从事生产、经营活动取得的所得，个人独资企业投资人、合伙企业的个人合伙人来源于境内注册的个人独资企业、合伙企业生产、经营的所得。

（2）个人依法从事办学、医疗、咨询以及其他有偿服务活动取得的所得。

（3）个人对企业、事业单位承包经营、承租经营以及转包、转租取得的所得。

（4）个人从事其他生产、经营活动取得的所得。

[①] 年工资薪金所得为 284 000 元，减去费用扣除 140 000 元之后，综合所得的应纳税所得额为 144 000 元。

[②] 年工资薪金所得为 246 000 元，减去费用扣除 140 000 元之后，综合所得的应纳税所得额为 106 000 元。

经营所得的应纳税所得额 = 每一纳税年度的收入总额－成本、费用以及损失

同时取得综合所得和经营所得的纳税人，可在综合所得或经营所得中申报减除费用 6 万元、专项扣除、专项附加扣除以及依法确定的其他扣除，但纳税人不得重复申报减除。

经营所得适用的个人所得税税率表如表 7-19 所示。

表 7-19 经营所得适用的个人所得税税率表

级数	全年应纳税所得额	税率（%）	速算扣除数（元）
1	不超过 30 000 元的	5	0
2	超过 30 000 元至 90 000 元的部分	10	1500
3	超过 90 000 元至 300 000 元的部分	20	10 500
4	超过 300 000 元至 500 000 元的部分	30	40 500
5	超过 500 000 元的部分	35	65 500

【案例 7-12】洪伟公司的销售人员冯伟是全公司的销售冠军，他的全年基本工资加销售提成约为 1 960 000 元，全年奖为 960 000 元，单位每年为其缴纳的社会保险及住房公积金共计 196 000 元，单位从其工资中扣缴的社会保险及住房公积金共计 96 000 元。冯伟在销售过程中为了提高效率，购置了汽车等运输工具，逢年过节，冯伟都会精心为客户准备一些小礼物，全年各项支出加在一起预计 500 000 元。由于冯伟的收入较高，个人所得税的税收负担较重，他最近在考虑从公司离职，设立个人独资企业或一人有限责任公司，之后承接公司的销售业务，从公司获取佣金和手续费。假设冯伟设立个人独资企业或一人有限责任公司的情况如下。

（1）每年能够从洪伟公司取得不含增值税的收入 3 116 000 元。

（2）设立个人独资企业或一人有限责任公司后，冯伟仍旧以企业名义和个人名义分别缴纳 196 000 元和 96 000 元的社会保险和住房公积金；如果冯伟设

立的是一人有限责任公司，则公司每年支付给冯伟的工资薪金为 612 000 元，全年奖为 300 000 元。

（3）其他各项业务支出为 500 000 元，有一些项目在计算应纳税所得额时不得扣除，假设在计算应纳税所得额时，可以被扣除的费用有 450 000 元。

（4）设立的一人有限责任公司符合小型微利企业的条件。

此外，冯伟综合所得的专项附加扣除为 36 000 元，没有依法确定的其他扣除，假设不考虑其他因素，请分析以下 4 个问题。

1. 计算冯伟取得工资薪金和全年奖应该缴纳的个人所得税。

2. 计算冯伟设立个人独资企业应该缴纳的个人所得税。

3. 如果冯伟所设立的个人独资企业能够按照 10% 的核定应税所得率计算缴纳经营所得的个人所得税，冯伟应该缴纳多少个人所得税？

4. 在设立一人有限责任公司的情况下，如果冯伟的公司符合小型微利企业的条件，计算冯伟获得的工资、薪金所得，以及全年奖、股息红利应该缴纳的个人所得税。

【解析】

1. 按照工资、薪金所得纳税，全年奖单独计算纳税的方式，则冯伟的综合所得和全年奖应纳个人所得税 = （1 960 000 − 60 000 − 96 000 − 36 000）× 45% − 181 920 + 960 000 × 35% − 7160 = 942 520（元）。

2. 如果冯伟设立个人独资企业，由于他没有综合所得，所以可以扣除基本费用、专项扣除、专项附加扣除和其他确定的其他扣除，冯伟经营所得应纳个人所得税 = （3 116 000 − 196 000 − 450 000 − 60 000 − 96 000 − 36 000）× 35% − 65 500 = 731 800（元）。

3. 如果按照 10% 的核定应税所得率计算应纳税所得额，冯伟应纳的个人

所得税 = 3 116 000 × 10% × 30% = 93 480[①]（元）。

4.如果冯伟设立一人有限责任公司，且他的公司符合小型微利企业的条件

（1）工资、薪金所得全年应纳个人所得税 = （612 000 − 60 000 − 96 000 − 36 000）× 25% − 31 920 = 73 080（元）

（2）全年奖应纳个人所得税 = 300 000 × 20% − 1410 = 58 590（元）

（3）一人有限责任公司的应纳税所得额 = 3 116 000 − 612 000 − 300 000 − 196 000 − 450 000 = 1 558 000（元）

应纳企业所得税 = 1 000 000 × 12.5% × 20%+（1 558 000 − 1 000 000）× 25% × 20% = 52 900（元）

不考虑盈余公积，公司可以分配的税后利润 = 1 558 000 − 52 900 = 1 505 100（元）。

应该缴纳的股息红利的个人所得税 = 1 505 100 × 20% = 301 020（元）

应纳企业所得税和个人所得税合计 = 73 080+58 590+52 900+301 020 = 485 590（元）

上述四个方案若按照缴纳的企业所得税和个人所得税金额由低到高排序，则排序结果为：方案三、方案四、方案二、方案一。

从上述分析我们可以看到，获得工资、薪金所得较高的个人，可以考虑将工资、薪金所得转化为经营所得或者股息红利所得，但是纳税人在进行此种纳税筹划时需要注意以下 3 点。

（1）纳税人在设立企业时要与原公司谈好业务合作模式以及费用支付问题，在确定费用支付时，不仅要考虑从原公司取得的工资和全年奖，还要考虑原公司为员工负担的社会保险、住房公积金和福利等。

---

① 若按照核定应税所得率计算应纳税所得额，则纳税人在计算缴纳个人所得税时，应直接按照所适用的税率计算纳税，无须扣除相应的速算扣除数。

（2）可供选择的方案包括设立个人独资企业、合伙企业、个体工商户、有限责任公司（含一人有限责任公司）等多种形式，纳税人对于各种方案应仔细加以分析。

（3）对于核定征收要慎之又慎。虽然我们在方案设计中假设某个人独资企业享受核定征收的待遇，但是从目前税收征管的情况看，今后核定征收的情形将越来越少，由于核定征收而形成的税收洼地也将越来越少。此外，纳税人也应仔细鉴别一些地区的招商引资及奖补方案，观察它的政策是否能够持续。

【本章合规要点】

1. 企业在雇用职工的过程中，首先需要从应税项目的角度进行纳税筹划，在工资、薪金所得与劳务报酬所得中进行合理选择。

2. 如果企业向个人支付的是税后收入，则它需要将其转化为税前收入计算纳税。

3. 企业可以通过工资薪金福利化、利用不予征税项目和税收优惠政策、合理设计全年一次性奖金的发放数额、合理设计薪酬方案等方式降低职工的工资薪金所得的税收负担。

4. 个人可以考虑将工资薪金所得转化为经营所得或者股息红利所得，以此降低税收负担。

第 8 章

合同条款需斟酌　凭证管理防风险

【引言】合同、发票是企业进行账务处理的原始凭证，在日常经营过程中，合同和发票往往是涉税风险的多发地。防范合同、发票和其他原始凭证中的涉税风险是每位管理者和财务工作者需要面对的问题。本章我们将介绍以下 4 个问题。

1. 合同将从哪些方面对税收产生影响？如何防范合同中的涉税风险？

2. 企业记账的原始凭证有哪些？

3. 哪些情况下纳税人无须取得发票也可以在税前扣除成本费用？

4. 企业在发票管理中需要注意哪些问题？

8.1　加强合同管理，防范涉税风险

企业在经营管理过程中所签订的合同，是财务核算的重要原始凭证。企业应加强对合同的管理，防范和化解合同中的涉税风险。

8.1.1　合同对税收的影响

1. 合同条款影响税目、税率

同样的业务和金额，合同条款的表述不同，则需要缴纳的应税项目、适用的税率也会有所差异。

【案例 8-1】金友公司是一家从事软件产品开发、销售的公司，销售的软件产品为自主研发、生产的软件产品，现在该公司向丰华贸易公司（增值税一般纳税人）销售其软件产品，含增值税销售额为 30 万元，请问双方应该签订软件产品销售合同，还是软件服务合同？

【解析】

1. 软件产品销售合同

如果金友公司与客户签订的是软件产品销售合同，则金友公司应该按照 13% 的税率计算增值税销项税额，国家为了鼓励软件产业的发展，规定一般纳税人销售其自行开发生产的软件产品，在其按 13% 的法定税率缴纳增值税后，对其实际税负超过 3% 的部分实行即征即退政策。也就是说，销售方的增值税税负率最高不超过销售额的 3%。

对软件产品的购买方而言，取得增值税专用发票，可以抵扣 13% 的进项税额。

2. 软件服务合同

如果金友公司与客户签订的是软件服务合同，提供软件产品的维护服务，则公司需要按照"信息技术服务"这一税目缴纳 6% 的增值税，但公司此时无法享受增值税即征即退的税收优惠政策，而且购买方只能按照 6%，而非 13% 的税率来抵扣进项税额。

因此，金友公司应该与客户签订软件产品销售合同。

如果金友公司销售的是非自主研发、生产的软件产品，而且购买方也不是增值税一般纳税人，那么双方可以考虑签订软件服务合同，以降低金友公司的增值税税收负担。

2. 合同条款影响计税依据

【案例 8-2】美居房地产公司于 2022 年 8 月开盘，该楼盘位于北京市海淀区，由于紧邻多所学校，并且离颐和园、圆明园等景区很近，所以楼盘一开盘便售罄了。该小区一共有 300 套房屋，如果合同约定含增值税价格为 2376.2 万元 / 套，标明增值税税率为 9%，不含增值税价格为 2180 万元 / 套，请问美居房地产公司应如何计算缴纳印花税？如果合同并未注明不含增值税价格，其又将如何计算缴纳印花税？

【解析】

印花税以合同列明的不含增值税价格作为计税依据，如果合同列明不含增值税价格，则公司应纳印花税 = 2180 × 300 × 0.05% = 327（万元）。

如果合同并未标明不含增值税价格，则公司应纳印花税 = 2376.2 × 300 × 0.05% = 356.43（万元）。

3. 合同条款影响计税方式

【**案例 8-3**】通达物流公司为增值税一般纳税人，公司既提供快递服务，又提供仓储服务。2022 年 3 月，通达公司与银龙公司（增值税一般纳税人）签订仓储协议，每月收取银龙公司含增值税的仓储费用 10 万元。请问通达物流公司应如何计算缴纳增值税？银龙公司可以抵扣的进项税额是多少？

【**解析**】

如果仓储协议中未列明计税依据，则通达物流公司在缴纳增值税时存在两种可能：① 按照一般计税方式，依 6% 的税率计算纳税，销项税额 = 100 000 ÷ 1.06 × 6% ≈ 5660.38（元），银龙公司可以抵扣的进项税额也是 5660.38 元；② 按照简易计税方式依 3% 的征收率计算缴纳增值税，因为仓储服务可以选择使用简易计税方式，公司应纳增值税 = 100 000 ÷ 1.03 × 3% ≈ 2912.62（元），银龙公司可以抵扣的进项税额也为 2912.62 元。所以在合同中，双方应该约好计税方式，以免日后产生争议。

4. 合同条款影响纳税义务发生时间、收入确认时间

【**案例 8-4**】盛创贸易公司（以下简称"盛创公司"）是一家矿产品经营公司，该公司从国外进口矿石，向国内企业销售矿石。2021 年 11 月 15 日，盛创公司与 A 公司签订了矿石销售合同，合同规定盛创公司销售给 A 公司 500 吨矿石，不含增值税基准价为 2000 元 / 吨。合同签订后 10 日内，由盛创公司发货，A 公司在收到货物后 15 日内由双方认可的中介公司对矿石的品质进行鉴证并出具鉴证报告，矿石的干燥度每提高 1%，矿石价格便上涨 20 元 / 吨；矿石的干燥度每下降 1%，矿石价格便下调 20 元 / 吨。在 A 公司出具品质报告后 15 日内，双方确定价款，进行结算，并开具发票。合同签订后，2021 年 11 月 22 日，盛

创公司发出矿石，2021 年 12 月 20 日，双方结算价款并开具发票，价款为 103 万元，增值税为 13.39 万元。主管税务机关在税务检查中认为，自盛创公司发出矿石起该项销售行为的增值税纳税义务便已产生，而企业认为应该在 2021 年 12 月 20 日双方结算时纳税义务才发生，请问应如何看待这一问题？

对于一项经济行为而言，涉及以下 3 个问题：①流转税的纳税义务发生时间；②企业所得税的收入确认时间；③会计上收入确认时间。这三者不是同一个概念，企业需要严格加以区分。需要注意的是，合同条款影响流转税纳税义务发生时间和收入确认时间。

【案例 8-4　解析】增值税暂行条例及其实施细则规定，纳税人采取直接收款方式销售货物，无论货物是否发出，纳税义务发生时间为收到销售款或取得索取销售款凭据的当天。《国家税务总局关于增值税纳税义务发生时间有关问题的公告》（国家税务总局公告 2011 年第 40 号）规定："纳税人生产经营活动中采取直接收款方式销售货物，已将货物移送对方并暂估销售收入入账，但既未取得销售款或取得索取销售款凭据也未开具销售发票的，其增值税纳税义务发生时间为取得销售款或取得索取销售款凭据的当天。"但在实际执法中，各地税务机关对国家税务总局公告 2011 年第 40 号的执行情况不太统一，分歧之处主要在于，很多税务机关认为既然企业已经发出了货物，那么其便已经取得了索取销售款项的权利，纳税人的纳税义务自然也产生了。

此外，增值税暂行条例及其实施细则规定，纳税人采取赊销和分期收款方式销售货物，纳税义务发生时间为书面合同约定的收款日期的当天，无书面合同的或者书面合同没有约定收款日期的，为货物发出的当天。

根据上述规定，税务机关认为，企业在书面合同中没有明确赊销或分期收款结算方式，也没有明确约定收款日期，其应该在货物发出的当天发生纳税义务；而企业则认为，按照国家税务总局公告 2011 年第 40 号的规定，企业应该在取得销售款或取得索取销售款凭据的当天才发生纳税义务。正是由于双方对税法规定的理解不同，才引发了这一分歧。在实际税收征管中，征纳双方对税法的某一具体规定理解有分歧属于正常现象，对企业而言，需要做的就是通过规范管理，完善合同条款，减少分歧的产生。如果盛创公司在与 A 公司签订的合同中，写明其将采用分期收款或赊销的方式销售矿石，收款期为 12 月 20 日或 25 日（也可以适当推迟收款时间），税务机关与纳税人的分歧便不复存在了。

5. 合同条款影响收入、成本、费用的确认

【案例 8-5】联华会展公司（以下简称"联华公司"）于 2021 年 12 月承接了某大型企业的年终 VIP 客户答谢会，整场答谢会的总费用约为 120 万元，包括场地租赁费、餐费、歌舞表演费，以及为每位到场的 VIP 客户赠送小礼品等。但是双方在签订合同的过程中，只约定好场地租赁费、餐费、歌舞表演费等费用，并未将为客户购置礼品明确列入合同范畴，双方只是口头商定，将为每位到场的 VIP 客户购置礼品。为承办该项会议，联华公司购入价值 30 万元的礼品，请问联华公司应该如何进行账务处理？

【解析】

企业收入、成本、费用的确认应该遵循配比原则。如果在会展合同中，甲方明确表示需要为客户准备礼品，则联华公司为承办会议收取的 120 万元会议费用应被记入"主营业务收入"，根据合同条款，相应的礼品费用应被记入"主营业务成本"。当然，联华公司在赠送礼品时需要代扣代缴个人所得税，由于合同没有明确规定要在会展活动中赠送礼品，双方只进行了口头约定，所以此时联华公司将礼品费用记入"主营业务成本"就没有足够的理由。

6. 合同条款不明晰容易引发涉税争议

【**案例8-6**】芳华公司于2021年11月30日，将手中持有的百泉公司100%的股权以1000万元的价格转让给伟拓公司。在股权转让合同中，双方约定"自合同签订之日起，伟拓公司成为百泉公司股权的合法权利人，享有并承担自2021年12月1日起该股权的全部权利、义务，并承继芳华公司已经向伟拓公司披露的截至交易基准日的包括百泉公司对芳华公司的全部债权债务，未披露的或有负债或其他义务由芳华公司自己承担"。

办理股权转让手续后，伟拓公司成为百泉公司的股东。为维持百泉公司运营，2022年1月1日，伟拓公司借给百泉公司1800万元资金，由百泉公司偿还购置设备过程中欠A公司的款项，双方约定该笔借款的年利率为6%。2022年12月31日，百泉公司支付给伟拓公司108万元的利息，并将其计入"财务费用"。当地税务机关在进行纳税检查时，认为股权转让合同中规定"伟拓公司承继芳华公司已经向伟拓公司披露的截至交易基准日的包括百泉公司对芳华公司的全部债权债务"，而这1800万元购置设备的欠款在股权转让之前已经存在，按照股权转让合同规定，这笔款项应该由伟拓公司偿还，不应该作为百泉公司向伟拓公司的借款，因此百泉公司税前不得扣除该笔利息支出。请问税务机关的主张是否正确？

【**解析**】

从《公司法》的角度来看，税务机关的主张是不正确的，法规的第三条规定："公司是企业法人，有独立的法人财产，享有法人财产权。公司以其全部财产对公司的债务承担责任。"也就是说，百泉公司作为独立的企业法人，应该以公司全部财产对公司的债务承担责任，而不应该由其股东伟拓公司对其债务承担责任。

但按照伟拓公司与芳华公司签订的股权转让协议，税务机关的主张又是正确的，因为该条款是各方协商的成果，是真实意愿的表述，只要该条款不违法，它就是有效的。之所以出现这一问题，根本原因在于股权转让方与接受方对《公司法》的理解不到位。双方需要明确合同条款的含义，其对于被转让企业债权债务的表述应该为："百泉公司作为独立的法人，以其全部财产对公司的债务承担责任，伟拓公司对其债务承担担保责任"，并且在合同中约定交易各方披露真实信息的义务及违约责任，以避免分歧的产生。这种表述还可以明确以下两点：①百泉公司为债务人，负有偿债的义务；②其新股东伟拓公司承担担保责任，而非还款责任，只有在百泉公司无法按期偿还时，为了确保债权人的利益，伟拓公司才承担相应责任。上述条款也明确了伟拓公司只是将1800万元的款项借给百泉公司，而非无偿赠送。

8.1.2 加强合同管理，防范和化解涉税风险

合同在税目、税率、计税依据、计税方式、纳税义务发生时间、收入确认时间等很多方面影响着企业的税务处理与账务处理。企业应该从以下方面加强合同管理，防范和化解涉税风险。

1. 优化业务流程，让财务人员参与合同的签订与审核工作

企业在合同管理的过程中，往往派内部相关业务部门及法律顾问与对方协商合同条款、签订合同。在合同签订之前，财务人员并未参与合同的审核，只有在等到合同签订之后，在需要支付款项或收取款项时，财务人员才能见到合同。从企业的业务管理流程角度看，这样做是错误的。合同是企业纳税的重要原始凭证，在企业的合同中隐藏着很多涉税问题，因此财务人员需要在合同签订前参与合同的审核工作，将合同中隐藏的涉税风险扼杀于摇篮之中。

2. 在签订合同前，企业应多加考虑，灵活变通，评估合同的可行性，降低企业的税收负担

从前面所介绍的案例中，我们可以看到，同样的业务，采用不同的合同签订方式，拟定不同的合同条款，企业的税收负担也不同。在签订合同前，企业应多加考虑，灵活变通，根据交易各方的实际情况，评估合同的可行性，从而降低企业的税收负担。

3. 合同条款中应明确计税方式、价款是否含增值税、开具的发票类型等问题

对增值税一般纳税人而言，增值税的计税方式有一般计税方式、可以选择简易计税方式、简易计税方式几种。尤其是对于一般纳税人可以选择简易计税方式的情形，双方在签订合同时应该明确计算方式相关问题，避免双方在执行合同时产生争执。

此外，合同条款应该明确价款是否含增值税，公司将开具何种类型的发票，以及一旦遇到国家税率调整，双方对约定的价格应该如何调整等一系列问题。

4. 合同条款应具有合理性

【案例 8-7】中通公司是一家水泥生产企业，公司以 340 元 / 吨的不含增值税价格将水泥销售给宏发公司。宏发公司不仅销售水泥，而且拥有运输资质，宏发公司以 300 元 / 吨的价格将水泥销售给莱特建筑工程公司，与其签下水泥运输合同，每吨水泥收取运费 80 元。请问宏发公司的合同存在哪种涉税风险？

【解析】

宏发公司的合同存在的问题是：水泥的售价明显偏低，售价低于购进价格；水泥的运费偏高，且不具有正当理由，存在将水泥售价人为转移至运费降低增值税负担的嫌疑。该公司在将一项销售行为分拆为两项销售行为后，销售水泥

的行为变为兼营行为，销售水泥按照 13% 的税率缴纳增值税，运输水泥按照 9% 的税率缴纳增值税，分拆法可以帮助公司实现降低增值税税负的目的。但是由于公司的售价明显偏低，且不具有合理性，其容易被税务机关予以纳税调整。

5. 合同条款应明确对交易各方税费的处理，并遵守法律规定

【案例 8-8】2022 年 1 月 15 日，泰峰公司从国外 A 公司购入一项商标权的使用权，合同约定，泰峰公司应支付 A 公司商标权使用费 10 万美元，约合人民币 66 万元。泰峰公司在向 A 公司支付款项时，代扣代缴了 37 358.49 元的增值税，以及 62 264.15 元的预提所得税，并将剩余款项付给 A 公司。A 公司认为泰峰公司应该支付其 10 万美元，请问 A 公司的主张是否合理？

各方在签订合同的过程中可能忽略税收问题，尤其是在国际经济交往中，各国的税收制度存在差异，如果合同条款未明确相应的税务处理方式，则在合同执行的过程中，交易双方对税费的处理容易出现分歧。《财政部 国家税务总局关于全面推开营业税改增值税试点的通知》（财税〔2016〕36 号）规定：中华人民共和国境外（以下称境外）单位或者个人在境内发生应税行为，在境内未设有经营机构的，以购买方为增值税扣缴义务人。财政部和国家税务总局另有规定的除外。也就是说，境外单位或个人若发生我国增值税的应税行为，属于我国增值税的纳税人，应该缴纳相应税款，其接受方、受让方或购买方都只是扣缴义务人。

我国企业所得税法及其实施条例也规定，在中国境内未设立机构、场所的，或者虽设立机构、场所但取得的所得与其所设机构、场所没有实际联系的，应就其来源于中国境内的所得缴纳所得税。对于该所得税实行源泉扣缴，以支付人为扣缴义务人。也就是说，在中国境内取得所得的非居民企业同样有纳税义

务，其支付人为扣缴义务人。

【案例8-8　解析】根据财税〔2016〕36号文件，商标权属于无形资产，销售无形资产，是指转让无形资产所有权或者使用权的业务活动，企业转让商标使用权的行为属于增值税的征税范围。文件中的"在境内提供应税服务"，是指应税服务的提供方或者接受方在境内。对于泰峰公司向A公司支付的商标权费，该项商标权的接受方在中国境内，转让方需要缴纳中国的增值税，也就是说，A公司为中国增值税的纳税人。

根据企业所得税法及其实施条例，特许权使用费所得，按照负担、支付所得的企业或者机构、场所所在地确定，或者按照负担、支付所得的个人的住所地确定。由于支付该项所得的企业为中国企业，因此该项所得的来源地为中国，需要按照10%的税率缴纳中国的预提所得税。同理，A公司是中国企业所得税的纳税人，泰峰公司为扣缴义务人。

在合同未明确规定由谁来负担这笔税款的情况下，应该由纳税人，即A公司缴纳这笔税款，由泰峰公司代扣代缴税款，所以A公司的主张是不合理的。但是为了避免合同在执行过程中出现分歧，各方最好在签订合同时明确税务处理问题，明确约定10万美元的费用是税前还是税后金额。

6.企业应按照合同规定支付价款和费用，开具发票，并进行相应的账务处理

企业的账务处理、税务处理与合同不匹配是引发涉税风险的重要原因之一。企业的财务部门在进行账务处理和税务处理时，一定要查看合同，根据合同付款、开具发票，并进行相应的账务处理。

8.2　如何防范税前扣除凭证的涉税风险

为了降低税收负担，避免由于原始凭证不合格而导致税前无法扣除成本费用、无法抵扣进项税额等问题的产生，企业应该加强对税前扣除凭证的管理。在管理过程中，企业需要注意以下问题。

8.2.1　明确企业所得税税前扣除凭证的范围及取得时间

发票在我国的税收征管中占据重要地位，税务稽查中有"查账必查票""查案必查票""查税必查票"等要求。正是因为发票十分重要，纳税人容易产生一些误解，认为发票是唯一的税前扣除凭证。

《国家税务总局关于发布〈企业所得税税前扣除凭证管理办法〉的公告》(国家税务总局公告2018年第28号)明确规定，税前扣除凭证是指企业在计算企业所得税应纳税所得额时，证明与取得收入有关的、合理的支出实际发生，并据以税前扣除的各类凭证。

税前扣除凭证按照来源分为内部凭证和外部凭证。内部凭证是指企业自制用于成本、费用、损失和其他支出核算的会计原始凭证，如成本计算单、差旅费报销单等。内部凭证的填制和使用应当符合国家会计法律、法规等相关规定。外部凭证是指企业发生经营活动和其他事项时，从其他单位、个人取得的用于证明其支出发生的凭证，包括但不限于发票(包括纸质发票和电子发票)、财政票据、完税凭证、收款凭证、分割单等。由此我们可以看出：发票是最重要的税前扣除凭证，但它不是唯一的税前扣除凭证。

1. 最重要的税前扣除凭证：发票

发票的开票范围与增值税的征税范围息息相关：①属于增值税征税范围的，属于发票的开具范围；②不属于增值税征税范围的，不属于发票开具范围；③免税不等于不征税，免征增值税的行为仍旧属于发票的开具范围；④税法目前对于 16 项行为有特殊规定，即纳税人即使未发生增值税纳税义务，也可以开具增值税发票，其税率栏应该填写"不征税"；具体包括预付卡销售和充值、销售自行开发的房地产项目预收款、已申报缴纳营业税未开票补开票、代收印花税、代收车船使用税、融资性售后回租承租方出售资产、资产重组涉及的不动产、资产重组涉及的土地使用权、代理进口免税货物货款、有奖发票奖金支付、不征税自来水、建筑服务预收款、代收民航发展基金、拍卖行受托拍卖文物艺术品代收货款、与销售行为不挂钩的财政补贴收入、资产重组涉及的货物，除了以上行为，未发生增值税的应税行为不得开具发票。

企业在境内发生的支出项目属于增值税应税项目的，对方为已办理税务登记的增值税纳税人，其支出以发票（包括按照规定由税务机关代开的发票）作为税前扣除凭证除。除另有规定外，如果一项行为属于发票开具范围，但企业并未取得发票，则其不得于企业所得税税前扣除相应成本费用。

【案例 8-9】日尚建筑公司为中远公司修建了办公楼，合同价款为 5000 万元。办公楼建造完成后，中远公司因未按期支付剩余的工程款 500 万元，被日尚建筑公司诉至法院。法院判决中远公司应支付剩余的工程款 500 万元，并且支付违约金 100 万元。在中远公司按照法院判决付清工程款及违约金后，日尚建筑公司开具了 500 万元的工程款发票和 100 万元的违约金收据。请问：中远公司可否以工程款发票、违约金收据及法院的判决书作为入账依据？为什么？

【解析】

中远公司可以以工程款发票作为入账依据，但不能以违约金收据作为入账依据。日尚建筑公司提供了建筑服务，其提供建筑服务的销售额包括全部价款和价外费用，价外费用包括公司收取的手续费、补贴、基金、集资费、返还利润、奖励费、违约金、滞纳金、延期付款利息、赔偿金、代收款项、代垫款项、罚息及其他各种性质的价外收费，但不包括以下项目。

（1）代为收取并同时满足以下条件的政府性基金或者行政事业性收费。

① 由国务院或者财政部批准设立的政府性基金，由国务院或者省级人民政府及其财政、价格主管部门批准设立的行政事业性收费。

② 收取时开具省级以上（含省级）财政部门统一印制或监制的财政票据。

③ 所收款项全额上缴财政。

（2）以委托方名义开具发票代委托方收取的款项。

公司的其他价外费用都应该被并入销售额，计算缴纳增值税。

由此可见，日尚建筑公司在提供建筑服务时收取的违约金属于增值税中的价外费用范畴，应计算缴纳增值税。日尚建筑公司在收取违约金时，也应该向中远公司开具发票，中远公司才可以将其作为入账依据。

2. 企业未取得发票也可以进行税前扣除的情形

发票是税前扣除的重要凭证，但不是唯一凭证。在下列情形中，企业即使未取得发票也可以进行税前扣除。

（1）企业在境内发生的支出项目属于增值税应税项目，对方为依法无须办理税务登记的单位或者从事小额零星经营业务的个人，其支出以税务机关代开的发票或者收款凭证及内部凭证作为税前扣除凭证，收款凭证应载明收款单位名称、个人姓名及身份证号、支出项目、收款金额等相关信息。小额零星经营业务的判断标准是个人从事应税项目经营业务的销售额不超过增值税相关政策规定的起征点。

从该项规定中我们可以看到，当支出项目属于增值税应税项目时，在以下两种情况下，企业即使未取得发票，也可以扣除成本费用：①对方为依法无须办理税务登记的单位，比如行政机关、司法机关、无须办理税务登记的事业单位等；②销售方为依法无须办理税务登记，且从事应税项目经营业务的销售额未超过增值税起征点的个人。此处需要注意，个人不包括个体工商户，个体工商户是需要办理税务登记的。

【案例 8-10】启航培训公司于 2022 年 2 月 20 日举办了一期培训班，公司向某高校租赁了 2 间教室，支付了 3000 元的租金。该高校向其开具了行政事业性收费票据。请问启航培训公司能否以取得的收据作为企业所得税的税前扣除凭证？为什么？

【解析】

该高校向启航培训公司开具行政事业性收费票据收取房屋租金的行为是错误的。行政事业性收费票据属于财政票据中的一种，财政票据是指由省、自治区、直辖市财政部门统一印制和发放，由国家机关、事业单位、或经法律法规授权的具有管理公共事务职能的机构、代行政府职能的社会团体以及其他组织（以下简称"执收单位"），依据有关法律、法规和省、自治区、直辖市人民政府有关规定，征收或者收取政府非税收入。政府举办的非营利性医疗机构从事医疗服务取得的收入，社会团体收取会费，以及上述执收单位进行财务往来结算等应当使用财政票据的财务行为时，向公民、法人及其他组织开具的收款或缴款凭证。学校在向学生收取学费时应该开具财政票据，而学校将房屋出租并收取租金的行为属于获得增值税应税收入的过程，不属于收取政府非税收入的情形，学校不能开具行政事业性收费票据。此时有以下两种处理方案。

第一，如果该高校办理了税务登记，就应该开具增值税发票。目前，我国绝大部分高校已经办理了税务登记，只要办理了税务登记，就必须向启航培训公司开具租金发票。

第二，如果该高校未办理税务登记，主管税务机关可以代开发票或者向启航培训公司开具收款凭证，收款凭证上应载明收款单位名称、支出项目、收款金额等相关信息。启航培训公司以高校开具的收款凭证及自身制作的内部凭证作为税前扣除凭证。

（2）企业在境内发生的支出项目不属于应税项目，对方为单位的，企业应以对方开具的发票以外的其他外部凭证作为税前扣除凭证；对方为个人的，以内部凭证作为税前扣除凭证。

企业在境内发生的支出项目虽不属于应税项目，但按税务总局规定可以开具发票的，比如"未发生销售行为的不征税项目"，企业可以以发票作为税前扣除凭证。

【案例8-11】日尚建筑公司为中远公司修建办公楼，双方于合同中明确约定了施工规范，比如施工过程中施工人员要佩戴安全帽等，一旦违反相关约定，中远公司便要对日尚建筑公司罚款。2022年4月，4名建筑工人由于在施工过程中未佩戴安全帽，被中远公司罚款800元。请问上述罚款能否被在企业所得税税前扣除？扣除的原始凭证是什么？

【解析】

（1）上述罚款可以被在日尚建筑公司的企业所得税税前扣除，因为上述罚款属于违反合同的罚款，而不是行政性罚款。

（2）中远公司并未向日尚建筑公司销售货物、服务、劳务、无形资产、不动产，也就是说，中远公司并未发生增值税应税行为，其收取的罚款不属于增值税的征税范围，也不属于发票的开具范围，日尚建筑公司应以中远公司开具的罚款收据等外部凭证作为税前扣除凭证。

（3）企业从境外购进货物或者劳务发生的支出，以对方开具的发票或者具有发票性质的收款凭证、相关税费缴纳凭证作为税前扣除凭证。

（4）企业与其他企业（包括关联企业）、个人在境内共同接受应纳增值税劳务发生的支出，采取分摊方式的，应当按照独立交易原则进行分摊，企业以发票和分割单作为税前扣除凭证，共同接受应税劳务的其他企业以企业开具的分割单作为税前扣除凭证。

企业与其他企业、个人在境内共同接受非应税劳务发生的支出，采取分摊方式的，企业以发票外的其他外部凭证和分割单作为税前扣除凭证，共同接受非应税劳务的其他企业以企业开具的分割单作为税前扣除凭证。

企业租用（包括企业作为单一承租方租用）办公、生产用房等资产发生的水、电、燃气、冷气、暖气、通信线路、有线电视、网络等费用，出租方作为应税项目开具发票的，企业以发票作为税前扣除凭证；出租方采取分摊方式的，企业以出租方开具的其他外部凭证作为税前扣除凭证。

【案例 8-12】日尚建筑公司租用北航公司的办公楼，双方签订了办公楼租赁协议。由于该办公楼的水表、电表等只有一个，供水公司、供电公司将发票开具给北航公司，北航公司将该办公楼的 800 元水费、1500 元电费分摊给日尚建筑公司，请问日尚建筑公司应该如何取得税前扣除凭证。

【解析】

共有以下两种情形。

（1）出租方北航公司如果将收取的水费、电费作为应税项目开具发票，日尚建筑公司应以发票作为税前扣除凭证。

（2）出租方北航公司如果采取分摊方式，日尚建筑公司应以出租方开具的水费、电费分割单，房屋租赁协议等作为税前扣除凭证。

3. 企业应当取得而未取得发票、其他外部凭证或者取得不合规发票、不合规其他外部凭证时的处理措施

企业应当取得而未取得发票、其他外部凭证或者取得不合规发票、不合规其他外部凭证的，若支出真实且已实际发生，企业应当在当年度汇算清缴期结束前，要求对方补开、换开发票、其他外部凭证。补开、换开后的发票、其他

外部凭证符合规定的，可以被作为税前扣除凭证。

企业在补开、换开发票、其他外部凭证过程中，因对方注销、撤销、依法被吊销营业执照、被税务机关认定为非正常户等特殊原因无法补开、换开发票、其他外部凭证的，可凭以下资料证实支出真实性后，其支出允许税前扣除。

（1）无法补开、换开发票、其他外部凭证原因的证明资料（包括工商注销、机构撤销、列入非正常经营户、破产公告等证明资料）。

（2）相关业务活动的合同或者协议。

（3）采用非现金方式支付的付款凭证。

（4）货物运输的证明资料。

（5）货物入库、出库内部凭证。

（6）企业会计核算记录以及其他资料。

其中，第（1）~（3）项为必备资料。

4. 企业所得税税前扣除凭证的取得时间

企业应在当年度企业所得税法规定的汇算清缴期结束前（即次年的 5 月 31 日之前）取得税前扣除凭证。

汇算清缴期结束后，税务机关发现企业应当取得而未取得发票、其他外部凭证或者取得不合规发票、不合规其他外部凭证并且告知企业的，企业应当自被告知之日起 60 日内补开、换开符合规定的发票、其他外部凭证。其中，因对方特殊原因无法补开、换开发票、其他外部凭证的，企业应当按照规定，自被告知之日起 60 日内提供可以证实其支出真实性的相关资料。企业在规定的期限未能补开、换开符合规定的发票、其他外部凭证，并且未能按照规定提供相关资料证实其支出真实性的，其相应支出不得在发生年度税前扣除。

除另有规定外，企业以前年度应当取得而未取得发票、其他外部凭证，且相应支出在该年度没有税前扣除的，在以后年度取得符合规定的发票、其他外部凭证或者按照规定提供可以证实其支出真实性的相关资料，相应支出可以追补至该支出发生年度税前扣除，但追补年限不得超过 5 年。

从上述规定我们可以看到，对企业而言，第一，其最好在业务发生当期取得税前扣除凭证；第二，在次年 5 月 31 日前取得扣除凭证最晚应该在业务发生年度之日起 5 年内取得，这样才符合企业所得税税前扣除的相关要求。

8.2.2 加强发票管理，一旦丢失，及时采取措施

企业应该加强本单位发票的领用、开具、取得的管理。取得发票的单位和个人应妥善保管发票，企业发生发票丢失情形时，应于发现丢失当日书面报告税务机关。对于增值税专用发票或机动车销售统一发票丢失的情况，企业应该按照表 8-1 的规定及时采取措施。

表 8-1　企业丢失增值税专用发票或机动车销售统一发票时应采取的措施

具体情形	处理措施
同时丢失已开具增值税专用发票或机动车销售统一发票的发票联和抵扣联	可凭加盖销售方发票专用章的相应发票记账联复印件，作为进项税额抵扣凭证、退税凭证或记账凭证
丢失已开具增值税专用发票或机动车销售统一发票的抵扣联	可凭相应发票的发票联复印件，作为进项税额的抵扣凭证或退税凭证
丢失已开具增值税专用发票或机动车销售统一发票的发票联	可凭相应发票的抵扣联复印件，作为记账凭证

8.2.3 收到异常增值税扣税凭证时的处理措施

1.异常增值税扣税凭证的范围

符合下列情形之一的增值税专用发票，将被列入异常凭证范围。

（1）纳税人丢失、被盗税控专用设备中未开具或已开具未上传的增值税专用发票。

（2）非正常户纳税人未向税务机关申报或未按规定缴纳税款的增值税专用

发票。

（3）增值税发票管理系统稽核比对发现"比对不符""缺联""作废"的增值税专用发票。

（4）经税务总局、省税务局大数据分析发现，纳税人开具的增值税专用发票存在涉嫌虚开、未按规定缴纳消费税等情形的。

（5）走逃（失联）企业存续经营期间发生下列情形之一的，所对应属期开具的增值税专用发票列入异常增值税扣税凭证范围。

① 商贸企业购进、销售货物名称严重背离的；生产企业无实际生产加工能力且无委托加工，或生产能耗与销售情况严重不符，或购进货物并不能直接生产其销售的货物且无委托加工的。

② 直接走逃失踪不纳税申报，或虽然申报但通过填列增值税纳税申报表相关栏次，规避税务机关审核比对，进行虚假申报的。

此外，增值税一般纳税人申报抵扣异常凭证，同时符合下列情形的，其对应开具的增值税专用发票列入异常凭证范围。

① 异常凭证进项税额累计占同期全部增值税专用发票进项税额70%（含）以上的。

② 异常凭证进项税额累计超过5万元的。

纳税人尚未申报抵扣、尚未申报出口退税或已作进项税额转出的异常凭证，其涉及的进项税额不计入异常凭证进项税额的计算。

2. 增值税一般纳税人收到异常增值税扣税凭证时的处理

增值税一般纳税人收到异常增值税扣税凭证时的处理如表8-2所示。

表 8-2　增值税一般纳税人收到异常增值税扣税凭证时的处理

类型	处理措施
尚未申报抵扣进项税额	暂不允许抵扣。已经申报抵扣进项税额的，除另有规定外，一律作进项税额转出处理

（续表）

类型	处理措施
尚未申报出口退税或已申报但尚未办理出口退税	除另有规定外，暂不允许办理出口退税。适用免抵退税办法的纳税人已办理出口退税的，应根据列入异常凭证范围的增值税专用发票上注明的增值税额作进项税额转出处理；适用免退税办法的纳税人已办理出口退税的，税务机关应按规定对列入异常凭证范围的增值税专用发票对应的已退税款追回
	纳税人因骗取出口退税停止出口退（免）税期间取得的增值税专用发票被列入异常凭证范围的，按照第一个类型执行
消费税纳税人以外购或委托加工收回的已税消费品为原料连续生产应税消费品	尚未申报扣除原料已纳消费税税款的，暂不允许抵扣；已经申报抵扣的，冲减当期允许抵扣的消费税税款，当期不足冲减的应当补缴税款
纳税信用A级纳税人取得异常凭证且已经申报抵扣增值税、办理出口退税或抵扣消费税	可以自接到税务机关通知之日起10个工作日内，向主管税务机关提出核实申请。经税务机关核实，符合现行增值税进项税额抵扣、出口退税或消费税抵扣相关规定的，可不作进项税额转出、追回已退税款、冲减当期允许抵扣的消费税税款等处理。纳税人逾期未提出核实申请的，应于期满后按照上述规定作相关处理
纳税人对税务机关认定的异常凭证存有异议	可向主管税务机关提出核实申请。经税务机关核实，符合现行增值税进项税额抵扣或出口退税相关规定的，纳税人可继续申报抵扣或者重新申报出口退税；符合消费税抵扣规定且已缴纳消费税税款的，纳税人可继续申报抵扣消费税税款

3. 收到异常增值税扣税凭证时的应对措施

异常增值税扣税凭证只是可能出问题的凭证，而不是一定有问题的凭证。纳税人在接到税务机关的通知后，应该根据业务的实际情况，采取不同的应对措施。

（1）如果业务是虚假的，此时纳税人应及时转出增值税的进项税额，补缴增值税税款和滞纳金，补缴企业所得税税款及滞纳金，尽量降低或免除罚款。

（2）如果业务是真实的，由于对方原因导致出现发票虚开的状况，那么此时纳税人应该尽量争取被认定为善意取得虚开的增值税专用发票。

① 增值税的处理。购货方与销售方存在真实的交易，销售方使用的是其所在省（自治区、直辖市和计划单列市）的专用发票，专用发票注明的销售方名称、印章、货物数量、金额及税额等全部内容与实际相符，且没有证据表明购货方知道销售方提供的专用发票是以非法手段获得的，对购货方不以偷税或者骗取出口退税论处。但应按有关法规不予抵扣进项税款或者不予出口退税；购货方已经抵扣的进项税款或者取得的出口退税，应依法追缴。纳税人善意取得虚开的增值税专用发票被依法追缴已抵扣税款的，不属于"纳税人未按照规定期限缴纳税款"的情形，其无须缴纳滞纳金。

购货方能够重新从销售方取得防伪税控系统开出的合法、有效专用发票的，或者取得手工开出的合法、有效专用发票且取得了销售方所在地税务机关已经或者正在依法对销售方虚开专用发票行为进行查处证明的，购货方所在地税务机关应依法准予抵扣进项税款或者出口退税。

如有证据表明购货方在进项税款得到抵扣或者获得出口退税前知道该专用发票是销售方以非法手段获得的，对购货方应按偷税、骗取出口退税处理。

② 企业所得税的处理。如果业务是真实的，且购买方能够重新从销售方取得防伪税控系统开出的合法、有效专用发票的，企业可以在企业所得税税前抵扣相关成本费用。如果企业出于客观原因无法取得销售方重新开具的合法的发票，其可凭以下资料证实业务的真实性，并于税前扣除其成本费用：a. 无法补开、换开发票、其他外部凭证原因的证明资料（包括工商注销、机构撤销、列入非正常经营户、破产公告等证明资料）；b. 相关业务活动的合同或者协议；c. 采用非现金方式支付的付款凭证；d. 货物运输的证明资料；e. 货物入库、出库内部凭证；f. 企业会计核算记录以及其他资料。上述 a、b、c 三项资料为必备资料。

（3）如果业务是真实的，发票是真实的，发票与业务是匹配的，则发票属于合格的凭证，企业可以凭借其抵扣进项税额，也可以在企业所得税税前扣除相关成本费用。

如果购销双方的业务是真实的，发票与业务相符，那么销售方即使通过虚增增值税进项税额偷逃税款，其对外开具增值税专用发票同时符合以下情形的，也不属于虚开增值税专用发票。

① 销售方向受票方纳税人销售了货物、劳务、服务、无形资产、不动产。

② 销售方向受票方纳税人收取了所销售货物、劳务、服务、无形资产、不动产的款项，或者取得了索取销售款项的凭据。

③ 销售方按规定向受票方纳税人开具的增值税专用发票相关内容，与所销售货物、劳务、服务、无形资产、不动产相符，且该增值税专用发票是纳税人合法取得并以自己名义开具的。

受票方纳税人若取得符合上述情形的增值税专用发票，可以将其作为增值税扣税凭证抵扣进项税额。

从上述规定我们可以看到，企业在进行采购时，做到合同流、业务流、资金流、发票流一致，对于降低企业的涉税风险而言是至关重要的。

【案例 8-13】广达公司主要从事煤炭的开采和加工业务，为增值税一般纳税人，纳税信用等级为 A 级，2021 年 12 月，公司从一般纳税人润锋公司购买配件并取得增值税专用发票，广达公司以银行转账方式支付货款并取得增值税专用发票，之后公司对发票进行了查询并抵扣了进项税额，将不含税价在成本费用中列支。2022 年 7 月，广达公司收到主管税务机关通知，润锋公司于 2021 年年初被认定为走逃（失联）企业，税务机关认为广达公司 2021 年从润锋公司取得的增值税专用发票为异常增值税扣税凭证，要求广达公司将已抵扣税额作进项税额转出，并补缴增值税，相应成本不得在企业所得税税前扣除，广达公司应调整 2021 年企业所得税申报表并补缴税款，以上补缴的税款应按规定缴纳滞纳金。如果广达公司从润锋公司购进配件的业务是真实的，广达公司应该如何处理？

【解析】

由于广达公司纳税信用等级为 A 级，因此其应在接到主管税务机关通知后 10 个工作日内向主管税务机关提出审核申请，并提交购销合同、购货款的转账记录和配件的入库、领用记录，如果当初配件经历了运输流程，还应提交运输合同或单据等，以证明业务的真实性。若经税务机关核实，广达公司的业务与发票被证实真实且相符，则公司可以继续以相关发票抵扣进项税额，并将相关发票作为企业所得税的税前扣除凭证。

【本章合规要点】

1. 合同、发票是企业账务处理的原始凭证，企业需要防范二者的涉税风险。

2. 合同条款影响税目、税率、计税依据、计税方式，影响纳税义务的发生时间、收入确认时间，影响收入、成本、费用的配比。此外，合同条款不明晰容易引发涉税争议，企业应该加强合同管理，防范和化解风险。

3. 企业在企业所得税税前扣除凭证的管理过程中，应该明确合格的税前扣除凭证的范围，一旦出现发票丢失现象，企业要及时采取措施；对于收到的异常增值税扣税凭证，企业应该根据发票与业务的具体情况及时采取措施。

第 9 章

不同方案税差大　收回投资细思量

【引言】企业在对外进行长期股权投资后，可能会由于经营策略的调整而准备收回长期股权投资。此时企业的管理者和财务人员需要考虑以下问题。

1. 企业可以采取哪些方式收回长期股权投资？

2. 不同的收回方式应如何进行税务处理？

3. 企业应如何进行纳税筹划？

在本章中，我们将分析企业收回投资的纳税筹划问题。

9.1　股息、红利等权益性投资收益的税会差异

采用小企业会计准则的企业对长期股权投资的核算应采用成本法；采用企业会计准则的企业对长期股权投资的核算有两种方法：成本法和权益法。

9.1.1　投资收益的核算

适用成本法的情形：①企业能够对被投资单位实施控制的长期股权投资，即企业对子公司的长期股权投资；②投资企业对被投资单位不具有共同控制或重大影响，并且在活跃市场中没有报价、公允价值不能可靠计量的长期股权投资。在成本法下，投资方按照被投资方做出利润分配决定的日期确认投资收益的实现。

企业对被投资单位具有共同控制或重大影响时，长期股权投资应当采用权益法核算。具体包括：①企业对被投资单位具有共同控制的长期股权投资，即企业对其合营企业的长期股权投资；②企业对被投资单位具有重大影响的长期股权投资，即企业对其联营企业的长期股权投资。在权益法下，投资方应随着被投资方所有者权益的变化而确认投资收益。

9.1.2　投资收益的税法规定

1. 投资收益确认的时间

企业所得税法及其实施条例规定，股息、红利等权益性投资收益，除国务院财政、税务主管部门另有规定外，按照被投资方做出利润分配决定的日期确认收入的实现。

2. 税收优惠

为了鼓励企业投资，也为了避免重复征税，税法对股息、红利等权益性投资收益做出了相应的免税规定。

（1）符合条件的居民企业之间的股息、红利等权益性投资收益免征企业所得税。

其中符合条件的居民企业之间的权益性投资收益是指居民企业直接投资于其他居民企业取得的投资收益。在实践中，企业要注意把握直接投资的要求，避免由于不符合条件而无法享受免税待遇。例如，居民企业 A 公司委托居民企业 B 公司投资于居民企业 C 公司，此时由于 A 公司对 C 公司不属于直接投资，所以 A 公司从 C 公司分得的股息、红利无法享受免税待遇；如果 A 公司投资于 B 公司，B 公司再投资于 C 公司，此时股权投资的链条是完整的，所以 A 公司从 B 公司分得的股息、红利以及 B 公司从 C 公司分得的股息、红利均可以享受免税待遇。

（2）在中国境内设立机构、场所的非居民企业从居民企业取得与该机构、场所有实际联系的股息、红利等权益性投资收益免征企业所得税。

上述两项免税投资收益都不包括连续持有居民企业公开发行并上市流通的股票不足 12 个月取得的投资收益。对于免征企业所得税的投资收益，企业在进行企业所得税汇算清缴时，需要做纳税调减处理。

9.1.3　投资收益的税会差异

在成本法下，会计与税法确认投资收益的时间相同。但税法规定，对符合条件的居民企业直接投资于其他居民企业的所取得的股息、红利收入免征企业所得税，所以企业在计算此类收入的应纳税所得额时，要按税法规定进行纳税调减。

在权益法下，当被投资企业实现净利润时，会计上应将其确认为投资收益；而税法规定，投资方应在被投资方做出利润分配决策时，确认投资收益的实现，所以此时会计上确认的投资收益，在税法上并未被确认为收入，企业在计算应纳税所得额时，需要进行纳税调减。等到被投资方宣告分配股息、红利时，投资方应该借记"应收股利",贷记"长期股权投资——损益调整",即于会计方面,企业不再确认投资收益并影响会计利润,但于所得税方面,企业要确认投资收益。由于投资收益确认的时间不一致,企业在计算应纳税所得额时要进行纳税调增。此外,如上文所述,税法规定对符合条件的居民企业直接投资于其他居民企业所取得的股息、红利收入免征企业所得税,因此企业在计算应纳税所得额时,还需要进行纳税调减,此时企业需要注意,调增与调减的理由不同:之所以进行纳税调增,是因为会计与税法上对投资收益确认的时间不一致;之所以进行纳税调减,是因为税法上有免税的规定。

【案例9-1】2021年,宏达公司的"投资收益"账目记载了以下事项:投资收益90万元,系该公司对兴旺公司进行的股权投资(宏达公司持股比例为30%),按权益法核算,兴旺公司2021年实现税后净利润300万元。经查询,兴旺公司尚未做出2021年度的利润分配决策。

2022年5月,兴旺公司做出利润分配决策,将所实现的200万元利润用于分配,宏达公司分得60万元的股息红利。

请分析该事项对宏达公司企业所得税的影响。

【解析】

税法规定,企业的股息、红利等权益性投资收益,除国务院财政、税务主管部门另有规定外,按照被投资方做出利润分配决定的日期确认收入的实现。由于被投资方兴旺公司尚未做出2021年的利润分配决策,宏达公司按权益法核算所确认的投资收益不应被计入应纳税所得额,宏达公司应当调减应纳税所得额90万元。

2022年5月,兴旺公司做出利润分配决策,宏达公司在计算2022年应纳税所得额时应该确认60万元的投资收益,但由于其在会计上已经于2021年确认过投资收益,投资收益确认时间不一致,所以宏达公司在计算应纳税所得额时需要纳税调增 60 万元；此外，这 60 万元的投资收益属于符合免税条件的投资收益，宏达公司还需要进行纳税调减。

9.2 企业收回股权投资的方式及纳税筹划

企业在进行股权投资后，要想收回投资，主要有以下 4 种方式：①直接转让股权；②先分配利润再转让股权；③先以未分配利润和盈余公积转增资本，之后再转让股权；④撤资。在本节，我们将基于这 4 种投资方式的税务处理介绍企业应该如何进行纳税筹划。

【案例 9-2】联华投资有限公司（以下简称"联华公司"）于 2009 年 8 月，以 600 万元的货币资金与 A 公司投资成立了联营公司昌盛贸易公司（以下简称"昌盛公司"），联华公司占有 30% 的股权，A 公司占有 70% 的股权。理石公司于 2020 年 3 月投资 2000 万元，占有昌盛公司 33.33% 的股份，联华公司所占股份被稀释为 20%，A 公司所占股份被稀释为 46.67%。后来联华公司因经营策略有变，拟于 2022 年 2 月终止对昌盛公司的投资。经深入调查，税务师了解到以下情况。

终止投资时，昌盛公司的资产负债表如表 9-1 所示。

表 9-1 昌盛公司的资产负债表

单位：万元

资产期末数		负债及所有者权益期末数	
流动资产	4000	流动负债	1000
其中：货币资金	3500	其中：短期借款	1000
存货	500	长期负债 0	

（续表）

资产期末数		负债及所有者权益期末数	
长期投资	0	所有者权益	9000
固定资产	6000	其中：实收资本	3000
其中：房屋（净值）	4000	资本公积	1000
设备（净值）	2000	盈余公积	1500
其他资产	0	未分配利润	3500
资产总计	10 000	负债及所有者权益总计	10 000

假设经评估，昌盛公司净资产的公允价值为 9000 万元（即公允价值与账面价值相同），联华公司有四种终止投资的方案，具体如下。

方案一：直接转让股权方案，联华公司以 1800 万元的价格将昌盛公司 20% 的股权转让给理石公司。

方案二：先分配再转让股权方案，昌盛公司先分配 3500 万元的未分配利润，联华公司收回 700（3500×20%）万元，然后以 1100 万元的价格将昌盛公司 20% 的股权转让给理石公司。

方案三，先转增资本再转让股权方案，昌盛公司先用 750（3000×25%）万元的盈余公积（转增后留存的盈余公积的数额不得少于增资前注册资本的 25%）和 3500 万元的未分配利润增加注册资本，之后联华公司再以 1800 万元的价格将昌盛公司 20% 的股权转让给理石公司。

方案四：撤资方案，联华公司从昌盛公司撤资，收回货币资金 1800 万元。

假定上述四种方案都可行，其他情况都一致，联华公司没有可以税前弥补的亏损。

1. 上述四种方案应如何进行税务处理？

2. 在忽略印花税的情况下，分别计算联华公司四种方案实施后的税后净利润，并说明哪种方案对联华公司更为有利？

9.2.1 直接转让股权的税务处理

1. 增值税

股权转让不属于增值税的征税范围，不征收增值税；如果企业转让上市公司的股票，则属于转让金融商品，需要按照卖出价与买入价的差额计算缴纳增值税。个人转让金融商品，免征增值税。

2. 印花税

企业在股权转让过程中所签订的股权转让协议，应该按照"产权转移书据"缴纳 0.5‰的印花税；如果是股票转让，则卖出方应按照 1‰缴纳印花税，买入方无须缴纳印花税。

3. 企业所得税

在企业所得税中，企业转让股权收入，应于转让协议生效且企业已完成股权变更手续时，确认收入的实现。转让股权收入扣除为取得该股权所发生的成本后，为股权转让所得。企业在计算股权转让所得时，不得扣除被投资企业未分配利润等股东留存收益中按该项股权所可能分配的金额。

【案例 9-2　解析 1】

1. 联华公司

在联华公司的方案一（直接转让股权方案）中，联华公司需要按照产权转移书据缴纳 0.5‰的印花税。

在不考虑印花税的情况下，联华公司的税后利润如下。

股权转让所得 = 1800 − 600 = 1200（万元）

应纳企业所得税 = 1200 × 25% = 300（万元）

税后净利润 = 1200 − 300 = 900（万元）

2.昌盛公司

在股权转让方案中，对昌盛公司而言，所有者权益总额未发生变化，只是股东发生了变化，其需要办理变更工商登记和变更税务登记，同时要对实收资本的变化进行相应账务处理。

借：实收资本——联华公司　　　　　　　　　　　　　　6 000 000

　　贷：实收资本——理石公司　　　　　　　　　　　　　6 000 000

9.2.2　先分配再转让股权的税务处理

企业在办理股权转让前，先由被投资企业做出利润分配决策，将未分配利润进行分配，之后原有股东再转让股权。这种做法的好处在于：符合条件的居民企业之间的股息、红利等权益性投资收益属于免税收入，投资方可以享受免税待遇，税收负担降低。但是对被投资企业而言，其在对股东进行利润分配的过程中，所有者权益将减少，企业的可支配资金也将随之减少。因此被投资企业在进行利润分配的过程中，要以不影响自身实际运营为前提。

【案例 9-2　解析 2】

1.联华公司

在联华公司的方案二（先分配再转让股权方案）中，联华公司分得的 700 万元股息红利享受免税待遇。

联华公司转让股权需要按照产权转移书据缴纳 0.5‰ 的印花税。

在不考虑印花税的情况下，联华公司的税后利润如下。

股权转让所得 = 1100 - 600 = 500（万元）

应纳企业所得税 = 500 × 25% = 125（万元）

税后净利润 = 500+700 - 125 = 1075（万元）

2.昌盛公司

（1）在对未分配利润进行分配的过程中，昌盛公司的所有者权益减少至5500万元。其账务处理如下。

借：利润分配——未分配利润　　　　　　　　　　　　　35 000 000

　　贷：银行存款　　　　　　　　　　　　　　　　　　　35 000 000

（2）联华公司将所持有的股份转让给理石公司时，昌盛公司的所有者权益总额未发生变化，仍旧维持在5500万元，只是股东发生变化，其需要办理变更工商登记和变更税务登记，同时要对实收资本的变化进行相应的账务处理。

借：实收资本——联华公司　　　　　　　　　　　　　　6 000 000

　　贷：实收资本——理石公司　　　　　　　　　　　　　6 000 000

9.2.3　先转增资本再转让股权的税务处理

转增资本有两种主要方式：以资本公积转增资本、以盈余公积和未分配利润转增资本。

1. 以资本公积转增资本

以资本公积转增资本最主要的方式是以资本溢价转增资本。以资本溢价转增资本，对被投资企业而言，只是所有者权益结构发生了变化。对投资方而言，实际上是投资者取得股权成本（包括实收资本部分和资本公积部分）内部结构的划转，仍属于股东原始出资，因此其既不应作为其股息、红利收入，也不增加该项长期股权投资的计税基础。

2. 以盈余公积和未分配利润转增资本

以盈余公积和未分配利润转增资本，对被投资企业而言，不仅所有者权益结构发生了变化，而且企业的注册资本也随之增加，被投资企业需要做增加注册资金的变更税务登记和变更工商登记。在以盈余公积转增资本的过程中，企业需要注意，留存的盈余公积不得少于转增前注册资本的25%。

对投资方而言，实际上企业相当于先获得了股息、红利等权益性投资收益，之后再以该投资收益增加对被投资企业的投资。以盈余公积和未分配利润转增资本时，个人股东需要按照"利息、股息、红利"所得的政策规定缴纳个人所得税，同时增加该项长期股权投资的计税基础；企业股东需要按照股息、红利等权益性投资收益的征免税政策进行企业所得税处理，并增加该项长期股权投资的计税基础。

3. 转增资本后转让股权

被投资企业以盈余公积和未分配利润转增资本后，投资者持有该项长期股权投资的计税基础将增加，投资者的应纳税所得额将降低，企业所得税的税收负担也将降低。

【案例9-2 解析3】

1. 联华公司

在联华公司的方案三（先转增资本再转让股权方案）中，昌盛公司在以750万元的盈余公积和3500万元的未分配利润增加注册资本时，相当于联华公司分得了850〔（750+3500）×20%〕万元的股息、红利，这850万元的股息、红利享受免征企业所得税的待遇；但联华公司实际上并未获得资金，而是以该资金增加对昌盛公司的投资，于是联华公司对昌盛公司长期股权投资的计税基础增加到1450（600+850）万元。

联华公司转让股权需要按照产权转移书据缴纳0.5‰的印花税。

在不考虑印花税的情况下，联华公司的税后利润如下。

股权转让所得 = 1800 − 1450 = 350（万元）

应纳企业所得税 = 350 × 25% = 87.5（万元）

税后净利润 = 1800 − 600 − 87.5 = 1112.5（万元）

2.昌盛公司

（1）在以750万元盈余公积和3500万元未分配利润增加注册资本时，虽然昌盛公司的所有者权益总额并未发生变化，但是注册资本增加，昌盛公司需要做增加注册资本的变更工商登记和变更税务登记，其账务处理如下。

借：盈余公积   7 500 000

  利润分配——未分配利润   35 000 000

 贷：实收资本——联华公司   8 500 000

   实收资本——理石公司   14 165 250

   实收资本——A公司   19 834 750

（2）联华公司将所持有的股份转让给理石公司时，昌盛公司的所有者权益总额未发生变化，仍旧维持在9000万元，只是股东发生了变化，公司需要办理变更工商登记和变更税务登记，同时要对实收资本的变化进行相应账务处理。

借：实收资本——联华公司   14 500 000

 贷：实收资本——理石公司   14 500 000

9.2.4　撤资的税务处理

对投资方而言，投资企业从被投资企业撤回或减少投资，其取得的资产可以分为以下3个部分。

（1）相当于初始出资的部分，投资方应将其确认为投资收回，无须缴纳企业所得税。

（2）相当于被投资企业累计未分配利润和累计盈余公积按减少实收资本比例计算的部分，投资方应将其确认为股息所得，符合免税收入条件的无须缴纳企业所得税。

（3）其余部分确认为投资资产转让所得，投资方需要将其计入应纳税所得额，计算缴纳企业所得税。

对被投资企业而言，股东撤资会减少企业的注册资本，其需要做变更工商登记和变更税务登记。同时，股东在撤资的过程中，被投资企业的所有者权益将减少，货币资金等资产也将减少，这可能在一定程度上影响它的生产经营活动，这些都是撤资过程中企业需要特别注意的问题。

【案例 9-2　解析 4】

1. 联华公司

在联华公司的方案四（撤资方案）中，分回的 1800 万元资金可以被分为 3 个部分。

（1）投资成本收回 600 万元，无须缴纳企业所得税。

（2）股息所得，相当于被投资企业昌盛公司累计未分配利润和累计盈余公积中按该股东所占股份比例计算的部分，应被确认为股息所得。

股息所得 =（1500+3500）×20% = 1000（万元）

此部分收入为免税收入，联华公司无须缴纳企业所得税。

（3）投资资产转让所得 = 1800 − 600 − 1000 = 200（万元）

应纳企业所得税 = 200×25% = 50（万元）

税后净利润 = 1800 − 600 − 50 = 1150（万元）

2. 昌盛公司

对昌盛公司而言，公司的所有者权益减少，注册资金减少，其需要办理变更工商登记和变更税务登记，账务处理如下。

借：实收资本——联华公司　　　　　　　　　　　　　　6 000 000

　　资本公积　　　　　　　　　　　　　　　　　　　　2 000 000

　　盈余公积　　　　　　　　　　　　　　　　　　　　3 000 000

　　利润分配——未分配利润　　　　　　　　　　　　　7 000 000

贷：银行存款 18 000 000

9.2.5 企业收回股权投资的纳税筹划

从企业收回股权投资的四个方案中，我们可以看到，不同的收回投资的方案的税务处理不同，享受的税收待遇也不同，其差异如表 9-2 所示。

表 9-2 企业收回股权投资方案的比较

方案	税务处理的差异
直接转让股权	未享受任何税收优惠，税负最重
先分配再转让股权	未分配利润按持股比例享有部分享受免税待遇，盈余公积部分未享受免税待遇
先以盈余公积和未分配利润转增资本，之后再转让股权	未分配利润和部分盈余公积（转增资本的盈余公积）按持股比例享有部分享受免税待遇
撤资	所有的未分配利润和盈余公积按持股比例享有部分享受免税待遇，税负最轻，但投资方在撤资时要考虑对被投资方可能造成的影响

从表 9-2 可以看到，在这四种方案中，投资方的税收负担从上到下依次递减，之所以会有这种差异，原因在于对居民企业之间符合条件的股息、红利等权益性投资收益有免征企业所得税的规定，哪个方案能够最大限度地享受这一税收优惠政策，哪个方案就是税负最轻的方案。企业在进行纳税筹划时，不能单纯考虑自身的税收负担，还要根据实际情况，结合各方的承受能力，选择最有利的方案。

此处需要注意，上述分析过程仅对企业股东适用，对个人股东不适用，除了另有规定 [1]，个人从企业分得的股息、红利不享受免税待遇。

---

[1] 个人股东从企业分得的股息红利有减免税待遇的主要有两种情况：a. 外籍个人从外商投资企业分回的股息、红利有免税规定；b. 个人从上市公司、全国中小企业股份转让系统挂牌公司分得的股息红利享受期限性税收优惠——持有满 1 年的，暂免个人所得税；持有满 1 个月不满 1 年的，减按 50% 计入应纳税所得额，适用 20% 的税率。

【案例 9-2　解析 5】

对联华公司而言，上述四种收回股权投资方案的应纳企业所得税与税后净利润比较情况如表 9-3 所示。

表 9-3　联华公司四种收回股权投资方案的比较情况

单位：万元

方案	企业所得税	税后净利润
直接转让股权	300	900
先分配再转让股权	125	1075
先以盈余公积和未分配利润转增资本，之后再转让股权	87.5	1112.5
撤资	50	1150
结论	单纯从联华公司的税收负担角度看，公司应该选择撤资方案，但其要考虑昌盛公司的发展，以不影响昌盛公司的经营为前提	

【本章合规要点】

1. 企业在进行长期股权投资核算时可以采用的方法包括成本法和权益法，两种核算方法存在税会差异。

2. 企业可以采用四种方式收回股权投资：①直接转让股权；②先分配利润再转让股权；③先用未分配利润和盈余公积转增资本，之后再转让股权；④撤资。在这四种方式下，企业获得的税收优惠是不同的。企业应该选择可以获得最大税收优惠的收回投资方式，但其同时也需要考虑各方的承受能力。

第 10 章

重组复杂涉税多　安排适当可共赢

【引言】企业在经营过程中，不仅接触常见的产供销、投融资等业务，而且其在发展壮大或经营遇到困难时，还会面临重组问题。企业在重组过程中需要注意以下问题。

1. 重组会涉及哪些税费？不同税种对重组的界定有何不同？

2. 是否存在特殊的税收优惠政策？

3. 面对一项业务，企业应如何设计多种备选方案？

4. 企业应如何根据具体情况，选择企业所得税的税务处理方式？

5. 企业应如何选择最终方案？

在本章，我们将逐一分析上述问题。

10.1　重组的税务处理

企业在重组过程中除了企业所得税，还将接触流转税、土地增值税、契税等税种，不同税种对于重组的说法和界定有所不同：①增值税——资产重组；②印花税——企业改制；③土地增值税和契税——改制重组；④企业所得税——企业重组。

10.1.1　资产重组的增值税政策

增值税中没有企业重组的概念，有资产重组的概念。所谓资产重组，是指纳税人通过合并、分立、出售、置换等方式，将全部或者部分实物资产以及与其相关联的债权、负债和劳动力一并转让给其他单位和个人的行为。资产重组的关键点在于：①转让的可以是全部实物资产，也可以是部分实物资产；②资产重组必须是"资产＋债权、负债、劳动力"的组合形式，否则不能被称为资产重组。

资产重组对涉及的货物、不动产、土地使用权的转移行为，不征收增值税。对于这一政策我们需要注意以下两点。

（1）政策规定是不征收增值税，而不是免征增值税。理论上讲，不征收增值税不属于增值税发票的开具范围，但是为了解决资产转移入账凭证问题以及房产、土地的过户问题，税法特殊规定可以对"6.未发生销售行为的不征税项目"编码中的"607资产重组涉及的不动产""608资产重组涉及的土地使用权""616资产重组涉及的货物"几项开具发票，在开具发票时，纳税人在税率栏应该选择"不征税"。

（2）资产重组中涉及的货物、不动产、土地使用权的转移不征收增值税，但涉及的除土地使用权之外的无形资产需要缴纳增值税。

10.1.2　企业改制的印花税政策

（1）实行公司制改造的企业在改制过程中成立的新企业（重新办理法人登记的），其新启用的资金账簿记载的资金或因企业建立资本纽带关系而增加的资金，凡原已贴花的部分可不再贴花，未贴花的部分和以后新增加的资金按规定贴花。

（2）以合并或分立方式成立的新企业，其新启用的资金账簿记载的资金，凡原已贴花的部分可不再贴花，未贴花的部分和以后新增加的资金按规定贴花。

（3）企业债权转股权新增加的资金按规定贴花。

（4）企业改制中经评估增加的资金按规定贴花。

（5）企业其他会计科目记载的资金转为实收资本或资本公积的资金按规定贴花。

（6）企业改制前签订但尚未履行完的各类应税合同，改制后需要变更执行主体的，对仅改变执行主体、其余条款未作变动且改制前已贴花的，不再贴花。

（7）企业因改制签订的产权转移书据免予贴花。

（8）股权分置改革过程中因非流通股股东向流通股股东支付对价而发生的股权转让，暂免征收印花税。

10.1.3　改制重组的土地增值税政策

《财政部　税务总局关于继续实施企业改制重组有关土地增值税政策的公告》（财政部　税务总局公告2021年第21号）规定，企业的改制重组分为整体改制、合并、分立、投资入股等情形，其具体规定如下。

（1）企业按照公司法有关规定整体改制，包括非公司制企业改制为有限责任公司或股份有限公司，有限责任公司变更为股份有限公司，股份有限公司变更为有限责任公司，对改制前的企业将国有土地使用权、地上的建筑物及其附着物（以下称房地产）转移、变更到改制后的企业，暂不征土地增值税。

其中整体改制是指不改变原企业的投资主体，并承继原企业权利、义务的行为。不改变原企业投资主体，是指企业改制重组前后出资人不发生变动，但是出资人的出资比例可以发生变动。

（2）按照法律规定或者合同约定，两个或两个以上企业合并为一个企业，且原企业投资主体存续的，对原企业将房地产转移、变更到合并后的企业，暂不征土地增值税。

投资主体存续，是指原企业出资人必须存在于改制重组后的企业，出资人的出资比例可以发生变动。

（3）按照法律规定或者合同约定，企业分设为两个或两个以上与原企业投资主体相同的企业，对原企业将房地产转移、变更到分立后的企业，暂不征土地增值税。

投资主体相同，是指企业改制重组前后出资人不发生变动，出资人的出资比例可以发生变动。

（4）单位、个人在改制重组时以房地产作价入股进行投资，对其将房地产转移、变更到被投资的企业，暂不征土地增值税。

（5）上述改制重组有关土地增值税政策不适用于房地产转移任意一方为房地产开发企业的情形。

10.1.4　改制重组的契税政策

《财政部　税务总局关于继续执行企业　事业单位改制重组有关契税政策的公告》（财政部　税务总局公告2021年第17号）将改制重组的情形分为企业改制、事业单位改制、公司合并、公司分立、企业破产、资产划转、债权转股权、划拨用地出让或作价出资、公司股权（股份）转让等情形。政策规定如下。

1. 企业改制

企业按照公司法有关规定整体改制，包括非公司制企业改制为有限责任公司或股份有限公司，有限责任公司变更为股份有限公司，股份有限公司变更为有限责任公司，原企业投资主体存续并在改制（变更）后的公司中所持股权（股份）比例超过75%，且改制（变更）后公司承继原企业权利、义务的，对改制（变更）后公司承受原企业土地、房屋权属，免征契税。

对于企业改制，此处需要注意，要想免征契税，需要原企业投资主体存续并在改制（变更）后的公司中所持股权（股份）比例超过75%。

2. 事业单位改制

事业单位按照国家有关规定改制为企业，原投资主体存续并在改制后企业中出资（股权、股份）比例超过50%的，对改制后企业承受原事业单位土地、房屋权属，免征契税。

对于事业单位改制，此处需要注意，要想免征契税，需要原投资主体存续并在改制（变更）后企业中出资（股权、股份）比例超过50%。

3. 公司合并

两个或两个以上的公司，依照法律规定、合同约定，合并为一个公司，且原投资主体存续的，对合并后公司承受原合并各方土地、房屋权属，免征契税。

其中投资主体存续，是指原改制重组企业、事业单位的出资人必须存在于改制重组后的企业，出资人的出资比例可以发生变动。

4. 公司分立

公司依照法律规定、合同约定分立为两个或两个以上与原公司投资主体相同的公司，对分立后公司承受原公司土地、房屋权属，免征契税。

其中投资主体相同，是指公司分立前后出资人不发生变动，出资人的出资比例可以发生变动。

5. 企业破产

企业依照有关法律法规规定实施破产，债权人（包括破产企业职工）承受破产企业抵偿债务的土地、房屋权属，免征契税；对非债权人承受破产企业土地、房屋权属，凡按照《中华人民共和国劳动法》等国家有关法律法规政策妥善安置原企业全部职工规定，与原企业全部职工签订服务年限不少于三年的劳动用工合同的，对其承受所购企业土地、房屋权属，免征契税；与原企业超过30%的职工签订服务年限不少于三年的劳动用工合同的，减半征收契税。

6. 资产划转

对承受县级以上人民政府或国有资产管理部门按规定进行行政性调整、划转国有土地、房屋权属的单位，免征契税。

同一投资主体内部所属企业之间土地、房屋权属的划转，包括母公司与其全资子公司之间，同一公司所属全资子公司之间，同一自然人与其设立的个人独资企业、一人有限公司之间土地、房屋权属的划转，免征契税。

母公司以土地、房屋权属向其全资子公司增资，视同划转，免征契税。

7. 债权转股权

经国务院批准实施债权转股权的企业，对债权转股权后新设立的公司承受原企业的土地、房屋权属，免征契税。

8. 划拨用地出让或作价出资

以出让方式或国家作价出资（入股）方式承受原改制重组企业、事业单位划拨用地的，不属上述规定的免税范围，对承受方应按规定征收契税。

9. 公司股权（股份）转让

在股权（股份）转让中，单位、个人承受公司股权（股份），公司土地、房屋权属不发生转移，不征收契税。

也就是说，股权（股份）转让，若只是企业的股东发生变化，而房地产的产权未发生转移变动，便不属于契税的征税范围。

10.1.5 企业重组的企业所得税政策

企业重组是指企业在日常经营活动以外发生的法律结构或经济结构重大改变的交易，包括企业法律形式改变、债务重组、股权收购、资产收购、合并、分立等。

1.一般性税务处理与特殊性税务处理

企业重组的企业所得税政策分为一般性税务处理与特殊性税务处理两种不同的方式，具体规定如表 10-1 所示。

表 10-1 企业重组的一般性税务处理与特殊性税务处理规定

类型		具体规定
一般性税务处理		按公允价值确认资产的转让所得或损失；按公允价值确认资产或负债的计税基础
特殊性税务处理	非股权支付部分	
	股权支付部分	暂不确认有关资产的转让所得或损失，按原计税基础确认新资产或负债的计税基础

我们从表 10-1 可以看出：①一般性税务处理的关键是"公允价值"，而特殊性税务处理的关键则是"不确认所得或损失""不改变资产计税基础"；②特殊性税务处理中并不是所有的业务都采用特殊性税务处理方式，其股权支付部分为特殊性税务处理，非股权支付部分采用与一般性税务处理相同的处理方式。股权支付，是指企业重组中购买、换取资产的一方支付的对价中，以本企业或其控股企业的股权、股份作为支付的形式；非股权支付，是指以本企业的现金、银行存款、应收款项、本企业或其控股企业股权和股份以外的有价证券、存货、固定资产、其他资产以及承担债务等作为支付的形式。也就是说，股权支付中的股权仅限于"本企业或其控股企业的股权、股份"。

2.适用特殊性税务处理的条件

企业重组同时符合下列条件的，适用特殊性税务处理规定。

（1）具有合理的商业目的,且不以减少、免除或者推迟缴纳税款为主要目的。

（2）被收购、合并或分立部分的资产或股权比例符合规定的比例。

（3）企业在重组后的连续 12 个月内不改变重组资产原来的实质性经营活动。

（4）重组交易对价中涉及股权支付金额符合规定比例。

（5）企业重组中取得股权支付的原主要股东，在重组后连续 12 个月内，不得转让所取得的股权。

对于不同类型的企业重组,适用特殊性税务处理的具体条件如表 10-2 所示。

表 10-2　适用特殊性税务处理的具体条件

企业重组类型	适用特殊性税务处理的具体条件
债务重组	债务重组确认的应纳税所得额占该企业当年应纳税所得额 50% 以上，可以在 5 个纳税年度的期间内，均匀计入各年度的应纳税所得额
	债权转股权
股权收购	收购企业购买的股权不低于被收购企业全部股权的 50%，且收购企业在该股权收购发生时的股权支付金额不低于其交易支付总额的 85%
资产收购	受让企业收购的资产不低于转让企业全部资产的 50%，且受让企业在该资产收购发生时的股权支付金额不低于其交易支付总额的 85%
合　并	企业股东在该企业合并发生时取得的股权支付金额不低于其交易支付总额的 85%，以及同一控制下且不需要支付对价的企业合并
分　立	被分立企业所有股东按原持股比例取得分立企业的股权，分立企业和被分立企业均不改变原来的实质经营活动，且被分立企业股东在该企业分立发生时取得的股权支付金额不低于其交易支付总额的 85%

10.2　重组的涉税风险防范与纳税筹划

企业在进行法律形式改变、债务重组、股权收购、资产收购、合并、分立等重组活动时，首先需要防范涉税风险，避免由于操作失误或者对重组中的特殊税收政策不熟悉而引发涉税风险；其次，在设计经营方案时，要考虑备选方案，选择对企业最为有利的方案。

10.2.1 关注重组中不同税种的税务处理

我们在 10.1 中介绍了不同税种对重组的政策规定，可以看到，不同税种对于重组的说法和界定有所不同，因此企业在对同一项业务进行税务处理时报送给税务机关的相应资料应该按照相应税种的具体规定进行整理和说明。企业在进行增值税处理时，不能称重组为企业重组或改制重组，只能称为资产重组；同样，在进行土地增值税和契税处理时，也应称为改制重组。

10.2.2 扩宽思路，设计多种备选方案

企业在日常经营、进行重组的过程中，对于可能发生的业务，要设计多种备选方案，比较各种方案的税收政策及对企业利润、未来发展的影响，择优确定各种方案。如果企业将经营思路和可供选择的方案固定在一种既定的模式上，便有可能丧失降低企业税负的机会。企业在购入或出售大宗资产的过程中，可以设计可供选择的重组方案，比较其对税负和利润的影响，但应注意方案的可行性。

【案例 10-1】位于北京市区的森宇公司为从事服装生产的增值税一般纳税人，2022 年 3 月，公司将厂房及生产线一起出售，有关情况如下。

1. 厂房及生产线出售时，固定资产原值为 2100 万元，已提折旧 1320 万元，净值 780 万元。

（1）厂房于 1998 年购入并投入使用，购入价为 290 万元，固定资产原值为 300 万元，公司已经计提折旧 240 万元，资产账面净值为 60 万元。

（2）生产线于 2008 年购入，购入时未抵扣过进项税额，固定资产原值为 1800 万元，已经计提折旧 1080 万元，资产账面净值为 720 万元。

2. 评估情况。森宇公司在出售前聘请当地具有资质的房地产评估事务所对厂房进行了评估，证实建造同样的厂房需要5000万元，该厂房为四成新。

3. 出售情况。经协商，森宇公司按含增值税价格3800万元，将该厂房与生产线一并出售给浩淼公司，浩淼公司为一家从事商贸活动的公司。两家公司分别以含增值税的价格签订生产线销售合同和厂房销售合同，合同中注明厂房含增值税售价为3400万元，生产线含增值税售价为400万元。

1. 除企业所得税外，森宇公司处置上述资产涉及哪些税费？税费各为多少？

2. 如果森宇公司当年盈利，处置上述资产的净利润是多少？

3. 浩淼公司获得上述资产，涉及哪些税收？

4. 公司可以考虑哪些纳税筹划方案？

【解析】

1. 森宇公司处置上述资产时涉及增值税、城建税、教育费附加、土地增值税、印花税、企业所得税。

（1）处置生产线的税务处理。由于公司在购入生产线时未抵扣进项税额，因此在销售时应按照3%的征收率减按2%计算缴纳增值税。

应纳增值税 $= 400 \div (1+3\%) \times 2\% \approx 7.77$（万元）

此时只能开具增值税普通发票，不能开具增值税专用发票，浩淼公司不得抵扣进项税额；森宇公司可以放弃减税，按照3%的税率缴纳增值税，应纳增值税 $= 400 \div (1+3\%) \times 3\% \approx 11.65$（万元），森宇公司可以开具增值税专用发票，浩淼公司可以抵扣进项税额。也就是说，森宇公司仅多缴纳了3.88（11.65 − 7.77）万元的增值税，而浩淼公司可以多抵扣11.65万元的增值税，从双方利益最大化的角度看，森岛公司应该选择按照3%的税率缴纳增值税。

应纳城建及附加 $= 11.65 \times (7\%+3\%+2\%) \approx 1.40$（万元）

应纳印花税 $= 400 \times 0.3‰ = 0.12$（万元）

（2）处置厂房的税务处理。由于该厂房是企业于营改增之前购入的，其可以选择简易计税。

应纳增值税 = （3400－290）÷1.05×5% ≈ 148.10（万元）

应纳城建及附加 = 148.10×（7%+3%+2%）≈ 17.77（万元）

应纳印花税 = 3400×0.5‰ = 1.7（万元）

计算土地增值税的扣除项目 = 5000×40%+17.77+1.7 = 2019.47（万元）

增值额 = （3400－148.10）－2019.47 = 1232.43（万元）

增值率 = 1232.43÷2019.47×100% ≈ 61.03%，由此判断其适用税率为40%，速算扣除系数为5%。

应纳土地增值税 = 1232.43×40%－2019.47×5% ≈ 392（万元）

2.处置上述资产的净利润

处置上述资产产生的利润 = （400－11.65+3400－148.10）－780－1.40－0.12－17.77－1.7－392 = 2447.26（万元）

应纳企业所得税 = 2447.26×25% = 611.82（万元）

净利润 = 2447.26－611.82 = 1835.44（万元）

3.浩淼公司在签订购入生产线的合同时，需要按照购销合同缴纳印花税，获得生产线和厂房时，可以抵扣进项税额；浩淼公司获得厂房时，需要缴纳契税和印花税。

4.可以考虑的纳税筹划方案

如果森宇公司最主要的资产为厂房及生产线，其可以考虑采用股权转让、企业合并等方式；如果该厂房仅仅是森宇公司的部分资产，其还可以考虑将该生产线、厂房与相应的债权、负债、劳动力一并转让。纳税人可选择的纳税筹划方案及主要税收政策如表10-3所示。

表 10-3　纳税人可选择的纳税筹划方案及主要税收政策

	股权转让	企业合并	将部分资产和与之相关的债权、负债、劳动力等一并转让
操作的关键点	由森宇公司股东将持有的森宇公司股权转让给浩淼公司，此时资产仍旧在森宇公司名下，但实际控制人发生变化 该项交易是森宇公司股东与浩淼公司的交易，而非森宇公司与浩淼公司的交易。对于森宇公司而言，其仅需要做股东变更登记并做好股东变化的账务处理工作	将森宇公司并入浩淼公司，森宇公司股东获得新公司股权或其他对价，如银行存款、实物资产等 该项交易仍旧是森宇公司股东与浩淼公司的交易，而非森宇公司与浩淼公司的交易	该项交易是森宇公司与浩淼公司的交易
增值税	除转让上市公司股票外，转让非上市公司的股权不属于增值税征税范围，税务机关不征收增值税	不征收增值税	属于资产重组，对其涉及的生产线、厂房转让业务，不征收增值税
土地增值税	由于房地产产权未发生转移，公司无须缴纳土地增值税	如果森宇公司的原股东仍旧存在于合并后的浩淼公司中，公司无须缴纳土地增值税；否则需要缴纳	森宇公司按规定缴纳土地增值税
契税	由于房地产产权未发生转移，公司无须缴纳契税	原投资主体存续的，对其合并后的公司承受原合并各方的土地、房屋权属的情况，免征契税；否则征收契税	浩淼公司应按规定缴纳契税

（续表）

	股权转让	企业合并	将部分资产和与之相关的债权、负债、劳动力等一并转让
企业所得税	如果该项交易具有合理商业目的，浩淼公司购买的股权不低于森宇公司全部股权的50%，且浩淼公司在该股权收购发生时的股权支付金额不低于其交易支付总额的85%，且符合12个月内不转让所取得的股权、12个月不改变森宇公司实际经营活动的，纳税人可以采用特殊性税务处理，否则采用一般性税务处理	该项交易具有合理商业目的，森宇公司股东在该企业合并发生时取得的股权支付金额不低于其交易支付总额的85%，以及同一控制下且不需要支付对价的企业合并，且符合12个月不转让所取得的股权、12个月不改变森宇公司实际经营活动的，纳税人可以采用特殊性税务处理，否则应采用一般性税务处理	该项交易具有合理商业目的，浩淼公司收购的资产不低于森宇公司全部资产的50%，且浩淼公司在该资产收购发生时的股权支付金额不低于其交易支付总额的85%，且符合12个月不转让所取得的股权、12个月不改变该资产实际经营活动的，纳税人可以采用特殊性税务处理，否则采用一般性税务处理

交易双方而言需要考虑上述方案的可行性，并仔细斟酌对各方利益的影响，寻求对双方最为有利的方案。

10.2.3 因事制宜，选择合理的税务处理方式

不征收增值税、不征收土地增值税、暂不缴纳企业所得税的政策都不一定是最优政策，纳税人需要根据实际情况因事制宜，选择合理的税务处理方式。

1. 合理选择增值税的税务处理方案

在资产销售和资产重组中，如何进行增值税的税务处理，不仅影响销售方利益，还影响购买方的税收利益，双方应该综合分析，共同商议，进行合理选择。

【**案例10-2**】位于上海浦东新区的一家中外合资企业 B 公司是由外资 A1 公司和中国的 A2 公司于 1980 年投资设立的一家公司。随着 A1 公司和 A2 公司在中国境内的合作发展迅速，两家公司在中国逐步设立了 12 家合资子公司。随着子公司数量的增加，A1 公司和 A2 公司协商，准备将手中持有的另外 12 家子公司的股权转让给 B 公司，使得 B 公司成为另外 12 家公司的管理型母公司，同时将 B 公司现有的生产线及占用的厂房转让给同一企业集团的 C 公司。2022 年 9 月，B 公司的基本情况如下。

（1）公司于 2019 年购入该生产线，抵扣过进项税额，目前资产的账面净值为 2300 万元，含增值税售价大约为 1900 万元。

（2）厂房为公司于 1999 年自行建造而成，原值 2600 万元，已经计提折旧 1200 万元，含增值税售价大约为 82 000 万元。

（3）将生产线出售后，B 公司最主要的收入来源为下属子公司的股息红利收入，无其他收入。

（4）B 公司可以按照"增量留抵税额 × 进项税额构成比例 ×60%"办理增值税留抵退税，B 公司 2019 年 3 月底的留抵税额为 7000 万元，截至 2022 年 8 月底，B 公司的留抵税额为 7000 万元，进项税额构成比例为 98%。

（5）B 公司在出售整条生产线时，可以将连同人员、相关的债权、负债一并转让；也可以单独转让，之后以转让收入偿还负债，支付员工的离职补偿金。

请根据上述情况，分析 B 公司转让生产线的可能方案及对交易各方增值税的影响？由于 B 公司和 C 公司为同一个企业集团的所属公司，双方为了整个集团的税收利益最大化，应该如何选择？

【**解析**】

以下为可能的方案及对交易各方增值税产生的影响。

方案一：B 公司可以直接销售生产线及厂房，并对厂房销售选择简易计税方法。

（1）销售生产线的销项税额 = $1900 \div 1.13 \times 13\% \approx 218.58$（万元）

（2）销售厂房的应纳税额 = $82\,000 \div 1.05 \times 5\% \approx 3904.76$（万元）

（3）由于期初有 7000 万元的留抵税额，因此 B 公司当月应纳增值税 = 3904.76（万元）。[①]

（4）申报完当月的增值税后，期末留抵税额 = $7000 - 218.58 = 6781.42$（万元）。

（5）由于该公司的增量留抵税额为零，所以无法办理增量留抵退税。

（6）购买方 C 公司可以抵扣的进项税额为 4123.34（$218.58+3904.76$）万元。

方案二：B 公司可以直接销售生产线及厂房，并对厂房销售选择一般计税方法。

（1）销售生产线的销项税额 = $1900 \div 1.13 \times 13\% \approx 218.58$（万元）

（2）销售厂房的销项税额 = $82\,000 \div 1.09 \times 9\% \approx 6770.64$（万元）

（3）由于期初有 7000 万元的留抵税额，因此 B 公司当月应纳增值税为零。

（4）由于该公司增量留抵税额为零，所以其无法办理增量留抵退税。

（5）申报完当月的增值税后，期末留抵税额 = $7000 - 218.58 - 6770.64 = 10.78$（万元）。

（6）购买方 C 公司可以抵扣的进项税额为 6989.22（$218.58+6770.64$）万元。

方案三：B 公司可以以资产重组方式转让生产线及厂房，并适用不征收增值税的政策。

按照资产重组的方式，B 公司无须缴纳增值税，C 公司可以抵扣的进项税额为零。

对 B 公司而言，由于其在出售生产线后以管理子公司为主，在今后运营中的销项税额很少，即留抵税额将很难被抵扣，且 B 公司无法办理留抵退税，因

---

① B 公司只能用一般计税方法下的应纳税额抵减增值税留抵税额，因为留抵税额是在一般计税方法下，因销项税额小于进项税额而形成的，纳税人无法用简易计税下的应纳税额抵减留抵税额。

此会涉及资金占用问题。与其如此，B 公司不如在转让生产线时采用方案二，缴纳增值税，减少公司的留抵税额，增加 C 公司可以抵扣的进项税额，这样可以实现整个集团利益的最大化。

从上述分析我们可以看到，纳税人在进行方案选择时，不能仅考虑一方纳税多少，还应该考虑另一方可以抵扣的进项税额等因素，进行综合分析。

2. 合理选择土地增值税的税务处理方案

企业在重组过程中决定如何对土地增值税进行税务处理，将影响销售方和购买方今后的税务处理工作，各方应该在综合分析整体税收利益的基础上，做出合理选择。

【案例 10-3】深圳的 A1 公司与汕尾的 A2 公司于 2016 年合资成立 B1 公司，其中 A1 公司占股 85%，A2 公司占股 15%。B1 公司主要业务为对汕尾的产业园区进行开发，公司具有房地产开发资质。在汕尾地价较低的时期，B1 公司以较低价格获得了 4 块土地的使用权，B1 公司在 2016 年 10 月获得其中一个地块，其支付给政府的土地价款为 8 亿元，缴纳的契税为 2400 万元。现在，B1 公司由于缺少后续开发资金，而 A1 公司的全资子公司 B2 公司资金比较充裕，因此 B1 公司与 B2 公司准备进行合作：B1 公司出土地，B2 公司出资金，成立合资公司 C，共同从事房地产开发。目前该地块的含增值税公允价值为 18 亿元，B1 公司以土地使用权投资入股，B2 公司以 14 亿元的货币资金投资入股。二者系关联企业，为了降低投资入股阶段的土地增值税负担，各方协商 B1 公司在投资入股中，将土地作价 10 亿元，之后 B2 公司再以其他方式对 B1 公司进行补偿。假设除土地成本外，不含增值税的设计、施工成本共计 12 亿元，进项税额为 9600 万元，预计整个项目可以实现的含增值税售价为 62 亿元。请问：直接由 B1 公司和 B2 公司成立 C 公司的方案存在哪些不足，应该如何优化该方案？

假设：①当地契税税率为 3%；②当地规定房地产开发费用按照取得土地使用权的金额和房地产开发成本二者之和的 10% 来计算。

【解析】

直接成立 C 公司的方案存在以下不足。

（1）无法享受免征契税的优惠。简单的优化方案是 B1 公司先成立全资子公司 C 公司，B1 公司以土地使用权对全资子公司投资入股，享受免征契税的优惠，B1 公司将土地投资入股给 C 公司之后，B2 公司再对 C 公司增资。

（2）无法享受房地产开发企业销售开发产品差额征收增值税的税收优惠。因为 B1 公司取得土地使用权后未进行任何开发，而是直接以土地使用权投资入股，且该土地使用权是在营改增之后取得的，因此无法享受差额缴纳增值税的优惠。B2 公司可以先无偿借款给 B1 公司，B1 公司在开发一段时间后，再以开发的半成品成立全资子公司 C，然后 B2 公司对 C 公司增资。

（3）B1 公司以较低价格投资入股 C 公司的方式，仅仅考虑了投资阶段的税收负担，并未考虑整个房地产开发过程中的税收负担，此举有失偏颇。

接下来，我们分析方案一直接投资与方案二先开发再投资的税收和利润情况，在分析过程中我们不考虑印花税和其他成本费用的影响。

方案一：直接投资——以双方协商确定的 10 亿元作价投资

方案一的税款及利润计算见表 10-4。

表 10-4 直接投资的税款及利润计算

单位：万元

B2 公司		
1. 取得土地使用权	金额	备注
（1）支付的土地价款	80 000.00	
（2）契税	2400.00	

（续表）

B2 公司		
2. 投资入股		
（1）投资的含增值税公允价值	100 000.00	
（2）投资的不含增值税公允价值	91 743.12	含增值税公允价值 ÷ 1.09
（3）增值税销项税额	8256.88	不含增值税公允价值 ×9%
（4）应纳增值税	8256.88	无进项税额，因此应纳增值税等于销项税额
（5）城建及附加	990.83	应纳增值税 ×12%
（6）土地增值税		
① 不含增值税销售价格	91 743.12	
② 扣除项目金额		
a. 取得土地使用权的金额	82 400.00	土地价款 + 契税
b. 开发成本	0.00	未进行开发，所以无开发成本
c. 开发费用	0.00	由于未进行开发，所以无开发费用
d. 与转让房地产有关的税金	990.83	城建及附加
e. 其他扣除项目金额	0.00	未进行开发，所以无其他扣除项目
扣除项目金额合计	83 390.83	
③ 增值额	8352.29	
④ 增值率	10.02%	
⑤ 税率	30%	
⑥ 速算扣除系数	0	
⑦ 应纳土地增值税	2505.69	
（7）利润	5846.61	等于不含增值税的公允价值 － 地价款和契税 － 城建及附加 － 土地增值税

（续表）

C公司		
（1）取得土地使用权的金额	91 743.12	
取得土地使用权可以抵扣的进项税额	8256.88	
取得土地使用权缴纳的契税	2752.29	取得土地使用权的金额×3%
（2）房地产开发成本	120 000.00	
房地产开发过程中可以抵扣的进项税额	9600.00	
（3）含增值税房屋销售价格	620 000.00	
不含增值税房屋销售价格	568 807.34	含增值税房屋销售价格÷1.09
销项税额	51 192.66	不含增值税房屋销售价格×9%
（4）应纳增值税	33 335.78	销项税额-进项税额
（5）城建及附加	4000.29	应纳增值税×12%
（6）土地增值税		
① 不含增值税的应税收入	568 807.34	
② 扣除项目金额		
a. 取得土地使用权的金额	94 495.41	土地价款+契税
b. 开发成本	120 000.00	
c. 开发费用	21 449.54	按照（a+b）×10%确定
d. 与转让房地产有关的税金	4000.29	城建及附加
e. 其他扣除项目金额	42 899.08	按照（a+b）×20%确定
扣除项目金额合计	282 844.33	
③ 增值额	285 963.01	
④ 增值率	101.10%	
⑤ 税率	50%	
⑥ 速算扣除系数	15%	
⑦ 应纳土地增值税	100 554.86	

（续表）

C 公司		
（7）利润	249 756.78	等于不含增值税的公允价值－地价款和契税－开发成本－城建及附加－土地增值税
B1 公司和 C 公司纳税合计	154 796.62	
B1 公司和 C 公司利润合计	255 603.38	
纳税和利润合计	410 400.00	

方案二：B2 公司无偿借款给 B1 公司，B1 公司先投资 2 亿元进行房地产开发，相应进项税额为 1600 万元，之后以土地公允价值 18 亿元、开发成本 2 亿元、进项税额 1600 万元三者之和，共计 20.16 亿元的含增值税价格成立全资子公司 C 公司，然后 B2 公司增资 C 公司，其他条件不变。相应税款及利润计算如表 10-5 所示。

表 10-5　先开发再投资的税款及利润计算

单位：万元

B2 公司		
1. 取得土地使用权	金额	备注
（1）支付的土地价款	80 000.00	
（2）契税	2400.00	
2. 开发阶段		
（1）房地产开发成本	20 000.00	
（2）房地产开发过程中可以抵扣的进项税额	1600.00	
3. 投资入股		
（1）投资的含增值税公允价值	201 600.00	
（2）投资的不含增值税公允价值	191 559.63	（1）以土地增值税中的不含增值税收入为标准确定[1] （2）由于差额纳税，含增值税销售价格 ÷1.09+ 允许扣除的土地价款 ÷1.09×9%

（续表）

B2 公司		
（3）增值税销项税额	10 040.37	（投资的含增值税公允价值－土地价款）÷1.09×9%
（4）应纳增值税	8440.37	销项税额－进项税额
（5）城建及附加	1012.84	应纳增值税×12%
（6）土地增值税		
① 不含增值税的应税收入	191 559.63	
② 扣除项目金额		
a. 取得土地使用权的金额	82 400.00	土地价款＋契税
b. 开发成本	20 000.00	
c. 开发费用	10 240.00	按照（a+b）×10% 确定
d. 与转让房地产有关的税金	1012.84	城建及附加
e. 其他扣除项目金额	20 480.00	
扣除项目金额合计	134 132.84	
③ 增值额	57 426.79	
④ 增值率	42.81%	
⑤ 税率	30%	
⑥ 速算扣除系数	0	
⑦ 应纳土地增值税	17 228.04	
（7）利润	70 918.75	等于不含增值税的公允价值－地价款和契税－开发成本－城建及附加－土地增值税
C 公司		
（1）取得土地使用权的金额	184 954.13	（1）金额＝201 600÷1.09 （2）该金额既包括取得土地使用权的金额也包括部分房地产开发成本
取得土地使用权可以抵扣的进项税额	16 645.87	B1 公司投资阶段差额缴纳增值税，但全额开具专用发票
取得土地使用权缴纳的契税	0	B1 公司先设立全资子公司，免征契税，B2 公司再增资
（2）房地产开发成本	100 000.00	
房地产开发过程中可以抵扣的进项税额	8000.00	

（续表）

C 公司		
（3）含增值税房屋销售价格	620 000.00	
不含增值税房屋销售价格	568 807.34	含增值税房屋销售价格÷1.09
销项税额	51 192.66	不含增值税房屋销售价格×9%
（4）应纳增值税	26 546.79	销项税额－进项税额
（5）城建及附加	3185.61	应纳增值税×12%
（6）土地增值税		
① 不含增值税销售价格	568 807.34	
② 扣除项目金额		
a. 取得土地使用权的金额	184 954.13	土地价款＋契税
b. 开发成本	100 000.00	
c. 开发费用	28 495.41	按照（a+b）×10%确定
d. 与转让房地产有关的税金	3185.61	城建及附加
e. 其他扣除项目金额	56 990.83	按照（a+b）×20%确定
扣除项目金额合计	373 625.98	
③ 增值额	195 181.36	
④ 增值率	52.24%	
⑤ 税率	40%	
⑥ 速算扣除系数	5%	
⑦ 应纳土地增值税	59 391.24	
（7）利润	221 276.35	等于不含增值税的公允价值－地价款和契税－开发成本－城建及附加－土地增值税
B1 公司和 C 公司纳税合计	118 204.90	
B1 公司和 C 公司利润合计	292 195.10	
纳税和利润合计	410 400.00	

1　土地增值税中的不含增值税收入与会计账务处理中的不含增值税收入不同，在增值税差额计税的情况下，二者的差额为"土地价款÷1.09×9%"；由于土地增值税中取得土地使用权的金额和会计账务处理中取得的土地使用权的金额相差"土地价款÷1.09×9%"，所以在计算利润时，无论是按照土地增值税中的收入和取得土地使用权的金额计税，还是按照会计中的标准计算，最终利润是一样的。本案例为了说明不同处理方式对税款的影响，且为了降低数字的复杂程度，采取了土地增值税中收入和取得土地使用权金额的标准，特此说明。

在上述两个方案中我们需要注意，只有方案二中 B1 公司先开发再销售时的增值税可以采用差额计税方法，其他情况下的增值税都采用全额计税法，因为房地产开发企业要想差额计税，必须符合下列条件：①采用一般计税方式；②从政府手中取得土地使用权；③必须经过开发再销售，如果未经过开发就销售，不得进行差额计税。

从表 10-5、表 10-6 的计算中，我们可以看到，两个方案的纳税和利润合计均为 410 400 万元，但方案二的纳税合计比方案一低 36 591.72 万元，所以方案二的利润比方案一高 36 591.72 万元。之所以出现这种变化，原因有以下 3 点。

（1）方案二利用母公司对全资子公司增资，适用免征契税政策，节约了契税税款。

（2）方案二利用了房地产开发企业差额缴纳增值税，全额开具增值税专用发票的规定，节约了增值税税款；方案二在计算过程中比较难于理解的点也在于差额计算缴纳增值税和对 C 公司可以抵扣的进项税额的计算，根源就在于房地产开发企业在销售开发产品时采用一般计税方式，差额计算增值税的销项税额，但却被允许全额开具增值税专用发票。

（3）由于该项目房地产产品的价格正处于快速上升期，方案二可以通过分成两个阶段，降低本来较高的增值率，以达到降低第二阶段增值率的目的，从而降低土地增值税的整体税负。但方案二易引发争议之处就在于其购进未完工产品进行开发后销售，关于购进金额是否可以加计扣除 20% 的其他扣除项目金额，各地的规定不同，比如广西不允许加计扣除，而大连允许加计扣除。除此之外，很多地区没有明确规定，对于没有明确规定的地区，我们按照法无禁止即可行的处理原则，做了加计扣除。

3. 合理选择企业所得税的税务处理方案

在企业重组的税务处理中，分为一般性税务处理和特殊性税务处理，重组各方只有达到特殊性税务处理的条件，才可以选择特殊性税务处理。很多人认为特殊性税务处理是一种对企业比较有利的处理方式，这其实是一种片面的看法。在选择对企业所得税进行处理的方式时，纳税人需要注意以下问题。

（1）企业重组时，若企业符合特殊性税务处理条件，各方可以选择采用特殊性税务处理，也可以选择采用一般性税务处理，但不一定必须选择特殊性税务处理。如果企业未达到特殊性税务处理条件，则各方只能采用一般性税务处理。

（2）同一重组业务的当事各方应采取一致税务处理原则，即统一选择一般性或特殊性税务处理方式，各方不能采用不同的税务处理方式。

（3）无论采用哪种税务处理方式，企业都需要按照《国家税务总局关于发布〈企业重组业务企业所得税管理办法〉的公告》的要求，向主管税务机关报送相应的资料。

（4）一般性税务处理和特殊性税务处理没有绝对优劣之分，纳税人需要根据交易各方的实际情况进行选择。

【案例 10-4　情形一】鑫朗公司准备吸收合并永丰公司，合并日永丰公司的资产账面价值为 1000 万元，公允价值为 1800 万元，负债为 300 万元，永丰公司没有税前尚未弥补的亏损。如果该合并过程中各方全部采用股权支付方式，且企业符合特殊性税务处理条件，双方的企业所得税税率均为 25%，请问采取哪种税务处理方式更为有利？

【解析】

1. 一般性税务处理的关键点是采用公允价值，如果双方协商，采用一般性税务处理，则其对各方企业所得税的影响如表 10-6 所示。

表 10-6　一般性税务处理对各方企业所得税的影响

合并企业：鑫朗公司	被合并企业：永丰公司
鑫朗公司资产的计税基础 1800 万元	资产转让所得 = 1800 - 1000 = 800（万元）
负债的计税基础为 300 万元	应纳企业所得税 = 800 × 25% = 200（万元）

2. 特殊性税务处理的关键点是不确认所得或损失，不调整资产或负债的计税基础。如果双方协商采用特殊性税务处理方式，则其对各方企业所得税的影响如表 10-7 所示。

表 10-7　特殊性税务处理对各方企业所得税的影响

合并企业：鑫朗公司	被合并企业：永丰公司
鑫朗公司资产的计税基础为 1000 万元	暂不确认资产或负债的转让所得
负债的计税基础为 300 万元	企业无须缴纳企业所得税

3. 比较与选择

我们可以将一般性税务处理与特殊性税务处理的结果放在一起进行比较与选择（见表 10-8）。

表 10-8　比较与选择（情形一）

		一般性税务处理	特殊性税务处理	比较
合并企业：鑫朗公司	资产	计税基础为 1800 万元	计税基础为 1000 万元	采用特殊性税务处理，合并企业资产的计税基础减少 800 万元，未来其将多纳企业所得税 200 万元
	负债	计税基础为 300 万元	计税基础为 300 万元	无差异
被合并企业：永丰公司		缴纳企业所得税 200 万元	无须缴纳企业所得税	采用特殊性税务处理，被合并企业将少纳企业所得税 200 万元
选择		如果不考虑税款的时间价值，两种税务处理方式对企业的最终影响是相同的；在考虑税款时间价值的条件下，企业应该选择采用特殊性税务处理方式		

【案例 10-4　情形二】若其他条件相同，永丰公司存在尚未弥补的亏损 80 万元，截至合并业务发生当年年末，国家发行的最长期限的国债利率为 6%。请问采用哪种税务处理方式更为有利？

【解析】

1. 如果采用一般性税务处理，其对各方企业所得税的影响如表10-9所示。

表10-9 一般性税务处理对各方企业所得税的影响

合并企业：鑫朗公司	被合并企业：永丰公司
资产计税基础为1800万元	资产转让所得＝1800－1000＝800（万元）
负债计税基础为300万元	企业所得税＝（800－80）×25%＝180（万元）

2. 如果采用特殊性税务处理，其对各方企业所得税的影响如表10-10所示。

表10-10 特殊性税务处理对各方企业所得税的影响

合并企业：鑫朗公司	被合并企业：永丰公司
资产计税基础为1000万元	暂不确认资产或负债的转让所得
负债计税基础为300万元	
可由鑫朗公司弥补的亏损限额＝（1800－300）×6%＝90（万元）实际弥补亏损：80万元	无须缴纳企业所得税

3. 对一般性税务处理与特殊性税务处理的比较与选择如表10-11所示。

表10-11 比较与选择（情形二）

		一般性税务处理	特殊性税务处理	比较
合并企业：鑫朗公司	资产	计税基础为1800万元	计税基础为1000万元	采用特殊性税务处理，合并企业资产的计税基础减少800万元，未来其将多缴纳企业所得税200万元
	负债	计税基础为300万元	计税基础为300万元	无差异
	可弥补的亏损	亏损不得结转弥补	可以由鑫朗公司弥补的亏损为80万元	采用特殊性税务处理，合并企业未来可以少缴纳企业所得税20万元

（续表）

	一般性税务处理	特殊性税务处理	比较
被合并企业：永丰公司	缴纳企业所得税180万元	无须缴纳企业所得税	采用特殊性税务处理，被合并企业少纳企业所得税180万元
选择	如果不考虑税款的时间价值，两种税务处理方式对企业的最终影响是相同的；在考虑税款时间价值的条件下，企业应该选择采用特殊性税务处理方式		

【**案例 10-4 情形三**】若其他条件相同，但永丰公司存在尚未弥补的亏损 400 万元，截至合并业务发生当年年末，国家发行的最长期限的国债的利率为 6%，请问公司采用哪种税务处理方式更为有利？

【**解析**】

1. 如果采用一般性税务处理，其对各方企业所得税的影响如表 10-12 所示。

表 10-12　一般性税务处理对各方企业所得税的影响

合并企业：鑫朗公司	被合并企业：永丰公司
资产计税基础1800万元	资产转让所得 = 1800 - 1000 = 800（万元）
负债计税基础300万元	企业所得税 = （800 - 400）× 25% = 100（万元）

2. 如果采用特殊性税务处理，其对各方企业所得税的影响如表 10-13 所示。

表 10-13　特殊性税务处理对各方企业所得税的影响

合并企业：鑫朗公司	被合并企业：永丰公司
资产计税基础为1000万元	暂不确认资产或负债的转让所得
负债计税基础为300万元	
可由鑫朗公司弥补的亏损： 限额 = （1800 - 300）× 6% = 90（万元） 实际弥补：90 万元	无须缴纳企业所得税

3. 对一般性税务处理与特殊性税务处理的比较与选择如表 10-14 所示。

表 10-14　比较与选择（情形三）

		一般性税务处理	特殊性税务处理	比较
合并企业：鑫朗公司	资产	计税基础为 1800 万元	计税基础为 1000 万元	采用特殊性税务处理，合并企业资产的计税基础将减少 800 万元，未来其将多缴纳企业所得税 200 万元
	负债	计税基础为 300 万元	计税基础为 300 万元	无差异
	可弥补的亏损	亏损不得结转弥补	可以由鑫朗公司弥补的亏损为 90 万元	采用特殊性税务处理，合并企业未来可以少缴纳企业所得税 22.5 万元
被合并企业：永丰公司		需要缴纳企业所得税 100 万元	无须缴纳企业所得税	采用特殊性税务处理，被合并企业少缴纳企业所得税 100 万元
选择		若采用一般性税务处理，永丰公司在面对尚未弥补的 400 万元亏损时，可以选择全部用其清算所得来弥补；若采用特殊性税务处理，对永丰公司尚未弥补的 400 万元亏损，只能由鑫朗公司先弥补 90 万元，造成特殊性税务处理方式下纳税人多缴纳企业所得税 77.5 万元的情况，因此企业应该选择采用一般性税务处理方式		

【案例 10-4　情形四】鑫朗公司吸收合并永丰公司，合并日永丰公司资产的账面价值为 1000 万元，公允价值为 800 万元，负债为 200 万元，尚未弥补的亏损为 400 万元，截至合并业务发生当年年末，国家发行的最长期限的国债利率为 6%，请问企业采用哪种税务处理方式更为有利？

【解析】

1. 如果采用一般性税务处理，其对各方企业所得税的影响如表 10-15 所示。

表 10-15　一般性税务处理对各方企业所得税的影响

合并企业：鑫朗公司	被合并企业：永丰公司
资产计税基础为 800 万元	资产转让所得 = 800 − 1000 = −200（万元）
负债计税基础为 300 万元	企业所得税：0 尚未弥补的亏损不得由鑫朗公司结转弥补

2. 如果采用特殊性税务处理，其对各方企业所得税的影响如表 10-16 所示。

表 10-16　特殊性税务处理对各方企业所得税的影响

合并企业：鑫朗公司	被合并企业：永丰公司
资产计税基础为 1000 万元	暂不确认资产或负债的转让所得
负债计税基础为 300 万元	
可由鑫朗公司弥补的亏损限额： （800 − 200）× 6% = 36（万元） 实际弥补：36 万元	无须缴纳企业所得税

3. 对一般性税务处理与特殊性税务处理的比较与选择如表 10-17 所示。

表 10-17　比较与选择（情形四）

		一般性税务处理	特殊性税务处理	比较
合并企业：鑫朗公司	资产	计税基础为 800 万元	计税基础为 1000 万元	采用特殊性税务处理，合并企业资产计税基础增加 200 万元，未来其将少纳企业所得税 50 万元
	负债	计税基础为 300 万元	计税基础为 300 万元	无差异
	可弥补的亏损	亏损不得结转弥补	可以由鑫朗公司弥补的亏损为 36 万元	若采用特殊性税务处理，合并企业未来可以少纳企业所得税 9 万元
被合并企业：永丰公司		无须缴纳企业所得税	无须缴纳企业所得税	无差异
选择		采用特殊性税务处理时，鑫朗公司资产的入账价值较高，这种方式还可以弥补永丰公司尚未弥补的 36 万元亏损，因此企业应该选择特殊性税务处理方式		

从案例 10-4 我们可以看到，采用不同的税务处理方式，不仅影响被合并企业税款的缴纳，而且影响合并企业资产、负债的入账价值，影响对亏损的弥补。因此企业应该根据实际情况，选择最有利的税务处理方式。在各方企业所得税税率相同的情况下，企业所得税税务处理方式的比较如表 10-18 所示。

表 10-18 企业所得税税务处理方式的比较

资产账面价值与公允价值的比较	被合并企业亏损情况	方案选择
公允价值>资产账面价值	不存在尚未弥补的亏损	考虑资金税款的时间价值，企业应选择采取特殊性税务处理方式，如【案例 10-4 情形一】
	存在尚未弥补的亏损时	哪种税务处理方式能够弥补更多的亏损，便选择哪种方式，如【案例 10-4 情形三】选择采取一般性税务处理方式 两种处理方式都可以弥补全部亏损时，考虑税款的时间价值，则纳税人可以选择采取特殊性税务处理方式，如【案例 10-4 情形二】
公允价值<资产账面价值		采用特殊性税务处理，如【案例 10-4 情形四】

10.2.4 做好方案的设计和实施工作，力求共赢

1.明确各方的诉求

在实践中，重组各方的具体情况各不相同，想法和诉求也不同，甚至有的企业或股东无法确定自己的想法和目标，上述情况都会给重组方案设计带来重重障碍，甚至成为阻碍方案设计和实施的重要因素。企业在重组之初，首先要明确各方的诉求和目标，同时要明确一些目标是无法同时实现的，比如既要降低税费，又要增加现金流量、增加账面利润等，通过多轮沟通，各方应明确通过重组优先要达到哪些目标，其次达到哪些目标，也就是明确目标、分清主次，前期沟通工作做得越好，后期工作实施就会越顺畅。

2. 方案设计可以先确定大的方向再逐步细化补充

实践中可以考虑的重组方案有很多，很多读者可能觉得无从下手。其实最后设计出的方案和树木的结构相似：有主干、有枝干、有绿叶和果实。企业可以考虑先设计大的方向，比如先确定几大类方案：销售方案、先分立再合并方案、股权转让方案、投资入股方案等，列表分析每个方案的操作步骤、难点、税费情况、操作难易程度、时间跨度、对企业利润和现金流的影响等，然后分析每个方案可能存在的问题，提出解决方案，逐渐将大的方案细化为不同的、可操作实施的小方案，之后再进行选择。

3. 选择方案，力求合作共赢

企业在进行纳税筹划的过程中，不仅要考虑自身的利益，而且要考虑交易各方的利益，总体利益最大化的方案才是最优方案，才能实现合作共赢。同时，要根据不同方案对各方利益可能产生的影响，准确确定各方的责任与义务，从而避免争议的产生。

【案例 10-5】黎昌公司近期准备出资 10 亿元，收购九州公司（位于县城）持有的探矿权，九州公司由两个自然人王芳和李娜投资 1 亿元成立，探矿权是九州公司唯一的资产。九州公司资产的账面价值 1 亿元，评估价值 10 亿元，无负债。九州公司找到了弘大税务师事务所进行纳税筹划，设计了纳税筹划方案。方案建议黎昌公司吸收合并九州公司，并以银行存款 10 亿元支付对价。请问该筹划方案是否可行？事务所在进行筹划时需要注意什么问题？

假设：计算过程中忽视印花税的影响。

【解析】

方案一：九州公司转让探矿权的税负分析

（1）九州公司及其个人股东税负分析。

应纳增值税 $= 10 \div 1.06 \times 6\% \approx 0.57$（亿元）

应纳城建及附加 $= 0.57 \times （5\%+3\%+2\%）= 0.06$（亿元）

九州公司应纳税所得额 $= 10 \div 1.06 - 0.06 - 1 \approx 8.37$（亿元）

应纳企业所得税 $= 8.37 \times 25\% \approx 2.09$（亿元）

税后利润 $= 8.37 - 2.09 = 6.28$（亿元）

九州公司转让探矿权后，公司注销。

公司剩余资产 $=$ 清算前所有者权益 $+$ 清算新增净利润 $= 1 + 6.28 = 7.28$（亿元）

股东收回投资，股东对其所得需要缴纳 20% 的个人所得税。

应纳个人所得税 $= （7.28 - 1）\times 20\% \approx 1.26$（亿元）

股东实际所得 $= 7.28 - 1 - 1.26 = 5.02$（亿元）

九州公司及其股东应纳税款合计为 3.98（0.57+0.06+2.09+1.26）亿元。

（2）黎昌公司取得探矿权，按照 9.43（10−0.57）亿元确认资产的入账价值，可以抵扣的进项税额为 0.57 亿元。

方案二：黎昌公司吸收合并九州公司的税负分析

黎昌公司吸收合并九州公司时，由于此次合并不符合特殊性税务处理条件，公司只能采用一般性税务处理方法。

（1）被合并企业九州公司及其股东的税务处理。

被合并企业九州公司及其股东都应按清算进行所得税处理。

九州公司清算所得 $= 10 - 1 = 9$（亿元）

应纳企业所得税 $= 9 \times 25\% = 2.25$（亿元）

九州公司剩余资产 $=$ 清算前所有者权益 $+$ 清算新增净利润 $= 1 + （9 - 2.25）= 7.75$（亿元）

股东的财产转让所得 $= 7.75 - 1 = 6.75$（亿元）

股东应纳个人所得税 $= 6.75 \times 20\% = 1.35$（亿元）

股东实际所得 $= 6.75 - 1.35 = 5.4$（亿元）

九州公司及其股东应纳税款合计为 3.6（2.25+1.35）亿元。

（2）合并企业黎昌公司应按公允价值 10 亿元确定接受被合并企业九州公司探矿权的计税基础，黎昌公司没有可以抵扣的进项税额。

方案一（转让探矿权）和方案二（吸收合并）的比较如表 10-19 所示。

表 10-19　转让探矿权方案与吸收合并方案的比较

	转让探矿权方案	吸收合并方案
应纳税额合计	3.98 亿元	3.6 亿元
九州公司原股东	税后实际所得为 5.02 亿元	税后实际所得为 5.4 亿元
黎昌公司	支付 10 亿元，获得探矿权的入账价值为 9.43 亿元，公司可以抵扣的进项税额为 0.57 亿元	支付 10 亿元，获得探矿权的入账价值为 10 亿元，公司无可以抵扣的进项税额
选择	对九州公司原股东而言，方案二的税后实际所得要略高一些，但对于黎昌公司而言，方案二无可以抵扣的进项税额	

从上述分析我们可以看到，对九州公司和黎昌公司而言，二者的选择会有所不同，因此到底应该选择哪个方案，需要双方经协商确定，不能完全以一方的想法为准。

【本章合规要点】

1. 企业在重组过程中不仅会接触企业所得税，还会接触增值税、土地增值税、印花税、契税等税种，税法对各个税种的具体规定不同，企业需要加以注意。

2. 在重组过程中，企业不仅需要关注关于相关税种的具体规定，更重要的是应扩宽思路，设计多种备选方案，并根据各方利益选择最合理的方案。

3. 企业在处理增值税、土地增值税、企业所得税时，应考虑方案对各方的影响，进行合理选择。